BIBLIOTHEK DES 18. JAHRHUNDERTS

Das Frankfurter Gretchen

Der Prozeß gegen die Kindsmörderin
Susanna Margaretha Brandt

Herausgegeben
von
Rebekka Habermas
in Verbindung mit
Tanja Hommen

Verlag C. H. Beck München

Diese Ausgabe ist zugleich eine Veröffentlichung
des Instituts für Stadtgeschichte der Stadt Frankfurt am Main
aus Anlaß des Goethejahres 1999

Mit einem Faksimile

ISBN 3 406 45464 X

© C.H.Beck'sche Verlagsbuchhandlung (Oscar Beck), München 1999
© Institut für Stadtgeschichte der Stadt Frankfurt am Main 1999
Umschlag, Einband und Titelblatt gestaltet von
Juergen Seuss, Niddatal
Gesamtherstellung: Kösel, Kempten
Gedruckt auf säurefreiem, alterungsbeständigem Papier
(hergestellt aus chlorfrei gebleichtem Zellstoff)
Printed in Germany

Inhalt

Vorwort

von Rebekka Habermas

I.

Als Johann Wolfgang Goethe im Sommer 1771, nach Abschluß des Jurastudiums, in seine Heimatstadt zurückkehrte, war ihm bewußt, was von ihm als studiertem Bürgersohn erwartet wurde. Von ihm, dem einzigen Sohn des überaus begüterten kaiserlichen Rates Goethe und dem Enkel eines in Frankfurt sehr einflußreichen Juristen, der im städtischen Rat eine herausgehobene Position innegehabt hatte, erwartete man zum einen eine möglichst vorteilhafte Heirat und zum anderen eine juristische Karriere in städtischen Diensten. Vieles sprach dafür, daß er diese Hoffnungen erfüllen würde: Kaum war er zwei Wochen in Frankfurt, stellte er den Antrag, sich als Rechtsanwalt niederlassen zu dürfen. Die Zulassung zum Advokaten war die Vorbedingung und gleichzeitig unterste Stufe für eine juristische Karriere. Als sich überdies abzuzeichnen schien, daß Goethe in nähere Verbindung mit der gerade in den Reichsadelsstand erhobenen Familie Schönemann treten würde, die sich als Bankiersfamilie einen Namen gemacht und ein Vermögen erworben hatte, schien sich eine mehr als vorteilhafte Heirat anzubahnen.[1]

---

1 Zu Goethes Leben vgl. jüngst Nicholas Boyle, Goethe. Der Dichter in seiner Zeit, Bd. 1: 1749–1790, München 1995 und insbesondere Ernst Beutler, Essays um Goethe. Erweiterte Frankfurter Ausgabe, hg. von Christian Beutler, Frankfurt 1995; Doris Hoppe, Goethe in Frankfurt am Main 14. August 1771 bis 3. November 1775, in: Christoph Perels (Hg.), Sturm und Drang. Ausstellungskatalog, Frankfurt 1988.

Was Goethe in Frankfurt außerdem erwartete, dürfte ihm trotz seines jugendlichen Alters von 21 Jahren durchaus bewußt gewesen sein. Schon als kleiner Junge hatte sich Goethe ein genaues Bild von der Frankfurter Gesellschaft und damit auch von den politischen und sozialen Grundlagen der Stadt machen können. An der Spitze der Gesellschaft stand das Patriziat, das aus etwa zwei Dutzend alteingesessenen Familien bestand und im städtischen Rat mehrheitlich die erste Bank besetzte und damit über den größten Einfluß verfügte. Dicht gefolgt wurde es von den reichen Stadtbürgern – zu denen auch Goethes Familie gehörte –, die als Kaufleute, Bankiers oder Juristen häufig genauso vermögend wie die Patrizier, politisch aber insofern weniger einflußreich waren, als sie im Rat weitgehend auf die mit geringerer Macht verbundene zweite Bank beschränkt blieben.[2]

Eine sehr deutlich von diesen beiden Ständen geschiedene Gruppe stellte die Handwerkerschaft dar, die zwar im Rat vertreten war, aber aufgrund ihrer Beschränkung auf die dritte und damit am wenigsten einflußreiche Bank keine Führungspositionen besetzen konnte. Schließlich gab es noch die große und in sich sehr heterogene Gruppe derjenigen, die keinem Handwerk angehörten und sich als Mägde, Tagelöhner und in niedrigen städtischen Diensten, als Gelegenheitsarbeiter und Handlanger ihren Unterhalt verdienten. Sie bil-

---

2 Vgl. zu Frankfurt im 18. Jahrhundert Johann Georg Battonn, Oertliche Beschreibung der Stadt Frankfurt am Main, Bd. V, Frankfurt 1869; Friedrich Bothe, Geschichte der Stadt Frankfurt am Main, Frankfurt 1929; Rainer Koch, Grundlagen bürgerlicher Herrschaft. Verfassungs- und sozialgeschichtliche Studien zur bürgerlichen Gesellschaft in Frankfurt am Main (1612–1866), Wiesbaden 1983; Joh. Anton Moritz, Versuch einer Einleitung in die Staatsverfassung der oberrheinischen Reichsstädte 1.Teil: Reichsstadt Frankfurt (Abschnitt 1–3), Frankfurt 1785; Ralf Roth, Stadt und Bürgertum in Frankfurt am Main. Ein besonderer Weg von der ständischen zur modernen Bürgergesellschaft 1760–1914, München 1996; Heinrich Voelcker (Hg.), Die Stadt Goethes. Frankfurt am Main im 18. Jahrhundert, Frankfurt 1932, 83 ff.

deten die überwältigende Mehrheit der etwa 40000 Einwohner und Einwohnerinnen zählenden Reichsstadt, verfügten nicht über das Bürgerrecht und hatten damit keinen Sitz im Rat. Und schließlich lebte in Frankfurt eine ebenfalls von der politischen Partizipation ausgeschlossene große jüdische Gemeinde.

II.

Ungefähr zur gleichen Zeit wie Goethe, knapp zwei Wochen früher, war eine junge Frau von Westen, nämlich von Mainz her, in die Stadt gekommen. Sie wurde weder von Vater und Mutter erwartet – beide waren bereits verstorben –, noch hatte sie Hoffnung auf eine vergleichbar rosige Zukunft. Ihr Vater hatte als Gefreiter[3] – der Gefreite war der zweitunterste Rang innerhalb der Frankfurter Garnison – monatlich gerade einmal 5 Gulden verdient.[4] Auch Susanna Marga-

3 Die soziale Stellung der einfachen Soldaten war vergleichbar mit der der Mägde und Tagelöhner, so wurden sie etwa genau wie diese auf dem Friedhof bei St. Peter begraben; auch ihr rechtlicher Status war diesen vergleichbar – Soldaten konnten aber im Unterschied zu Mägden das Bürgerrecht erwerben. Vgl. Isidor Kracauer, Das Militärwesen der Reichsstadt Frankfurt a. M. im XVIII. Jahrhundert, in: Archiv für Frankfurts Geschichte und Kunst, Bd. 12, 1920, 2–180; Rudolf Jung, Das Frankfurter Bürgermilitär im XVIII. Jahrhundert, in: Alt-Frankfurt 4, 1912, 40–50.

4 Zusätzlich erhielten Gefreite Naturalzahlungen, außerdem verdienten viele von ihnen durch Nebentätigkeiten dazu. Die Mutter der Brandt hat, sollte sie sich als Magd verdingt haben – was viele Soldatenfrauen taten –, monatlich weniger als die Hälfte ihres Ehemanns verdient. Hier werden Durchschnittslöhne angenommen, hinzugezählt werden auch die Weihnachts-, Neujahrs-, und Messegeschenke; vgl. zu Mägden in Frankfurt Karl Bräuer, Das Gesindewesen im alten Frankfurt, in: Alt-Frankfurt 4, 1912, 97–104; Rainer Koch, Das Gesindewesen in Frankfurt am Main (17.–19. Jahrhundert), in: Archiv für Frankfurts Geschichte und Kunst, Bd. 59, 1985, 231–250. Im Vergleich zu diesen Löhnen nimmt sich das monatliche Taschengeld, welches Goethe von seinem Vater bekam – nämlich 6 Gulden – geradezu fürstlich aus. Vgl. Robert Steiger, Goethes Leben von Tag zu Tag. Eine dokumentierte Chronik, Bd. 1: 1749–1775, München 1982, 14.11.1772.

retha Brandt, so hieß die junge Frau, verfügte als Magd nur über geringe Einkünfte, zumal sie im Gasthaus „Zum Einhorn" arbeitete, welches nicht gerade zu den ersten Häusern der Stadt gehörte: Die Wirtsleute hatten keine Erlaubnis, Fremde zu speisen, und bewirteten häufig – wie der Wirt es ausdrückte – „Juden-Kaufleute".[5]

Obschon sich die Brandtin zweifellos nicht annähernd so gut wie der junge Goethe in der städtischen Verfassung auskannte – wozu auch hätte sie sich mit den Grundlagen eines städtischen Regiments auseinandersetzen sollen, von dem sie qua Geburt ausgeschlossen war –, wußte sie über die ständisch strukturierten Regeln dieser Gesellschaft sehr wohl Bescheid und war sich im klaren darüber, daß sie als Dienstmagd zum untersten Stand gehörte.

Gerade weil sie zum untersten Stand gehörte, vor allem aber weil sie eine Frau war und beruflich nur sehr wenig Möglichkeiten hatte, erwartete man auch von ihr eine möglichst vorteilhafte Heirat. Und die Chancen für eine Heirat waren, betrachtet man etwa ihre Schwestern oder ihren Bruder, der im höchsten Unteroffiziersrang eines Sergeanten[6] durchaus zum sozialen Ansehen der Familie etwas beitragen konnte, anscheinend ganz gut: Zwei ihrer drei Schwestern hatten mit ungefähr 30 Jahren geheiratet, die eine einen Schreinermeister,[7] die andere einen Tambour namens

---

5 Institut für Stadtgeschichte Frankfurt (IfSG), Ratssupplikation 1764, Tom. IV, 11–14, Johann Carl Bauer. Der Wirt Bauer betont hier, daß es sich bei seinen Gästen nicht um „liederliches oder Gesindel" handele, aber allein die Tatsache, daß der Gasthof in umittelbarer Nähe zur Judengasse lag und hier eben Juden abstiegen, zeigt, daß er nicht zu den ersten Häusern Frankfurts gehörte.
6 Vgl. Isidor Kracauer, 1920, 47 ff.
7 Alle biographischen Angaben sind den Tauf- und Traubüchern im IfSG entnommen. Maria Dorothea (getauft 1735) heiratete den Schreinermeister Johann Baptist Hechtel. Das Schreinerhandwerk war ein durchaus angesehenes Handwerk, dessen Mitglieder zum 4. Stand gerechnet wurden. Das Ehepaar Hechtel scheint allerdings – darauf verweist eine

König.[8] Die dritte Schwester sollte noch im hohen Alter von 47 Jahren heiraten, und zwar den mittlerweile verwitweten König.[9] Die erst 25 Jahre alte Brandt hatte also noch etwas Zeit und berechtigte Hoffnung, sich eine solide Lebensgrundlage aufzubauen.

Über ihren Bruder hätte sie vielleicht einen Soldaten oder Unteroffizier oder durch ihren Schwager einen Handwerksmeister kennenlernen und schließlich ehelichen können. Und in der Tat lernte sie einen Mann kennen – etwa vier Wochen vor Weihnachten 1770, zu einem Zeitpunkt also, als auch Goethe einer Frau nähergekommen war, der Pfarrerstochter Friederike Elisabeth Brion.[10] Im Unterschied zu der Pfarrerstochter, deren Bekanntschaft mit Goethe, so hat es zumindest den Anschein, folgenlos blieb, mußte die Brandtin jedoch nach der Begegnung mit jenem jungen Mann feststellen, daß sie schwanger war.

Ratsbitte um Unterstützung, welche Hechtel 1803 einreichte – zumindest im Alter ökonomisch nicht gut gestellt gewesen zu sein. Vgl. Ratssupplikation 1803, Tom. II, 121–122, Johann Baptist Hechtel.

8 Johann Conrad König heiratete Maria Ursula Brandt (getauft 1740), mit der er drei Kinder hatte. 1777, nach dem Tod seiner Frau, bat er den Rat um Erlaubnis, eine weitere Schwester der Brandtin zu heiraten, nämlich Anna Catharina (getauft 1730). Vgl. Ratssupplikation 1777, Tom. II, 116, Johann Conrad König.

9 Vgl. Ratssupplikation 1777, Tom. II, 116, Johann Conrad König. Diese Heirat stand zweifellos auch im Zusammenhang damit, daß König nach dem Ableben seiner Frau mit drei Kindern im Alter von zwei, sieben und acht Jahren alleine dastand und eine Frau brauchte, die sich um diese kümmerte. Es war nicht nur in Unterschichten üblich, insbesondere wenn Kinder vorhanden waren, daß nach einem Ableben der Ehefrau deren Schwester den ehemaligen Schwager heiratete.

10 Nicholas Boyle, 1995, 126–132, geht davon aus, daß diese Bekanntschaft, zumindest von einigen der Verwandten und Freunde Brions, als Verlobung verstanden wurde; er widerspricht allerdings der Behauptung, Friederike Elisabeth Brion habe von Goethe ein uneheliches Kind bekommen. Boyle geht weiterhin davon aus, daß Goethe anhand des Prozesses gegen die Brandt deutlich wurde, in was für eine Lage er die Brion hätte bringen können, wäre sie schwanger geworden.

Voreheliche Schwangerschaften galten zwar offiziell als Schande und wurden vom Frankfurter Rat als ein abzustrafendes Delikt betrachtet: Damit war der Tatbestand der Unzucht erfüllt, der mit Turmstrafen, öffentlichen Ehrenstrafen, ja sogar mit Landesverweis bestraft werden konnte.[11] Faktisch allerdings war es durchaus üblich, daß man erst nach der Schwängerung vor den Traualtar trat. So hatte beispielsweise Susannas eigene Mutter erst nach der Schwängerung geheiratet.[12]

Im Fall Susanna Brandt jedoch war die Lage komplizierter. Gleich zwei Heiratshindernisse taten sich auf: Der junge Mann war ein Fremder, nämlich Holländer, und er befand sich in einer abhängigen beruflichen Stellung – die Angaben über seinen Beruf variieren, einmal soll er Handelsdiener, einmal Goldschmiedgeselle gewesen sein[13] –, in der eine Heirat wenn auch nicht unmöglich, so doch sehr schwierig

11 Vgl. Verordnung 1639 gegen „Hurerey, Unzucht und Ehebruch", in: Johann Conrad Beyerbach (Hg.), Sammlung der Verordnungen der Reichsstadt Frankfurt, Frankfurt 1798–1818, 551–552.
12 Die Eltern Brandt hatten am 29.5.1727 in Mainz geheiratet, ihr erstes Kind wurde keine sechs Wochen später geboren. Insbesondere unter Mägden kam es nicht selten vor, daß man mit oder ohne heimliche Verlobung vor der Heirat sexuellen Kontakt hatte. Vor allem wenn die Vaterschaft anerkannt wurde, mußte voreheliche Schwängerung nicht zwangsläufig mit Ehrverlust einhergehen. Regina Schulte, Das Dorf im Verhör. Brandstifter, Kindsmörderinnen und Wilderer vor den Schranken des bürgerlichen Gerichts. Oberbayern 1848–1910, Reinbek 1989, 147, geht für das Bayern des 19. Jahrhunderts davon aus, daß Unehelichkeit zumindest auf dem Lande keineswegs als Schande galt, vielmehr sei die Vorstellung einer schandhaften Unehelichkeit ausschließlich von bürgerlichen Kreisen geteilt worden. Auch Gerhard Ammerer, „... dem Kinde den Himmel abgestohlen ..." Zum Problem von Abtreibung, Kindsmord und Kindsweglegung in der Spätaufklärung. Das Beispiel Salzburg, in: Das achtzehnte Jahrhundert und Österreich, Jahrbuch 6, 1990/1991, 77–98, 80, betont, daß die Geburt eines unehelichen Kindes nicht immer gleichbedeutend mit Ehrverlust war.
13 Verhörprotoll Susanna Brandt 8.10.1771; Pro nota vom 26.10.1771 Verhöramt.

war. Gravierender als diese rechtlichen und ökonomischen Hindernisse war freilich, daß der junge Mann gar nicht willens war, die Brandt zu ehelichen. Noch vor Weihnachten hatte er Frankfurt für immer in Richtung St. Petersburg verlassen. Als die Magd schließlich merkte, daß sie schwanger war, hatte sie keine Möglichkeit mehr, ihn um die Ehe zu bitten oder, falls er sich weigern sollte, ihn gerichtlich durch eine Schwängerungsklage zur Heirat zu zwingen.[14]

Ihre Lage war schwierig, aber nicht ausweglos: Einerseits hatten ledige Mütter ihren guten Ruf verspielt, und es galt als Schande, uneheliche Kinder zu haben; außerdem war es nicht leicht, sich und das Kind zu ernähren, denn es gab etliche Dienstherrn, die ledige Mütter nicht einstellen wollten, bangten sie doch um den Ruf ihres Hauses. Auch wäre die Magd Gefahr gelaufen, wegen Unzucht verurteilt zu werden, hätte entehrende Strafen hinnehmen müssen oder wäre gar der Stadt verwiesen worden. Andererseits sollten die Schwierigkeiten lediger Mütter nicht überschätzt werden: Faktisch wurden nur die wenigsten vorehelichen Schwängerungen strafrechtlich verfolgt[15] – das wäre schon allein aufgrund der enorm hohen Anzahl von unehelichen Geburten kaum möglich gewesen. Uneheliche Geburten

14 Schwängerungsklagen, mit denen Frauen versuchten, die Männer entweder zur Heirat zu bewegen oder zumindest zu Alimentationszahlungen zu verpflichten, waren in Frankfurt im 18.Jahrhundert zwar nicht an der Tagesordnung, es lassen sich aber jährlich durchaus ein bis zwei solcher Klagen nachweisen. Diese wurden in der Mehrzahl von Mägden eingereicht. Vgl. Rebekka Habermas, Frauen und Männer im Kampf um Leib, Ökonomie und Recht. Zur Beziehung der Geschlechter im Frankfurt der frühen Neuzeit, in: Richard van Dülmen (Hg.), Die Dynamik der Tradition, Frankfurt 1992, 109–136. Zwischen 1680 und 1752 gab es in Frankfurt insgesamt 44 Schwängerungsklagen (Berechnung auf Grundlage der Criminalia, IfSG).

15 Zwischen 1680 und 1752 kam es – nach einer Berechnung auf der Grundlage der Criminalia (IfSG) – in Frankfurt nur zu 13 Unzuchtsklagen. Vergleicht man diese Zahlen mit der Unehelichkeitsziffer, so zeigt sich, wie selten das Delikt der Unzucht faktisch zur Anzeige kam.

waren nämlich nicht ungewöhnlich oder, wie es die Schwester König gegenüber der Brandtin ausdrückte: Eine uneheliche Geburt habe „ja nichts zu sagen", da „sie nicht die erste und auch nicht die letzte" sei, der so etwas passiert sei.[16] Für Frankfurt wissen wir, daß im ausgehenden 18. Jahrhundert rund 5% aller Geburten unehelich waren;[17] Vergleiche mit anderen Gebieten legen den Verdacht nahe, daß die Dunkelziffer wesentlich höher lag.[18] Christiane Vulpius etwa gebar insgesamt fünf uneheliche Kinder, von denen vier kurz nach der Geburt gestorben waren, und lebte 18 Jahre lang mit dem Kindsvater, Johann Wolfgang Goethe, zusammen. Sie wurde weder strafrechtlich verfolgt, noch scheint die Schande der Unehelichkeit sie beziehungsweise Goethe so belastet zu haben, daß sich das Paar zur Heirat entschloß.

Susanna Brandt jedoch scheint für sich und das Kind unter diesen Bedingungen keine Zukunft gesehen zu haben, sie entschied sich für einen anderen Weg: Sie leugnete die Schwangerschaft, nicht nur ihrer Dienstherrin gegenüber, die, aufmerksam gemacht durch das Gerede der Nachbarn, die Magd zur Rede stellte. Auch ihren eigenen Schwestern gegenüber, die sie nicht nur ausfragten, sondern eigenhändig untersuchten – und, obschon die Susanna Brandt mittlerweile im sechsten Monat schwanger war, kein Indiz für

---

16 Verhör Maria Margaretha Bauer 3. 8. 1771.
17 Vgl. W. Hanauer, Historisch-statistische Untersuchungen über uneheliche Geburten, in: Zeitschrift für Hygiene und Infektionskrankheiten, 1927–28, 656–684. D. h. von rund 800 jährlich in Frankfurt geborenen Kindern hatten etwa 50 ledige Mütter.
18 Für andere Regionen geht man von einer Illegitimitätsrate von über 30% aus, vgl. etwa die Angaben bei Andreas Maisch, „Wider die natürliche Pflicht und eingepflanzte Liebe". Illegitimität und Kindsmord in Württemberg im 17. und 18. Jahrhundert, in: Zeitschrift für Württembergische Landesgeschichte 56, 1997, 65–102, 76; er spricht für Württemberg von einer Unehelichkeitsrate von über 30% im ausgehenden 18. Jahrhundert.

eine Schwangerschaft fanden –, bestand die Magd darauf, nicht schwanger zu sein. Ungeachtet dieses hartnäckigen Leugnens und obschon der Arzt Burggraff, seines Zeichens übrigens Hausarzt der Familie Goethe, den Verdacht der Schwangerschaft nicht eindeutig erhärten konnte, entschloß sich die Gastwirtsfrau, Susanna Brandt zu entlassen.

Am Tag nach der Entlassung, es war der 2. August 1771, fand die Gastwirtin in einem abgelegenen Teil des Gasthauses „Zum Einhorn" eine Blutlache, ließ – da Susanna Brandt selbst nicht zu finden war – nach deren Schwester Hechtel rufen und konfrontierte diese mit ihrem schrecklichen Verdacht. Die Hechtelin eilte schließlich zu ihrer Schwester Susanna, zeigte ihr die von der Bauerin gefundene Nachgeburt und stellte sie zur Rede: „Du infames Mensch, wo hast du dein Kind, siehe hier was ist das."[19] Erst jetzt gab die Magd die Schwangerschaft zu und gestand, daß sie „das Kind umgebracht" habe.[20]

Unmittelbar nach diesem Geständnis verließ sie das Haus und reiste in das benachbarte Mainz, wo sie auch übernachtete. Am nächsten Tag allerdings kehrte sie wieder nach Frankfurt zurück. Es war der 3. August 1771. Da sie mittlerweile steckbrieflich gesucht wurde, wurde sie in dem Moment, in dem sie durch das Bockenheimer Tor die Stadt betreten wollte, festgenommen.

Noch am Abend des 2. August war Maria Ursula König bei der städtischen Justiz vorstellig geworden und hatte ausgesagt, daß sie ihre Schwester Brandt der „heimlichen Geburt" verdächtige. Gleich am nächsten Morgen fand man bei der Durchsuchung des Gasthauses „Zum Einhorn" einen toten neugeborenen Jungen. Kurz darauf wurde ein Steckbrief verteilt: Gesucht wurde „Susanna Brandtin, von hier gebür-

19 Verhör Susanna Brandt 9. 10. 1771.
20 Verhör Susanna Brandt 11. 10. 1771.

thig, in circa 2 à 23 Jahr alt, trägt einen Berliner flannellenern gewürfelten Rock einen braunlicht rothen Cattunenen Jack, und eine weisen Schürtz, von Statur lang und
schmal".[21] Wenig später trat das Peinliche Verhöramt zusammen, um sich mit diesem Fall zu beschäftigen.

III.

Für Goethe, der die nun folgenden gerichtlichen Untersuchungen aus nächster Nähe verfolgen konnte – schließlich
kannte er eine ganze Reihe von Ratsherren (etwa die unter-
einander verwandten Herren Lindheimer und Textor),[22]
Juristen (wie Hieronymus Peter Schlosser), Medizinern (etwa die Goetheschen Hausärzte Metz[23] und Burggraff) und

21 Frührapport der Hauptwache vom 3.8.1771.
22 Vgl. zu den biographischen Angaben H. de Brentani, Alte Frankfurter
Familien, Frankfurt 1950; Frankfurter Biographie. Personengeschichtli-
ches Lexikon, 2 Bde., Frankfurt 1994 u. 1996; Arthur Richel, Katalog
der Abteilung Frankfurt, Bd. 2: Literatur zur Familien- und Perso-
nengeschichte, Frankfurt 1929; Dietz, Alexander, Frankfurter Han-
delsgeschichte, Bd. 4,1, Frankfurt 1925, 378f. Lindheimer war ein Vetter der Großmutter Goethes mütterlicherseits, er leitete das Verhöramt.
Textor war der Bruder von Goethes Mutter, er war gerade in den Rat
gewählt worden und damit dem Großvater Goethes im Rat nachgefolgt;
ab 1772 war er Jüngerer Bürgermeister und damit auch mit dem Prozeß befaßt.
23 Metz hatte – wie im Hausbuch des Vaters Goethe nachzulesen ist –
zur Zeit des Prozesses im Hause Goethe zu tun (vgl. Helmut Holz-
hauer, 1773, Bd. 2, 419). Er hatte Susanna Brandt etwa drei Monate vor
deren Niederkunft untersucht.
     Dann ist zu nennen der Arzt Pettmann, ein Verwandter Goethes.
Pettmanns Großvater war der Schneidermeister Georg Walter, dessen Tochter Cornelia den Großvater Johann Wolfgang Goethes, Johann Caspar Goethe, heiratete. Pettmann war als Gutachter im Prozeß Brandt tätig. Vgl. zu Pettmann Alexander Dietz, Die Geschichte
der Familie Andreae, Frankfurt 1923, 103 u. 111. Burggraff war einer
der Goetheschen Hausärzte und untersuchte den Urin der Brandtin
14 Tage vor der Geburt. Vgl. zu Burggraff F. Börner, Nachrichten
von den Lebensumständen jetztlebender Ärzte, Bd. 3, Frankfurt 1756,
447.

selbst Schreibern, die direkt am Prozeß beteiligt waren[24] und die ihn auf dem laufenden halten konnten –, wie auch für andere Juristen war dies zwar kein alltäglicher, aber auch kein ungewöhnlicher Fall. In Frankfurt und vergleichbaren

24 Direkt am Prozeß beteiligt waren die folgenden juristischen Freunde von Goethe: Der Advokat Hieronymus Schlosser, der die Korrespondenz des Scharfrichters Hoffmann mit dem Rat übernahm. Ernst Beutler, Die Kindsmörderin, in: ders., 1995, 93–107, schreibt, der Advokat des Scharfrichters sei Johann Georg Schlosser, Goethes späterer Schwager, gewesen. Das ist falsch. Der Advokat des Scharfrichters Hoffmann war vielmehr dessen Bruder Hieronymus Schlosser. Hieronymus Peter Schlosser war mit der Familie des Scharfrichters Hoffmann spätestens seit 1766 bekannt. 1766 hatte er den Sohn des Scharfrichters, Johann Michael Hoffmann, in mehreren Konflikten, die dieser mit den Ärzten und Physici der Stadt Frankfurt hatte, vertreten: Schlosser gelang es, durch einen auch ganz erheblichen publizistischen Aufwand – mehrere Streitschriften gingen in Druck – zu erreichen, daß der Henkerssohn Hoffmann sich als Arzt in Frankfurt niederlassen konnte. Vgl. Medicinalia Nr. 251 (IfSG). Aus diesem von Schlosser schließlich gewonnenen Rechtsstreit sind Briefe aus der Advokatur Schlosser erhalten, die im Schriftvergleich belegen, daß es auch im Fall Brandt Hieronymus Schlosser gewesen sein muß, der hier nun den Vater Hoffmann vertrat.
    Goethe spielt auf den Rechtsstreit des Scharfrichtersohnes Hoffmann an, wenn er in „Dichtung und Wahrheit" (Johann Wolfgang Goethe, Aus meinem Leben. Dichtung und Wahrheit, in: Goethes Werke, Band X, hg. von Erich Trunz, München 1998, 565) schreibt: „... einer unserer vorzüglichen Sachwalter erwarb sich den höchsten Ruhm, als er einem Scharfrichtersohn den Eingang in das Kollegium der Ärzte zu erfechten wußte."
    Der Bruder Johann Georg Schlosser, später Goethes Schwager und ebenfalls als Rechtsanwalt in Frankfurt tätig, stand in keinem direkten Zusammenhang mit dem Prozeß Brandt; Schlosser beriet Goethe in Anwaltssachen und wird in Goethes „Dichtung und Wahrheit" in Zusammenhang mit Anwaltsangelegenheiten explizit genannt, vgl. Johann Wolfgang Goethe, Aus meinem Leben, 1998, 13, 565.
    Direkt mit dem Prozeß befaßt war der Schreiber im Kriegszeugamt, Thym. Er war der Schreiblehrer von Cornelia und Johann Wolfgang gewesen und auch noch im Jahre 1771 für Goethes Vater als Schreiber tätig (vgl. Helmut Holzhauer [Hg.], Johann Caspar Goethe, Liber Domesticus 1753–1779, Bern und Frankfurt 1973, Bd. 2, 421). Vgl. zu Thym auch Elisabeth Mentzel, Wolfgang und Cornelia Goethes Lehrer, Frankfurt 1909.
    Als letztes Indiz dafür, daß Goethe vom Brandtprozeß Kenntnis hatte,

Städten[25] kam es im 18. Jahrhundert jährlich zu etwa drei Anklagen wegen Kindsmord.[26] Meist befanden sich die Täterinnen in ähnlichen Lebenssituationen wie die Brandt: zwischen 20 und 30 Jahre alte Mägde,[27] von denen manch eine bereits ein oder zwei Kinder hatte. Viele dieser jungen

ist die Tatsache anzuführen, daß Teile der Prozeßakten in einer Abschrift des Schreibers Liebholdt im Nachlaß von Johann Caspar Goethe gefunden wurden, vgl. Ernst Beutler, 1995, 98–99.

25 Vgl. die Angaben zu Hamburg, Würzburg und Nürnberg bei Otto Ulbricht, Kindsmord und Aufklärung in Deutschland, München 1990, 185.

26 Ingesamt gab es in Frankfurt zwischen 1680 und 1752 127 Fälle von Kindsmord; Kindsmord macht damit rund 2% der damaligen Frankfurter Kriminalität aus. Die Berechnung basiert auf der Auszählung der Frankfurter Criminalia. Markus Meumann, Findelkinder, Waisenhäuser, Kindsmord. Unversorgte Kinder in der frühneuzeitlichen Gesellschaft, München 1995, 126 ff., geht für das Kurfürstentum Hannover von einer wesentlich geringeren Zahl von Kindsmörderinnen aus.

27 Zur sozialen Zusammensetzung der Täterschaft vgl. Elke Hammer, Kindsmord. Seine Geschichte in Innerösterreich 1787 bis 1849, Frankfurt 1996, 80 ff. Sie spricht davon, daß die Täterinnen in der Mehrheit der Fälle zwischen 20 und 30 Jahre alt waren und sich als Mägde und Tagwerkerinnen verdingten. Vgl. Andreas Maisch, 1997, zu den Kindsmörderinnen in Württemberg: Er spricht von Frauen in der Fremde, im Dienst jenseits des Heimatortes. Markus Meumann, 1995, 118, sieht ebenfalls vor allem Dienstmägde als Täterinnengruppe. Regina Schulte, 1989, 126 ff., zeigt für Bayern, daß auch noch im 19. Jahrhundert die Mehrzahl der Täterinnen aus der Mägdeschaft stammte. Vgl. Otto Ulbricht, 1990, 25 ff.; er spricht für die Herzogtümer Schleswig und Holstein davon, daß die Täterinnen zwischen 20 und 30 Jahre alt und zu über 80% Mägde waren. Karin Grütter, „Weil ich fürchtete, aus der Stadt entfernt zu werden …" Kindstötung in Basel um 1850, in: Annamaria Ryter (Hg.), Auf den Spuren weiblicher Vergangenheit. Berichte des zweiten schweizerischen Historikerinnentreffens, Biel 1984, 106–119, 109, zeigt, daß die Kindsmörderinnen zur Mitte des 19. Jahrhunderts in Basel zwischen 20 und 40 Jahre alt waren. Heinrich Rodegra/Mary Lindeman/Martin Ewald, Kindermord und verheimlichte Schwangerschaft in Hamburg im 18. Jahrhundert. Versuch einer soziologischen und sozialmedizinischen Analyse, in: Gesnerus 35 (1978), 276–296, 287, sprechen davon, daß die Kindsmörderinnen in ihrer Mehrzahl Mägde und Manufakturarbeiterinnen waren. Marita Metz Becker, Kindsmord und die Lage des Gesindes in Kurhessen im 19. Jahrhundert, in: Nassauische Annalen 107, 1996, 199–210, 200, zeigt in ihrer Untersuchung der Kindsmörderinnen im Kurhessen des 19. Jahr-

Frauen waren verwaist, hatten also genau wie die Brandt keine Eltern mehr, die sich um das Kind hätten kümmern können.[28] Ihre Beziehungen zu den Kindsvätern waren häufig ähnlich kompliziert wie im Falle der Brandt: Sei es, daß die Männer Fremde waren, mit denen die Mägde nur kurzzeitig sexuellen Kontakt gehabt hatten;[29] sei es, daß sie als Knechte oder Lehrlinge in abhängigen Beschäftigungsverhältnissen standen, die ihnen eine Heirat unmöglich machten.[30]

Auch das hartnäckige Leugnen der Schwangerschaft ist typisch,[31] genauso wie die Tatsache, daß die nähere Umgebung in der Regel wußte oder zumindest mutmaßte, daß die betreffende Person schwanger sei. Meist spielte für das Offen-

hunderts, daß die Kindsmörderinnen „ledig, zwischen 20 und 30 Jahre alt, von Beruf Dienstmagd, vermögenslos und ohne familiäres Netz" waren.

28 Ulinka Rublack, Magd, Metz oder Mörderin. Frauen vor frühneuzeitlichen Gerichten, Frankfurt 1998, 267, spricht von einer überdurchschnittlich hohen Zahl von verwaisten Kindsmörderinnen.

29 Elke Hammer, 1996, 131, führt an, daß 1/3 der Väter Männer waren, zu denen die Frauen nur kurzzeitig sexuellen Kontakt hatten. Andreas Maisch, 1997, 102, geht davon aus, daß die Beziehungen der Frauen zu den Vätern „komplizierter als die Beziehungen ‚normaler' lediger Mütter" waren. Regina Schulte, 1989, 144, zeigt, daß auch im Bayern des 19. Jahrhunderts die meisten Väter aus der Unterschicht kamen und daß eine Eheschließung schon aufgrund der Arbeitsverhältnisse in der Regel ausgeschlossen war. Otto Ulbricht, 1990, 78, zeigt, daß die Väter in den Herzogtümern Schleswig und Holstein der gleichen Schicht wie die Kindsmörderinnen angehörten und daß es sich häufig um eheähnliche Beziehungen handelte. Marita Metz-Becker, 1996, 204, die Kindsmörderinnen im Kurhessen des 19. Jahrhunderts untersucht, schreibt, daß sich in keinem der von ihr untersuchten Fälle der Vater für das Kind interessierte.

30 Elke Hammer, 1996, 127, spricht davon, daß 1/3 der Väter Männer waren, zu denen die Frauen längerfristige stabile Beziehungen hatten, das Paar aber aufgrund ihrer Beschäftigungsverhältnisse nicht in der Lage war zu heiraten.

31 Elke Hammer, 1996, 149 ff. Marita Metz-Becker, 1996, 208, zeigt, daß die Kindsmörderinnen in Kurhessen im 19. Jahrhundert beharrlich ihre Schwangerschaft leugneten.

barwerden einer verheimlichten Schwangerschaft das sogenannte Gerede eine entscheidende Rolle.[32] Genau diese
Gerüchte hatten ja auch im Fall Susanna Brandt die Bäuerin,
also die Dienstherrin, die bei Verstößen ihres Gesindes gegen
die Sittlichkeitsgesetze stets zur Anzeige verpflichtet war,
genötigt, genauer nachzuforschen, ob eine Schwangerschaft
vorlag.[33]

Mag Goethe auch vieles über die Tathintergründe kol-
portiert worden sein, besser als mit der Lebenswelt und den
sozialen Hintergründen der Täterin war er zweifellos mit
dem vertraut, was die Brandt nach ihrer Inhaftierung
erwartete: wie das Frankfurter Gericht die Magd und ihre Tat
sehen würde, nach welchen Kriterien hier Recht gefunden
werden würde und wer überhaupt die Männer waren, die das Verfahren maßgeblich mitbestimmten. All das
war Goethe als Jurist und als Abkömmling einer Frankfurter Juristenfamilie, deren Mitglieder im Rat der Stadt und
damit auch im städtischen Rechtswesen seit Generationen
eine wichtige Rolle spielten, wohlbekannt. Die wichtigsten Positionen innerhalb der städtischen Justiz wurden
nämlich von den Ratsmitgliedern der ersten beiden Bänke
besetzt, und die Familien, die diese Bänke unter sich auf-
zuteilen pflegten – unter ihnen die Familie Textor, aus der
die Frau Rat Goethe stammte – waren seit Generationen
über Heiratsverbindungen, über Freundschaftsbande und
auch durch die während der Ratsmitgliedschaft gemeinsam
gemachten Erfahrungen aufs engste miteinander verbunden:[34] Vermögend bis sehr vermögend, waren sie über-

---

32 Regina Schulte, 1989, 166, spricht sogar davon, daß das „auslösende
Moment für die Entdeckung des Kindsmords ... in vielen Fällen das
Gerede" war.

33 Otto Ulbricht, 1990, 136, stellt fest, daß die Dienstherrschaft die entscheidende Instanz war.

34 Sie waren wie ihre Eltern alle Frankfurter Bürger; Lindheimer und Textor waren direkt miteinander verwandt; Claudi und Textor waren als

durchschnittlich gebildet und hatten, insbesondere im Adel, ein deutliches Gefühl dafür, daß sie die städtische Elite bildeten.[35] Diese Ratsherren der ersten beiden Bänke, die mit 1800 beziehungsweise 1200 Gulden jährlich entlohnt wurden, bestimmten den Ablauf von Strafprozessen zunächst dadurch, daß dem Rat wichtige Prozeßbeschlüsse zur Abstimmung vorgelegt werden mußten. Darüber hinaus leiteten zwei Ratsherren als Mitglieder des Peinlichen Verhöramtes die Ermittlungen. Schließlich stammte selbst der Verteidiger meist aus dem näheren oder weiteren Umkreis der Ratsfamilien.[36]

Nicht nur über die personelle Zusammensetzung des Gerichtswesens war Goethe daher gut unterrichtet, ihm waren selbstverständlich die Regeln des frühneuzeitlichen Prozeßwesens geläufig:[37] Die Prozesse waren geheim und schriftlich, und es gab keine Trennung in Staatsanwaltschaft,

Ratsherren zur gleichen Zeit für mehrere städtische Ämter (Konsistorium, Rechenei und Schatzung) zuständig und hatten dort gemeinsam Erfahrungen sammeln können.

Textor war zur gleichen Zeit wie Reuss auf dem Verhöramt tätig; Siegner und Textor waren gleichzeitig für das Katharinenkloster tätig; Reuss, Textor und Siegner waren allesamt einmal Jüngerer Bürgermeister gewesen, Claudi sollte dieses Amt später ebenfalls übernehmen. Vgl. IfSG Rats- und Ämterwahlen Nr. 75.

35 Zur Zusammensetzung des Rates vgl. Rainer Koch, 1983; Ralf Roth, 1996; Barbara Dölemeyer, Frankfurter Juristen im 17. und 18. Jahrhundert, Frankfurt 1993.

36 Alle Ratsmitglieder versahen in der Regel unbesoldete, aber mit Ehre und Einfluß versehene städtische Ämter. Jeder Ratsherr pflegte zwei bis drei Jahre ein solches Amt zu bekleiden – etwa in der Bücherkomission oder im Kriegszeugamt, in der Rechenei oder eben auf dem Verhöramt. Dadurch sammelten die Ratsmitglieder Erfahrung in der städtischen Verwaltung und konnten hier bei der Besetzung von Posten, aber auch inhaltlich Einfluß geltend machen. Vgl. IfSG Rats- und Ämterwahlen Nr. 75.

37 Zu den Rechtsquellen, die für die Rechtsprechung in Frankfurt von Bedeutung waren, vgl. Helmut Coing, Die Rezeption des römischen Rechts in Frankfurt am Main, Frankfurt 1962, 2. Auflage; Karl-Ernst Meinhardt, Das peinliche Strafrecht der freien Reichsstadt Frankfurt

Richter und Verteidiger, die auch die Position des Angeklagten gestärkt hätte. Angeklagte hatten wenige formale Rechte, konnten sich allerdings durch geschickte Argumentation oder durch mächtige Fürsprecher durchaus Gehör verschaffen. Dafür freilich mußten sie die verschiedenen im Frankfurter Justizwesen an zentraler Stelle am Strafprozeß beteiligten Gremien zu nutzen wissen, und das war je nach Angeklagtem und je nach Delikt unterschiedlich schwer. Welche Gremien waren das?

Nachdem die Bürgermeisteraudienz, welche die erste Instanz bildete, die von der Schwester König vorgebrachte Klage angehort und erste Untersuchungsschritte eingeleitet hatte, wurde das zweite Gremium, das Verhöramt,[38] eingeschaltet. Dem Verhöramt oblag es, in Absprache mit Schöffenrat und Rat die Ermittlungen gegen die Angeklagte zu führen. Es bestand aus dem Jüngeren Bürgermeister und aus einem rechtsgelehrten Ratsherrn der zweiten Bank, der die Untersuchung leitete; im Fall Brandt war das ein gewisser Lindheimer, welcher weitläufig mit Goethe verwandt war.[39] Ebenfalls zum Verhöramt gehörte der Ratsschreiber,[40]

am Main im Spiegel der Strafpraxis des 16. und 17. Jahrhunderts, Diss. Frankfurt 1957, 154 ff. Zur städtischen Organisation insbesondere des Justizwesens vgl. Karl-Ernst Meinhardt, 1957; Otto Ruppersberg, Der Aufbau der reichsstädtischen Behörden, in: Helmut Voelcker, 1932, 51–82; Ralf Roth, 1996; Rainer Koch, 1983; D. J. H. Faber, Topographische, politische und historische Beschreibung des Reichs-, Wahl- und Handelsstadt Frankfurt am Mayn, 2 Bde., Frankfurt 1788/1789, Bd. 2; Joh. Georg Rössing, Versuch einer kurzen historischen Darstellung der allmählichen Entwicklung und Ausbildung der heutigen Gerichtsverfassung der Stadt Frankfurt am Mayn und ihres Gebietes, Frankfurt 1806.

38 In der zeitgenössischen Darstellung von D. J. H. Faber, 1788/89, Bd. 2, 110, heißt es über das Verhöramt, daß es zu seiner Aufgabe gehöre, „die Untersuchung und Ausforschung der peinlichen Sachen, welche unter der Aufsicht des jüngeren Bürgermeisters von einem Ratsmitglied der zweyten Bank vorgenommen wird ...", zu vollziehen.

39 Siehe Anm. 22.

ein Jurist namens Claudi, der die außerhalb der Räume des Verhöramtes stattfindenden Verhöre durchführte, in diesem Fall die ersten beiden der insgesamt fünf Verhöre der Brandtin.

Ziel ihrer Ermittlungen war es zu klären, ob der oder die Verdächtige eines der in der Carolina, des in fast allen Teilen des deutschen Reiches geltenden Strafgesetzbuches,[41] beschriebenen Delikte überführt werden konnte. Sollte jemand eines Deliktes überführt werden, so mußte entweder ein Geständnis vorliegen, oder es mußten mindestens zwei Tatzeugen ausfindig gemacht werden. Eine Überführung ausschließlich auf der Grundlage von Indizien war nicht möglich. Welche Fragen gestellt, welche Zeugen vernommen wurden, bestimmte der Leiter des Verhöramtes. Die Angeklagte konnte nur durch geschickt eingestreute Hinweise oder dadurch, daß sie rechtsrelevante Argumentationen vorbrachte, die Ermittlungen zu steuern versuchen. Beides war im Fall des Kindsmords schwierig und der illiteraten Magd Brandt, die kaum zu merken schien, daß sie sich im Laufe der Verhöre selbst gleich mehrerer Delikte bezichtigte, so gut wie unmöglich.

Die Ermittlungen des Verhöramtes, die, nicht zuletzt weil sie hinter verschlossenen Türen stattfanden, von niemandem kontrolliert wurden, konnten Anfang Oktober zur Zufriedenheit des Verhöramts abgeschlossen werden. Alle laut Prozeßordnung für eine Verurteilung notwendigen Fakten waren zusammengetragen worden: Ein von den Stadtphysici erstelltes medizinisches Gutachten belegte ein-

---

40 IfSG Dienstbrief Claudi Nr. 251; Ratssupplikation 1763, Tom. II, 660–661; Ratssupplikation Tom. II, 676–77.
41 Die Carolina war eine durch Karl V. eingeführte Prozeßordnung, die auch die Funktion eines Strafgesetzbuches erfüllte. Vgl. Gustav Radbruch, Zur Einführung in die Carolina, in: ders., Die Peinliche Gerichtsordnung Kaiser Karls V. von 1532, Stuttgart 1975, 5–24.

deutig, daß das Kind nach der Geburt ermordet worden war, ein Geständnis der Täterin lag vor, die Zeuginnen und Zeugen – unter ihnen die Schwestern der Brandt und die Wirtshausfrau – bestätigten die Vorgeschichte und den Tathergang.

An diesem Punkt der Ermittlungen schickte man den sogenannten Syndikern[42] die Verhörprotokolle zusammen mit dem ärztlichen Gutachten und anderen Unterlagen zu und schaltete damit das dritte Gemium ein. Dieses dritte Gremium war – sieht man von den Ärzten ab, die im Falle von Kindsmord durch ihre Gutachten eine nicht zu unterschätzende Rolle spielten[43] – das einzige, das nicht aus der Handvoll von Ratsfamilien bestand. Man scheint bei der Besetzung der Syndikerstellen vielmehr darauf geachtet zu haben, daß gerade keine engen Beziehungen zum Rat bestanden,[44] soll-

---

42 Zu den Frankfurter Syndikern vgl. Barbara Dölemeyer, 1992, XXXVIII; vgl. auch Helmut Coing,1939/1962; Otto Ruppersberg, 1932, 58ff.; Karl-Ernst Meinhardt, 1957, 311ff.

43 Spätestens seit dem 18.Jahrhundert wurden im Fall von Kindsmord zusätzlich zur Vernehmung der Verdächtigen und der Zeugen ärztliche Gutachten eingeholt. Man ging nämlich davon aus, daß man mit der sogenannten Lungenprobe genau bestimmen könne, ob ein Kind bei der Geburt gelebt hatte oder ob es eine Totgeburt war. Im Fall Brandt kamen die ärztlichen Gutachter, unter ihnen wiederum ein Verwandter Goethes, zu dem Ergebnis, daß der Tod des Kindes eindeutig gewaltsam herbeigeführt worden sei. Vgl. zum Ärztewesen in Frankfurt Wilhelm Kallmorgen, Siebenhundert Jahre Heilkunde in Frankfurt am Main, Frankfurt 1936; Franz Lerner u.a., Das Hospital zum Heiligen Geist. Grundzüge seiner Entwicklung, hg. von Rainer Koch, Kelkheim 1989; W. Stricker, Beiträge zur ärztlichen Kulturgeschichte, Frankfurt 1865.

44 Keiner der am Brandtprozeß beteiligten Syndiker kam aus einer Ratsfamilie. Lanz war gebürtig aus Worms, vgl. IfSG Ratswahlen und Ämterbestellungen Nr. 75, Dienstbrief Nr. 545. Hofmann war gebürtig aus Frankfurt; sein Vater hatte als Rat in fremden Diensten gestanden, und mehrere Paten seiner Kinder standen ebenfalls in fremden Diensten, vgl. Taufbücher im IfSG. Rumpel stammte aus Frankfurt; sein Vater war Handelsmann. Schudt stammte ebenfalls aus Frankfurt, sein Vater war Konrektor am Gymnasium und damit nicht im Umkreis der Ratsfamilien anzusiedeln.

ten sie doch, wie es in ihren Dienstbriefen heißt, unabhängig von „Freundschaft, Feindschaft, Haß, Geschmack oder Gaben"[45] urteilen können – eine Anforderung, die wir für die anderen Posten im Justizwesen im Frankfurt der Frühen Neuzeit vergeblich suchen. Die mit 1600 Gulden zu den höchstbezahlten Beamten der Stadt gehörenden Syndiker, allesamt ausgewiesene Juristen, sollten überprüfen, ob das Verhöramt alle zur Überführung der Täterin notwendigen Untersuchungsschritte eingeleitet hatte, um, falls das nicht der Fall war, diese noch einzufordern. Die Angeklagte selbst bekamen sie nicht ein einziges Mal zu Gesicht.

Das vierte Gremium, das im Prozeß eine wichtige Rolle spielte, war der Rat. Er hatte darüber zu befinden, ob den Ratschlägen der Syndiker zu folgen sei. Nachdem deren Vorschlägen nachgekommen worden war und die Ermittlungen zumindest vorerst als abgeschlossen gelten konnten, bestellte der Rat einen Verteidiger. Ihm wurden alle im Verhöramt sorgfältig geordneten und aufbewahrten Akten des Falles übergeben, so daß er – ohne dem Prozeß beigewohnt zu haben – die wichtigsten Ermittlungsschritte nachvollziehen konnte, um eine Verteidigungsschrift zu verfertigen. Er hatte überdies die Möglichkeit, das Verhöramt um weitere Ermittlungen zu bitten oder Anträge der Angeklagten vorzutragen – etwa den in diesem Fall geäußerten Wunsch der Brandtin, das Heilige Abendmahl zu empfangen. Ob diesen dann stattgegeben wurde, entschied wiederum der Rat. Überdies war Schaaf, neben den Juristen Claudi, Siegner und Lindheimer und dem Arzt Pettmann, eine der wenigen unmittelbar am Prozeß beteiligten Personen, die die Brandtin vor deren Hinrichtung je zu Gesicht bekamen. Von den das Verfahren beeinflussenden Rechtsgelehrten und Rats-

---

45 IfSG Rats- und Ämterwahlen Nr. 75, Dienstbrief Nr. 545 Wilhelm Friedrich Lanz.

herren hatten also vier persönlich mit ihr gesprochen, darunter zwei, die am Urteilsspruch beteiligt waren. Alle anderen kannten die Angeklagte nur aus den Akten.

Schließlich war der Verteidiger die einzige Person, die die Position der Angeklagten hätte stärken können – ein per definitionem nicht leichtes Unterfangen, das überdies dadurch erschwert wurde, daß der Rechtsanwalt, sollte er wirklich neue, die Angeklagte vielleicht entlastende Verhöre durchsetzen können, indirekt die bisherigen Ermittlungen enger Freunde, Verwandter und Bekannter, wie etwa des Untersuchungsbeamten des Verhöramtes, kritisierte. Denn auch Rechtsanwälte gehörten, wie das Beispiel Goethe zeigt, zu den eng vernetzten Kreisen der ratsfähigen Familien. In der Regel übte man diesen Beruf nur solange aus, bis man eine entsprechend dotierte Stelle in der städtischen Verwaltung bekommen hatte oder als Ratsherr im Justizwesen tätig wurde.[46] Auch Schaaf, der Anwalt von Susanna Brandt, sollte, was in Anbetracht seiner sozialen Stellung nicht überrascht, nicht lange Advokat bleiben. Er kam nämlich aus bester, um nicht zu sagen allerbester Familie, die selbstverständlich auch im Rat vertreten war: Mütterlicherseits war er mit der Frankfurter Bankiersfamilie Firnhaber verwandt, die zu den ersten Kreisen der Reichsstadt gehörte[47] und den

46 Alle am Prozeß beteiligten Juristen, außer dem Syndicus Lanz, waren zu Beginn ihrer Karriere als Advokaten in Frankfurt eingeschrieben, manche von ihnen hatten neben ihren Ratstellen noch eine Advokatur, so etwa (in Klammern ist die Niederlassung als Advokat in Frankfurt angegeben) Claudi (1750), Hofmann (1744), Lindheimer (1747), Rumpel (1734), Schaaf (1757), Schlosser (1757), Schudt (1733), Siegner (1743), Textor (1761).

47 Vgl. IfSG Tauf- und Traubücher: Der Vater Anton Schaaf hatte in zweiter Ehe 1728 Susanna von Scheidlin, verwitwete Firnhaber, geheiratet. Die von Scheidlins sind eine Nürnberger Familie, die 1729 in den Adelsstand erhoben worden war, sie betätigten sich als Bankiers. Vgl. zur Bedeutung der Familie Firnhaber Alexander Dietz, Frankfurter Bürgerbuch. Geschichtliche Mitteilungen über 600 bekannte Frankfurter

Goetheschen Onkel Textor zuweilen als Anwalt bemühte.[48]
Mit der Heirat einer Tochter aus dem Bankhaus Heyder[49]
gelang es Schaaf, gesellschaftlich noch weiter aufzusteigen
und gleichzeitig auch finanziell mit seiner Schwester, die
einen Sprößling aus der Bethmann-Dynastie heiratete,[50]
gleichzuziehen. Daß Schaaf bei so illustrer Verwandtschaft
schließlich 1773, also nur ein Jahr nach dem Brandtprozeß
und genau im Jahre seiner Einheirat in die Familie Heyder,
Ratsherr wurde, wodurch er dann 1775 seinerseits Leiter des
Verhöramtes werden konnte, ist nur folgerichtig.

Die Schaafsche Verteidigungsschrift wurde schließlich den
Syndikern zugeschickt, die nun – auf der Grundlage der
Carolina und vor dem Hintergrund der bisherigen in Frank-
furt für Kindsmord üblichen Strafen[51] – ihr Urteil fällten. Es

Familien aus der Zeit vor 1806, Frankfurt 1897. Zur Familie Scheidlin
vgl. Gerhard Hirschmann, Die Bedeutung des Konnubiums beim Aufstieg Nürnberger Bürgersfamilien zu einer wirtschaftlichen Führungs-
schicht im 18. und 19. Jahrhundert, in: ders., Aus sieben Jahrhunderten
Nürnberger Stadtgeschichte. Ausgewählte Aufsätze, Nürnberg 1988,
143–154.

48 Vgl. IfSG Ratssupplikation 1761, Tom. II, 1–3, Jost Textor.
49 Vgl. zur Familie Heyder Alexander Dietz, Frankfurter Handelsge-
schichte, 4. Bd, II. Teil, Frankfurt 1970; Karl Kiefer, Die Familie Haider,
Frankfurt 1911, 1. Teil. Marcus Christof Schaaf heiratete 1773 Anna
Susanna von Heyder; ihre durch Bankgeschäfte reich gewordene Familie war so vermögend, daß 1784 sie und ihre drei Geschwister 292.150
Gulden erbten. Ihr sozialer Status zeigt sich auch deutlich darin, daß sie
nach dem frühen Tod von Schaaf in zweiter Ehe wieder in die Familie
Heyder einheiratete und schließlich in dritter Ehe sogar einen zum
Patriziat gehörenden Carl Anton Friedrich Wilhelm Freiherr von Holz-
hausen ehelichte.
50 Die Schwester von Schaaf, die 1741 geborene Katharina Margaretha
Schaaf, heiratete 1762 Johann Philipp Bethmann, vgl. zur Familie Beth-
mann H. Pallmann, Simon Moritz von Bethmann und seine Vorfahren,
Frankfurt 1898, dort ist auf Seite 17 auch ein Bild des Marcus Christof
Schaaf in Kinderjahren zu finden.
51 Dabei handelt es sich um die Kindsmordfälle der 25jährigen Magd Fridel (IfSG Crim 5715) aus dem Jahre 1744 und der ebenfalls 25jährigen
Magd Anna Maria Fröhlich aus dem Jahre 1757 (IfSG Crim 7476).

war ein Todesurteil und folgte damit dem in Artikel 131 der Carolina festgesetzten Strafmaß.

Auch dieses Strafmaß war für Goethe, der sich zuletzt in seinen „Positiones juris" mit dem Kindsmord beschäftigt hatte,[52] keine Überraschung. Im Laufe seiner Karriere, genauer gesagt im Jahre 1783, plädierte er in seiner Funktion als Geheimer Rat selbst dafür, daß eine des Kindsmordes verdächtige Magd zum Tode verurteilt wurde.[53] Die Hinrichtung der Susanna Brandt wurde unter großen Vorsichtsmaßnahmen – wie stets bei Hinrichtungen erwartete man viel Volk und fürchtete sich vor Unruhen – am 14. Januar 1772 öffentlich vollzogen. Zu Unru-

52 Dort hatte er unter Punkt 55 geschrieben: „Ob eine Frau, die ein soeben geborenes Kind umbringt, der Todesstrafe zu unterwerfen sei, ist eine Streitfrage unter den Doktoren." Vgl. Alfons Pausch/Jutta Pausch, Goethes Juristenlaufbahn. Rechtsstudent. Advokat. Staatsdiener, Köln 1996, 103. Zu Goethes Tätigkeit als Rechtsanwalt in Frankfurt vgl. Georg Ludwig Kriegk, Deutsche Kulturbilder aus dem 18. Jahrhundert. Nebst einem Anhang: Goethe als Rechtsanwalt, Leipzig 1874; Gerhard Simson, Goethe als Rechtsanwalt, in: Deutsche Rechtszeitschrift 4, 1949, 338–342; Johannes Fuchs, Advokat Goethe, Weimar 1932.

53 Vgl. hierzu Sigrid Damm, Christiane und Goethe. Eine Recherche, Frankfurt 1998, 81ff. Vgl. auch Alfred Wieruszowski, Goethe und die Todesstrafe, in: Juristische Wochenschrift 61, 1932, 842–845; Lothar Frede, Kindsmord und Kirchenbuße bei Goethe, in: Zeitschrift für die gesamte Strafrechtswissenschaft 16, 1966, 420–431; die Gutachten sind enthalten in: Willy Flach (Hg.), Goethes amtliche Schriften, Bd. 1, Weimar 1950, Teil 1: Die Schriften der Jahre 1776–1786, 245–251. Vgl. auch jüngst u.a. zu Goethes Tätigkeit als geheimer Hofrat W. Daniel Wilson, Das Goethe-Tabu. Protest und Menschenrechte im klassischen Weimar, München 1999, 7ff.

Goethe plädierte im Fall der Kindsmörderin Höhne für die Todesstrafe, allerdings kündigte er in diesem Zusammenhang eine längere Abhandlung zur Frage der Bestrafung von Kindsmörderinnen an, welche nicht erhalten ist, vgl. Willy Flach, 1950, 251.

In einem anderen Fall, 1781 stand eine Kindsmörderin namens Altwein in Jena vor Gericht, machte Goethe Herzog Carl August auf seine Möglichkeit aufmerksam, vom Gnadenrecht Gebrauch zu machen, vgl. Lothar Frede, 1966.

hen kam es nicht, der Henker – so heißt es in den offiziellen Berichten – „setzte den Kopf durch einen Streich glücklich ab".[54]

IV.

Im Unterschied zu Goethe kannte sich die Brandt mit dem Frankfurter Justizwesen nicht sehr gut aus. Zum einen war ihr die Welt der dort tätigen Männer fremd, und sie wußte sich häufig auf ihre Art des Fragens, aber auch des Gebarens keinen Reim zu machen. Gewiß wußte sie überdies nur sehr wenig über den formalen Ablauf von Prozessen. Und schließlich orientierte sich der Rechtsfindungsprozeß an Regeln, die an Universitäten vermittelt wurden und somit ein Spezialwissen besonderer Art darstellten sowie einem Rechtsempfinden entsprangen, das nicht unbedingt dem der unteren Stände entsprach. Sicherlich war ihr bewußt, daß es vorteilhaft war, indirekt oder direkt an sie herangetragene Erwartungen – etwa Äußerungen von Reue oder Schamempfinden – zu erfüllen; sie vermochte vielleicht Vorstellungen über die Verführbarkeit und Schwäche des Weibes geschickt zu ihrem Vorteil zu nutzen.[55] Andererseits war es aber gerade im ausgehenden 18. Jahrhundert, zu einer Zeit, da nicht nur Rousseau emphatisch die besonderen Gefühlsqualitäten von Müttern pries, für Kindsmörderinnen besonders schwer, ihre Sicht der Dinge vor Gericht darzulegen.[56]

54 Zur Hinrichtung vgl. Karl-Ernst Meinhardt, 1957, 40–58; Ernst von Möller, Die Rechtssitte des Stabbrechens, in: Zeitschrift der Savigny-Stiftung für Rechtsgeschichte 21, 1900, 68–115.
55 Vgl. IfSG Crim 7476, in diesem Kindsmordfall argumentiert der Verteidiger in seiner Verteidigungsrede für mildernde Umstände mit Hinweis auf die „Weibspersonen anhängende[n] Schwachheit".
56 Das wird auch deutlich in Schaafs Verteidigungsschrift, in der er sich bemüht, die Brandt vom anscheinend implizit eine Rolle spielenden

Der einzige, der sie mit dieser Welt vielleicht hätte vertraut machen können, war ihr Verteidiger. Doch auch Schaaf konnte die Kluft zwischen Angeklagter und Gericht nicht schließen. Die Übersetzungsarbeit, die er hätte erbringen müssen, um der Angeklagten die Logik der Rechtsgrundsätze oder die Prozeßordnung zu erklären, war von ihm nur bedingt und vor allem zu einem viel zu späten Zeitpunkt des Verfahrens zu leisten. Schaaf konnte ja überhaupt erst nach Abschluß der Verhöre, also nachdem die Brandtin längst gestanden hatte, Kontakt zur Beklagten aufnehmen. Ihr Geständnis hätte sich – im Sinne der Carolina – nur dann ungeschehen machen lassen, wenn bewiesen worden wäre, daß es unter Folter erpreßt worden war. Eine solche Argumentation versuchte Schaaf vorzubringen, doch ohne Erfolg.

Überdies gehörte Schaaf selbst der für die Magd durch und durch fremden Welt des ersten respektive zweiten Standes an. Auch aus diesem Grund war es ihm unmöglich, jene Übersetzungsarbeit zu leisten, die Susanna Brandt mit dem reichsstädtischen Justizwesen vertraut gemacht hätte. Andererseits konnte er die Welt der Angeklagten nur begrenzt in das Universum der Richter einführen und sie für diese sichtbar, vielleicht sogar begreiflich machen. Abgesehen von der grundsätzlichen Fremdheit zwischen der Dienstmagd auf der einen, ihren Richtern und ihrem Verteidiger auf der anderen Seite, waren die Möglichkeiten Schaafs, Verständnis für die junge Frau zu wecken, durch das frühneuzeitliche Rechtswesen selbst begrenzt. Im damaligen Rechtsprozeß bestand kein Interesse daran, erklärende Motive aufzuspüren, die im individuellen Lebenslauf der Täterin oder in den gesellschaftlichen Bedingungen zu finden gewesen

Vorwurf mangelnder Mütterlichkeit freizusprechen. Hier behauptet Schaaf, daß auch die „Stimme der Natur" trügerisch sein könne, und belegt dies mit dem Beispiel einer Mutter, die ein falsches Kind mütterlich liebte und nicht merkte, daß dieses Kind nicht ihr leibliches war.

wären. Die Suche nach Motiven, die die Tat in einem anderen Licht erscheinen ließen, ja vielleicht gar entschuldigt hätten, war der frühneuzeitlichen Rechtslogik von 1771 noch weitgehend fremd. Schaaf versuchte genau das in seinem Plädoyer, in dem er die Armut, die Verzweiflung und die Schande als mögliche Motive anführte, die allesamt letztlich gesellschaftliche Ursachen hätten – eine Argumentation, die ihn als geradezu prototypischen Vertreter der Aufklärung ausweist und seine Verteidigungsrede in eine Linie mit den insbesondere in den 1780er Jahren veröffentlichten Streitschriften setzt, die für eine mildere Bestrafung von Kindsmörderinnen plädierten. Viele dieser Argumente finden sich – eher implizit als explizit – in der wohl bekanntesten literarischen Verarbeitung des Kindsmordmotivs, in Goethes „Faust": Gretchen scheint durch die Gefühle von Schande und Scham zu ihrer Tat verleitet worden zu sein und ist (so eine mögliche Lesart) dadurch letztlich auch entschuldigt, während der Verführer der eigentlich abzustrafende Täter ist. Vor Gericht, zumindest im Fall Brandt, verfing eine solche Argumentation freilich nicht.

Die genannten Vermittlungsschwierigkeiten waren aber nicht nur den institutionellen Strukturen des frühneuzeitlichen Gerichts und der sozialen Zusammensetzung der Akteure geschuldet,[57] sie sind auch im Zusammenhang mit einem eigentümlichen, übrigens bei vielen Kindsmörderinnen zu beobachtenden Verhalten der Angeklagten zu sehen. Susanna Brandt schien selbst nicht genau zu verstehen, was sie warum getan hatte. Hatte sie nicht die Schwängerung,

---

57 Auf diese weist insbesondere Regina Schulte in ihrer Untersuchung zu bayerischen Kindsmörderinnen im 19. Jahrhundert hin, vgl. Regina Schulte, Bürgerliches Recht und bäuerliche Norm. Semantische Konfliktlinien im Dorf des 19. Jahrhunderts im Spiegel bayerischer Gerichtsakten, in: Heinz Mohnhaupt/Dieter Simon (Hg.), Vorträge zur Justizforschung, Frankfurt 1993, 405–425.

die Schwangerschaft, ja selbst die Geburt als etwas ihr äußerlich Bleibendes, als etwas Fremdes erlebt, das ihr widerfuhr, ohne daß sie daran aktiven Anteil hatte und ohne daß sie wußte, wie es ihr widerfuhr?

Der Holländer habe, so erinnert sie sich, ihr etliche Gläser Wein zu trinken gegeben, „wodurch sie der gestalten in die Hitze gekommen, daß sie seinen Einfällen nicht wieder stehen können", dann habe er sie „auf das bett gezerret, und daselbsten die Unzucht mit ihr getrieben, und wäre es nicht anders gewesen, als ob er ihr etwas in den Wein gethan".[58] Mit dieser Darstellung entsprach die Magd nicht nur den Erwartungen der sie verhorenden Beamten, die selbstverständlich davon ausgingen, daß eine Frau zum Beischlaf überredet werden mußte, auch entsprang diese Antwort nicht ausschließlich dem – angesichts der Strafbarkeit von vorehelichem Beischlaf verständlichen – Bemühen, eigene Aktivitäten zu kaschieren; vielmehr scheint die Aussage der Brandt durchaus ihrer subjektiven Erfahrung entsprochen zu haben. Ex post beschrieben viele Kindsmörderinnen die Schwängerung ganz ähnlich, als etwas, was mit ihnen geschah, ohne daß sie recht wußten, was mit ihnen geschah.[59]

58 Verhör Susanna Brandt 8. 10. 1771. Interessant in diesem Zusammenhang ist auch die Interaktion zwischen den Verhörenden, dem Jüngeren Bürgermeister Siegner sowie dem Examinator ordinarius Lindheimer, und der Angeklagten. So fragten die Justizbeamten beispielsweise: „Ob sie durch Worte und Verheißungen zum Beyschlaff beredet worden oder frywillig darinn gewilligt habe." Dies impliziert die Frage, ob der Handelsdiener ihr etwa die Ehe versprochen habe, was insofern entlastend gewesen wäre, als damit eine Schwängerungsklage gegen den Handelsdiener zumindest de jure möglich gewesen wäre. Die Brandt hingegen scheint diesen juristischen Hintergrund der Frage nicht verstanden zu haben und antwortete auf einer ganz anderen Ebene.

59 Auch die 1757 in Frankfurt verhaftete und schließlich zum Tode verurteilte Kindsmörderin Maria Fröhlich antwortete auf die Frage, warum sie zu der Geburt niemand zur Hilfe geholt habe: „Sie habe nicht gewußt, daß sie ein Kind würde gebohren", vgl. IfSG Crim 7476, Verhör vom 15. 12. 1757.

Ebenso wie die Schwängerung wurde die Schwangerschaft von der Brandt als etwas ihr Äußerliches beschrieben. Das geht so weit, daß sie die Schwangerschaft lange Zeit gar nicht zur Kenntnis genommen zu haben scheint. Vielleicht glaubte sie ja in der Tat, daß sie – wie sie der Dienstherrin Bauer gegenüber behauptete – ihre „reinigung wegen eines über die Frau Bauerin gehabten Zohrns verlohren hätte".[60] Wahrscheinlich hatte sie tatsächlich die Hoffnung gehegt, daß dem so wäre – eine Hoffnung, die immerhin durch zwei ärztliche Gutachten gestützt wurde: Beide Ärzte, Metz und Burggraff, die die Magd untersuchten, hatten keine Schwangerschaft feststellen können.[61] Diese Hoffnung strukturierte ihre Wahrnehmung auch noch, nachdem sich die Anzeichen für eine Schwangerschaft mehrten: Um Ostern hatte sie im Bauch ein Gefühl, als „ob ein Stein von einer Seite auf die andere gewelzt würde"[62] – wiederum eine Darstellung, die deutlich macht, wie sehr sie das in ihr heranwachsende Kind nicht als ihr zugehörig, sondern als Fremdkörper

60 Verhör Maria Margaretha Bauer 3. 8. 1771.

61 Das überrascht auch nicht, wenn man sich die zeitgenössischen medizinischen Schriften, wie etwa Hermann Friedrich Teichmeyer, Anweisung zur gerichtlichen Arzneygelahrheit worinnen die vornehmsten Materien so theils im bürgerlichen Leben vorfallen theils bey Gerichten und Schöppenstühlen nach den Grundlehren der Arzneygelehrten zu untersuchen und auszumachen ..., Nürnberg 1752, betrachtet: Dort wird u. a. die Frage erörtert, „ob es gewisse, sichere und unfehlbare Kennzeichen einer Schwängerung gebe?" Diese Frage wird dahingehend beantwortet, daß Schwangerschaften nur annähernd und nicht „unfehlbar" zu bestimmen seien.

Eine profundere Antwort hätte eine Untersuchung durch eine Hebamme ergeben, schließlich war das Geburtswesen im 18. Jahrhundert noch weitgehend eine Domäne der Hebammen, in der sich studierte Ärzte nicht sehr gut auskannten. Eine intensivere Erforschung des weiblichen Körpers, des schwangeren Körpers und der Geburtsvorgänge von seiten der universitären Medizin setzte erst im ausgehenden 18. Jahrhundert ein, vgl. Barbara Duden, Die „Geheimnisse" der Schwangeren und das Öffentlichkeitsinteresse der Medizin, in: Journal für Geschichte 1, 1989, 48–55.

62 Verhör Susanna Brandt 8. 10. 1771.

erfuhr. Als zu ihr gehöriges Kind scheint es in ihren Augen keine Gestalt angenommen zu haben.[63] Dies wäre womöglich geschehen, wenn sie über ihre Schwangerschaft gesprochen hätte – das erste Mal, daß sie darüber sprach, war jedoch Monate später vor Gericht. Dennoch war das Schweigen (so erinnerte sie es zumindest vor Gericht) nicht ihr aktiver Entschluß: „sie hätte nichts sagen können, und wäre ihr nicht anders gewesen, als wann ihr das Maul zugebunden wäre . . . der Satan habe sie verblendet, und ihr gleichsam das Maul zugehalten, daß es ihr nicht möglich gewesen, etwas zu gestehen".[64]

Dieses Erleben der Schwängerung wie der Schwangerschaft als etwas ihr von außen Zugefügtes, ihr äußerlich Bleibendes und insofern nahezu Irreales setzte sich im Kindsmord selber fort. Schon der Entschluß zur Tat war nicht von ihr, sondern von jemand anderem gefällt worden: Der Satan war es, der ihr einredete, daß „sie in dem grosen Hauß leicht heimlich gebähren, das Kind umbringen, verbergen, und vorgeben könne, daß sie ihre Ordinaire wieder bekommen". Ebenso passiv erlebte sie den Geburtsvorgang. Als sie sich am 1. August „von Wehen überfallen" in die Waschküche zurückzog, brachte sie nicht unter großen und langwierigen Anstrengungen ein Kind zur Welt, leistete sie nicht – wie es in zeitgenössischen Schriften oft heißt – aktive Geburtsarbeit, sondern das Kind ist „von ihr auf die Platten auf die Erde geschossen". Dieses habe sie nun, wiederum aufgrund teuflischer Einflüsterungen, umgebracht.[65]

---

63 Vgl. Regina Schulte, 1989, 157, die einen ähnlichen Prozeß beschreibt: „Trotz ihres Wissens über die Schwangerschaft verweigern und verhindern sie das Wissen über das Kind, lassen sich nicht auf die Mutterschaft ein." Vgl. Ulinka Rublack, 1998, 248 ff.
64 Verhör Susanna Brandt 8.10.1771.
65 Verhör Susanna Brandt 8.10.1771. Vgl. Regina Schulte, 1989, 156, zum Geburtserleben von Kindsmörderinnen. Vgl. auch IfSG Crim 5715,

Aktiv scheint im inneren Erleben der Brandtin, neben den sie mit Fragen bedrängenden Figuren der Schwestern und der Wirtsfrau und neben dem Kaufmannsdiener, vor allem einer gewesen zu sein: der Teufel. Diese Gestalt erschien vielen Zeitgenossen und Zeitgenossinnen der Brandt als überaus mächtig. Nicht nur Goethe machte ihn in seinem „Faust" zu einer Hauptfigur, für viele Kindsmörderinnen wie für andere Angeklagte, deren Gerichtsaussagen uns überliefert sind, spielte er eine Hauptrolle.[66] Gehört der Teufel aus heutiger Perspektive ebenso wie in den Augen der meisten Frankfurter Juristen jener Zeit ins Reich der Phantasie, scheint er dagegen für die Brandt und viele andere eine überaus reale Person gewesen zu sein, mit der man zwar nicht alltäglich, aber doch zuweilen zu tun haben konnte. Nimmt man diese Phantasie als ein inneres Erleben ernst, so wird deutlich, warum der Teufel für die Brandtin und viele andere Menschen ihrer Zeit von so zentraler Bedeutung war. Mit ihm stand eine Figur zur Verfügung, die es ermöglichte, innere Konflikte mit außerordentlicher Klarheit zu verbalisieren.[67]

Welcher innere Konflikt aber war es, der die junge Magd so sehr bedrängte, daß sie sich als geradezu gelähmt, in

---

Verhör 5. 3. 1744, den Fall der Kindsmörderin Fridel; sie beschreibt den Geburtsvorgang mit den Worten: „das kind seye von ihr gefloßen und solches entzwey gewesen".

66 Vgl. IfSG Crim 5715, Verhör vom 30. 11. 1744; hier gesteht die Kindsmörderin Fridel ihre Tat und sagt aus, es sei „ihr ebenso gewesen, alß wann der teufel hinter ihr stunde und zu ihr sage, sie solle das Kind hinunter ... werfen". Vgl. Richard van Dülmen, Frauen vor Gericht. Kindsmord in der frühen Neuzeit, Frankfurt 1991, 85; Elke Hammer 1996, 225. Vgl. zur Darstellung des Kindsmords in „volkstümlichen Balladen und Sagen", in denen auch der Satan eine Rolle spielt, Susanne Ude-Keller, „Straff der weiber so jre kinder töten". Zur ‚sagenhaften' Geschichte des Kindsmords, in: Fabula 32, 1991, 258–274.

67 Vgl. Lyndal Roper, Ödipus und der Teufel, in: dies., Ödipus und der Teufel. Körper und Psyche in der Frühen Neuzeit, Frankfurt 1995, 232–252, 242.

jedem Fall vollkommen ohnmächtig erlebte? Läßt sich dieser Konflikt wirklich auf die objektiven Schwierigkeiten reduzieren, die sie als ledige Mutter zu gewärtigen hatte?[68] So unlösbar waren die Probleme, die mit der Geburt eines Kindes auf eine ledige Magd zukamen – und da muß dem Schaafschen Plädoyer widersprochen werden – zumindest im Falle Brandt nicht. Ihre Schwestern hätten ihr helfen können, beide waren sie, wie eine genaue Rekonstruktion ihrer Situation zeigt, keineswegs so arm und auch gesellschaftlich nicht so schlecht gestellt, daß sie der Brandtin nicht hätten zur Seite stehen können: Die mit einem Schreinermeister verheiratete Schwester Maria Dorothea hatte sogar das Bürgerrecht inne, und die mit dem Tambour verheiratete Schwester Maria Ursula konnte für ihre Kinder als Paten immerhin einen von Stockum beziehungsweise eine du Fay gewinnen.[69] Die von Stockums und du Fays gehörten zu den überaus begüterten hugenottischen Handelsfamilien der Stadt.[70]

68 Ehrverlust wie ökonomische Motive werden in der Mehrzahl der Untersuchungen zum Kindsmord als zentral angesehen, vgl. Otto Ulbricht, 1990, 170ff.; Andreas Maisch, 1997, 102; Elke Hammer, 1996, 212ff.; Richard van Dülmen, 1991, 74ff. Markus Meumann, 1995, 126, hingegen betont, daß die Motive nicht so klar seien, wie es in der bisherigen Forschung behauptet wurde und wie es ebenfalls die aufklärerischen Zeitgenossen behaupteten, die außerdem davon ausgingen, daß es primär ökonomische Gründe sowie die Angst vor Ehrverlust waren, die die Frauen zum Kindsmord trieben.

69 Vgl. IfSG Taufbücher und Traubücher. Aller Wahrscheinlichkeit nach arbeitete die König bei der Familie von Stockum als Magd oder als Köchin. Es war üblich, daß die Dienstherrschaft die Patenschaft für das Gesinde übernahm, aber nur wenn dieses nicht in schlechtem Ruf stand. Interessant ist in diesem Zusammenhang auch, daß der Ehrverlust, den die Angehörigen der Brandt durch ihre Verurteilung zum Tode erlitten, nicht so groß gewesen sein kann: 1775 noch ist eine de Bary Patin einer Tochter der Königin.

70 Die du Fays gehörten zu den 45 größten Hausbesitzern in Frankfurt um 1761, vgl. Ralf Roth, 1996, 133. Die de Barys zählten zu den Höchstbesteuerten der Stadt, vgl. ebd.,123. Die von Stockums waren erst zur

Auch können Scham und Schande – Motive, die nicht nur Schaaf in seiner Verteidigungsrede anführte – allein die Tat nicht erklären, schließlich waren die immer wieder vorgebrachten Beteuerungen von seiten der Schwestern, „sie wäre nicht die erste, und auch nicht die letzte", die unehelich gebären würde, kein leeres Gerede. Es gab im 18. Jahrhundert eine in der Tat sehr hohe Unehelichkeitsrate und nicht wenige Frauen, die trotz unehelicher Kinder noch heirateten und ihr Auskommen fanden.

Kurzum: Jenseits ökonomischer und Ehrmotive muß es individuelle Gründe dafür gegeben haben, daß die Brandt in einer Situation, in der viele Frauen andere, weniger selbstzerstörerische Auswege fanden, sich selbst so ohnmächtig und ihr Kind so fremd erlebte.[71] Diese individuellen, innerpsychischen Motive können wir nicht ergründen, wir können nur anhand der in den Verhöraussagen deutlich zutage

Mitte des Jahrhunderts in den Adelsstand erhoben worden und gehörten ebenfalls zu den vermögendsten Familien der Stadt. Diese reformierten Familien nahmen freilich aufgrund ihrer Religionszugehörigkeit eine gewisse Außenseiterstellung in der Stadt ein, in der sie z. B. nicht ratsfähig waren. Eine besondere Nähe zwischen der Familie König und den von Stockums, de Barys und du Fays mag sich dadurch ergeben haben, daß Königs ebenfalls Reformierte waren und sie so zumindest die gleiche Kirche außerhalb Frankfurts in Bockenheim sonntäglich besuchten.

Auch der Vetter von Susanna Brandt hatte 1771 das Bürgerrecht beantragt und konnte als Paten für seinen Sohn einen du Fay gewinnen. Vgl. Taufbücher: 14.6.1761 Taufe Reimund Caspar Brandt. Vgl. zur Frankfurter Kirchengeschichte Hermann Dechent, Kirchengeschichte von Frankfurt a. M., 2 Bde., Leipzig 1921; Richard Grabau, Das evangelisch-lutherische Predigerministerium der Stadt Frankfurt am Main, Frankfurt 1913; Jürgen Telschow, Die alte Frankfurter Kirche. Recht und Organisation der früheren evangelischen Kirche in Frankfurt, Frankfurt 1979; ders. u. Elisabeth Reiter, Die evangelischen Pfarrer von Frankfurt am Main, Frankfurt 1985.

71 Vgl. Silke Göttsch, „Mörderin an ihrem unschuldigen Kind aus Überdruß des Lebens". Ein Beitrag zum Thema gewalttätige Frauen im 18. Jahrhundert, in: Bayerisches Jahrbuch für Volkskunde, 1996, 43–49.

tretenden Fremdheits- und Ohnmachtsgefühle feststellen, daß diese übermächtig waren – übermächtig, wie nur Satan sein kann.

V.

Vor Gericht interessierten sich die Juristen nur mäßig für die Motive von Kindsmörderinnen; außerhalb des Gerichts jedoch fanden sie und viele ihrer Bekannten und Verwandten die Beschäftigung mit gesellschaftlichen und individuellen Ursachen für Verbrechen im allgemeinen und für den Kindsmord im speziellen alles andere als uninteressant. Im Gegenteil, die Beschäftigung mit dem Verbrecher und der Verbrecherin und hier insbesondere der Kindsmörderin wurde im letzten Drittel des 18. Jahrhunderts zu einer, wie es ein Zeitgenosse ausdrückte, regelrechten „Modesucht",[72] die vor allem in bürgerlichen Kreisen zuweilen bedenkliche Ausmaße annahm. Unzählige Literaten, unter ihnen Goethe – erinnert sei nur an Gretchens Kindsmord im „Faust" –, befaßten sich mit dem Kindsmord, freilich nicht in juristischer Perspektive. Literarische Texte, in denen Kindsmord eine zentrale Rolle spielt, finden sich in den 1770er und 1780er Jahren zuhauf: Neben „Faust" ist hier Schillers Gedicht „Die Kindsmörderin" genauso zu nennen wie Heinrich Leopold Wagners gleichnamiges Stück und natürlich Gottfried August Bürgers „Des Pfarrers Tochter von Taubenhain".

Viele dieser Literaten waren ausgebildete Juristen,[73] wußten also über Kindsmord recht gut Bescheid, wobei vielleicht nicht alle die Möglichkeit gehabt hatten, einen Kindsmordprozeß so nah mitzuerleben wie Goethe. Dennoch erinnern

---

72 Vgl. Otto Ulbricht, 1990, 218.
73 Neben Goethe sind hier Wagner, Klinger und Schiller zu nennen.

ihre literarischen Verarbeitungen nur sehr entfernt an die realen Kindsmörderinnen: Die Brandtin und Gretchen haben nur wenig gemeinsam.[74] Im Mittelpunkt dieser literarischen Verarbeitungen stehen nicht Mägde, sondern Mädchen bürgerlichen Standes; ihre Verführer sind nicht Handelsdiener oder Gesellen, Soldaten oder Tagelöhner, sondern durch und durch verdorbene, sitten- und hemmungslose Adelige. Überdies ist die Kindsmörderin in ihrer literarischen Fassung im Unterschied zu ihrem adeligen Verführer letztlich gänzlich unschuldig, ein bürgerliches Mädchen, das nur aufgrund des adeligen Standesdünkels, welcher eine Heirat mit einer Bürgerlichen ausschließt, in Unehre fällt. Auch die Motive der Kindsmörderinnen erscheinen in diesen Darstellungen in einem anderen Licht: Statt von einem ganzen Bündel von Tatmotiven auszugehen, unterstellen die Autoren ihren Protagonistinnen, daß sie ausschließlich aus Angst vor Ehrverlust ihr Kind umgebracht hätten[75] – eine Argumentation, die schon der Brandtsche Anwalt Schaaf bemüht hatte.

74 Diese Lesart des Kindsmordes läßt sich freilich nicht nur in literarischen Texten des ausgehenden 18. Jahrhunderts finden. Viele der zahlreichen Beiträge, welche auf die 1780 ausgeschriebene Preisfrage: „welches sind die besten ausführbaren Mittel, dem Kindsmorde Einhalt zu thun", eingingen, argumenticren ähnlich. Vgl. ausführlich zu den auf die Preisfrage eingegangenen Beiträgen und ihren Autoren Otto Ulbricht, 1990, 216 ff.; Wilhelm Wächtershäuser, Das Verbrechen des Kindsmords im Zeitalter der Aufklärung. Eine rechtsgeschichtliche Untersuchung der dogmatischen, prozessualen und rechtssoziologischen Aspekte, Berlin 1973, 36 ff.

75 Ähnlich argumentiert eine ansonsten religiös gehaltene Schrift, die sich mit der Frankfurter Kindsmörderin Anna Maria Fröhlich auseinandersetzt, vgl. Joh. Balth. Koelbele, Eine Geistliche Betrachtung über die letzten Stunden der Anna Maria Fröhlichin welche wegen verübten Kindsmordes zu Frankfurt ... enthauptet worden ..., Frankfurt 1758. Hier heißt es: „Wenn Weibsbilder nach dem Verlust ihrer Ehre noch Kindsmörderinnen werden, so rühret es gemeiniglich von einer unzeitigen Ehrsucht her, welche der zur Verzweiflung gebrachten Sittsamkeit eigen ist."

Werden diese Mädchen schließlich hingerichtet – erinnert sei an Gretchen –, so wird diese Verurteilung zum Tode nicht, wie in einem Gutachten Goethes zu einem Kindsmordfall, eindeutig begrüßt: Im Gegenteil, das Todesurteil erscheint als Ausgeburt eines inhumanen Justizwesens. Goethe war zumindest während seiner Tätigkeit als Rechtsanwalt ein Repräsentant dieses Justizwesens, und viele seiner Freunde und Verwandte machten darin Karriere und blieben ihr Leben lang Vertreter der Justiz. Als solche hatten sie – und das gilt auch für den Juristen Goethe – maßgeblichen Anteil an der Art und Weise, wie vor Gericht argumentiert und wie Urteile – darunter etliche Todesurteile für Kindsmörderinnen – gefunden wurden. In der literarischen Verarbeitung erscheint dieses zum Teil von den Autoren selbst repräsentierte Justizwesen nun unter anderen Vorzeichen: als ungerecht, da nach ständischen Gesichtspunkten und nicht nach den Prinzipien des gleichen Rechts für alle urteilend; als brutal, da die sozialen und ökonomischen Lebenslagen der Täter und Täterinnen mißachtend. Unter dieser Ungerechtigkeit und Härte leiden in Stücken und Romanen nun aber nicht, wie das faktisch zutreffend war, in erster Linie die unteren Stände, sondern ausschließlich der bürgerliche Stand.[76] Diesen sucht man jedoch auf der Anklagebank frühneuzeitlicher Gerichte zumindest in Kindsmordfällen vergeblich.

76 Vgl. zum Kindsmordmotiv in der deutschen Literatur Christine Wittrock, Abtreibung und Kindsmord in der neueren deutschen Literatur, Frankfurt 1978; Beat Weber, Die Kindsmörderin im deutschen Schrifttum 1770–1795, Bonn 1974; Georg Pilz, Deutsche Kindsmordtragödien. Wagner, Goethe, Hebbel, Hauptmann, München 1982; Germaine Goetzinger, Männerphantasie und Frauenwirklichkeit. Kindermörderinnen in der Literatur des Sturm und Drang, in: Argument Sonderband 172, 1988, Frauenliteratur und Politik, hg. von Annegret Pelz u. a., 263–286; Jan Matthias Rameckers, Der Kindsmord in der Literatur der Sturm- und Drang-Periode. Ein Beitrag zur Kultur- und Literaturgeschichte des 18. Jahrhunderts, Rotterdam 1927.

Kurzum: Die gleichen Vertreter des Bürgertums, die in ihren Dichtungen das brutale Justizwesen im allgemeinen und die harte Abstrafung von Kindsmörderinnen im besonderen kritisierten, gestalteten das Rechtswesen maßgeblich mit und waren – nicht nur in Frankfurt und Weimar – verantwortlich dafür, daß Kindsmörderinnen hingerichtet wurden. Und doch trugen sie mit dazu bei, eine Entwicklung, die man verkürzt als Humanisierung des Strafwesens bezeichnen kann und die schon seit Beginn des Jahrhunderts vielerorts zu beobachten war, zu forcieren: Gretchen und andere fiktive Kindsmörderinnen veränderten die Vorstellung vom Verbrecher im allgemeinen und von der Kindsmörderin im besonderen. Indem die Kindsmörderin nicht länger in erster Linie als Verletzerin einer göttlichen Ordnung betrachtet wurde, sondern als Opfer, und zwar als Opfer eines böswilligen Verführers wie eines ungerechten Rechtssystems, eröffnete sich ein neuer Blick auf den Verbrecher beziehungsweise auf die Verbrecherin: ein mitleidender, identifikatorischer Blick, der die Hintergründe der Tat, die psychischen, sozialen und ökonomischen Motive – wie realistisch auch immer – beleuchtete.

Als Initiatoren eines solchen Prozesses, an dessen Ende schließlich im 19. Jahrhundert die Abschaffung der Todesstrafe für Kindsmörderinnen stand,[77] können diese Männer freilich nicht bezeichnet werden: Schon 1730 lassen sich Verordnungen finden, in denen eine mildere Bestrafung des Kindsmordes angeordnet wurde.[78] Wenig später, 1734, hatte sich der Jurist August Leyser für eine mildere Bestrafung des

---

77 Vgl. zur Entwicklung der Gesetzgebung im 19. Jahrhundert Kerstin Michalik, Vom „Kindsmord" zur Kindstötung: Hintergründe der Entwicklung des Sondertatbestandes der Kindstötung (§ 217) im 18. und 19. Jahrhundert, in: Feministische Studien 1, 1994, 44–55.
78 Isabel Hull, Sexuality, State, and Civil Society in Germany 1700–1815, Ithaca 1996, 113.

Kindsmordes ausgesprochen.[79] Zur Mitte des Jahrhunderts hatten in Frankfurt die ersten Verteidiger von Kindsmörderinnen unter Hinweis auf die sozialen Hintergründe für Strafmilderung plädiert.[80] Und Friedrich der Große hatte bereits 1749 laut darüber nachgedacht, daß sich ledige Mütter insofern in einer besonderen Notlage befänden, als sie „zwischen dem Verlust ihrer Ehre und ihrer unglücklichen Leibesfrucht" wählen müßten.[81] Hätte Susanna Margaretha Brandt also 50 Jahre später gelebt, wäre sie nicht mehr hingerichtet worden. Die Frage allerdings, ob sie dann einen anderen Ausweg aus ihren Konflikten gefunden hätte, läßt sich genauso wenig beantworten wie die Frage, warum Christiane Vulpius trotz fünf unehelicher Kinder nicht zur Kindsmörderin wurde.

79 Augustin Leyser, Meditationes ad pandectas, Vol. IX: Editio tertia corrector., Leipzig 1748. Vgl. dazu Manfred Schwarz, Wechselnde Beurteilung von Straftaten in Kultur und Recht, Bd. 1: Die Kindstötung, Berlin 1935, 60ff.
80 Vgl. die Plädoyers der Verteidiger in anderen Frankfurter Kindsmordprozessen, etwa IfSG Crim 7476 und Crim 5715.
81 Vgl. hierzu Wilhelm Wächtershäuser, 1973, 27ff.

Protocollum Officii Exam. de 3. August 1771
Die pcto. infanticidii inculpierte
und entwichene hiesige Soldaten Tochter
Susanna Brandtin betr.
Cum Litris A.B.C.D.E.F.G.H.J.K.L.M.N.O.P.Q.R.S.T.U.V.W.X.Z.
AA.BB.CC.DD

1. Teil
Die Untersuchung

Am Abend des 2. August 1771 erschien die Ehefrau des Tambours König beim Jüngeren Bürgermeister der Stadt Frankfurt und teilte ihm mit, daß ihre Schwester, die Dienstmagd Susanna Margaretha Brandt, einer verheimlichten Geburt verdächtig erscheine. Sofort begannen die Mühlen der Justiz zu mahlen. Der Jüngere Bürgermeister, in jenem Jahr ein Doktor der Rechte namens Siegner, war für die Untersuchung der damals als „Peinliche Sachen" bezeichneten Verbrechen zuständig, jener Taten, die mit Leibesstrafen oder dem Tode bedroht waren. 1771 galt auch in der Reichsstadt Frankfurt das Strafrecht der Peinlichen Halsgerichtsordnung oder Carolina, die Kaiser Karl V. 1532 erlassen hatte. In ihr wurden die Straftatbestände definiert, die zu den „Peinlichen Sachen" zu zählen waren, und die entsprechenden Strafen festgelegt. Bei einer verheimlichten Geburt lag stets der Verdacht nahe, daß die betroffene Frau ihr Kind getötet habe; Kindsmord aber war ein in der Carolina beschriebenes Delikt, auf das die Todesstrafe stand. Dr. Siegner entsandte, da es sich um ein Verbrechen handelte, zu dessen Verfolgung er verpflichtet war, noch am selben Abend einen Soldaten, der ihm als Ordonnanz zur Verfügung stand, an den mutmaßlichen Tatort. Der Sergeant Elias Brandt entdeckte dort, in der Waschküche des Gasthauses „Zum Einhorn", ein neugeborenes totes Kind. Daraufhin bestellte Dr. Siegner die Dienstherrin der Brandt, die Wirtin des Gasthauses „Zum Einhorn", für den nächsten Tag auf das Peinliche Verhöramt. Zugleich erteilte er den Stadtphysici und einigen Chirurgen den Auftrag, die Kindsleiche am folgenden Nachmittag im Hospital zu sezieren.

Am Morgen des 3. August begann das Peinliche Verhöramt offiziell mit der Untersuchung des Falles. Zunächst wurde ein Protokoll über die Ereignisse des Vorabends angelegt. Es verzeichnet zu Beginn die Anwesenheit des Jüngeren Bürgermeisters

Dr. Siegner und des Ratsherrn der zweiten Bank Dr. Lindheimer, ebenfalls ein Jurist, der in diesem Jahr das Amt des Examinators, des Untersuchungsbeamten im Peinlichen Verhöramt, innehatte. Diese beiden bildeten zusammen mit dem Ratsschreiber Claudi, ebenfalls Doktor der Rechte, und dessen Gehilfen, dem Schreiber Rost, der keine juristische Ausbildung besaß, das Peinliche Verhöramt. Nachdem an diesem Morgen des 3. August der Sergeant Brandt über die Entdeckung der Kindsleiche berichtet hatte, erschien, wie im Protokoll vermerkt ist, die Wirtin Maria Margaretha Bauer in den Räumen des Verhöramtes im Frankfurter Rathaus, dem Römer, und wurde vernommen.

Im weiteren Verlauf wechselten die Schauplätze der gerichtlichen Untersuchung. Die Schriftstücke, die in der Prozeßakte abgelegt sind, entstanden an unterschiedlichen Orten und in verschiedenen Institutionen der städtischen Justizverwaltung. So mußten die Protokolle des Peinlichen Verhöramtes im Rat verlesen werden, sobald ein Beschluß des Rates als obersten Justizorgans erforderlich war. Der erfolgte Beschluß wurde dann auf dem Peinlichen Verhöramt als Beilage zu den Akten genommen. Das Protokoll vom Morgen des 3. August wurde noch am selben Tag im Schöffenrat verlesen, damit dieser über das weitere Vorgehen beraten konnte. Die Schöffen erließen einen Haftbefehl an die Stadtwache und ordneten an, daß ein Steckbrief der flüchtigen Dienstmagd an die Wachen aller Stadttore verteilt und dort unter Trommelschlag verlesen werden sollte. Am Nachmittag desselben Tages wohnte der Ratsschreiber Dr. Claudi der Sektion der Kindsleiche bei, die um 15 Uhr beendet wurde. Um 16 Uhr wurde schließlich Susanna Margaretha Brandt am Bockenheimer Tor verhaftet.

Am folgenden Tag begab sich der Ratsschreiber Claudi in das Hl. Geist-Spital, in dem die Brandt untergebracht war, um sie auf der Grundlage des Sektionsergebnisses zu verhören. Da die Kindsleiche bereits beerdigt war, konnte er die Beschuldigte nicht mit dem toten Kind konfrontieren. Deshalb bat das Peinliche Ver-

höramt um einen Ratsbeschluß. Sowohl der Sektionsbericht, erstellt vom Ratsschreiber Claudi, als auch das Verhörprotokoll, verfaßt vom Gehilfen Claudis, dem Schreiber Rost, wurden am 5. August vor dem Rat verlesen. Der Rat beschloß, daß man die Leiche des Kindes exhumieren und der Verhafteten vorlegen solle, damit diese das Kind identifiziere und dessen Verletzungen erkläre. So entstand am 5. August ein weiteres Verhörprotokoll im Hospital. Susanna Margaretha Brandt gestand, heimlich geboren und das Kind mit den Händen erdrosselt zu haben. Schließlich besichtigte an diesem Tag der Schreiber Rost den Tatort und fertigte einen Bericht an. Die einzelnen Schriftstücke – die Ratsbeschlüsse, der Sektionsbericht und die Verhörsprotokolle – wurden am 5. August auf dem Peinlichen Verhöramt als Beilagen zu den Akten genommen. Am selben Tag erfolgte dort die Vernehmung einer weiteren Zeugin, Maria Ursula König, einer Schwester der verhafteten Magd.

Der Rest des ersten Teils der Untersuchung spielte sich auf dem Peinlichen Verhöramt ab. Am 6. August wurde die zweite Schwester der Brandt vernommen, Maria Dorothea Hechtel. Dieses Verhör mußte unterbrochen werden, da die Zeugin unter Schwangerschaftsbeschwerden litt. Danach warteten die Ratsherren ab, bis die verhaftete Brandt von den Folgen ihrer Niederkunft und der anschließenden strapaziösen Flucht soweit genesen war, daß sie transport- und vernehmungsfähig war. Erst am 28. September wurde schließlich Maria Dorothea Hechtel abermals vorgeladen und befragt. An diesem Tag wurde auch die dritte Schwester der Beschuldigten, Catharina Brandt, vernommen. Es folgten ein weiteres Verhör der Wirtin Bauer sowie die Befragung einer Magd, die am Abend der Tat ihren Dienst im Gasthaus „Zum Einhorn" angetreten hatte. Alle Zeuginnen wurden danach gefragt, ob sie von der Schwangerschaft der Dienstmagd gewußt hatten, und alle stritten diesen Umstand ab. Sie schilderten, wie sie die Brandt auf ihren Zustand hin zur Rede gestellt hätten und wie diese geschworen habe, sie sei keinesfalls schwanger. In diesen

Vernehmungen versuchten der Jüngere Bürgermeister und der Examinator ordinarius herauszufinden, ob eine der Zeuginnen sich mitschuldig gemacht hatte: entweder durch die Verheimlichung der Schwangerschaft, die sie nicht angezeigt hatten, oder indem sie der Schwangeren bei der heimlichen Niederkunft oder gar bei der Tötung des Neugeborenen geholfen hatten.

Nachdem sich Susanna Margaretha Brandt einigermaßen von den Strapazen der Geburt erholt hatte, wurde sie am 8., 9. und 11. Oktober erneut vernommen. Sie legte, nach einigen Widersprüchen, ein umfassendes Geständnis ab, in dem sie zum Schluß aussagte, sie habe mit einer Schere auf das Kind eingestochen. Am 12. Oktober wurden noch einmal die beiden Zeuginnen vernommen, die am Abend der Tat kurz vor deren Niederkunft mit Susanna Margaretha Brandt zusammengewesen waren: die Wirtin Bauer und die Magd Margaretha. Beide stritten erneut jedes Wissen um die Schwangerschaft und die an jenem Abend erfolgte Niederkunft ab. Da nun ein Geständnis der Täterin vorlag, eine Beteiligung weiterer Personen trotz intensiver Befragungen jedoch nicht nachzuweisen war, beschlossen Dr. Siegner und Dr. Lindheimer, die Untersuchung vorerst abzuschließen. Damit war ihre Aufgabe freilich noch nicht beendet. Sie hatten weiterhin alle Schriftstücke des Falles – Gutachten, Berichte und Protokolle – zu registrieren und an die entsprechenden Personen weiterzuleiten. Den ersten Teil ihrer Aufgaben hatten der Jüngere Bürgermeister und der Examinator ordinarius jedoch erfüllt: die Feststellung des Tatbestandes durch das Sammeln von Indizien, durch Zeugenvernehmungen und schließlich – wichtigster Bestandteil der Beweisaufnahme – durch das Erzielen eines Geständnisses der Delinquentin.

Actum Franckfurth den 3ten August 1771

Coram Dno. Cons. Jun. Senatore Dr. Siegner et Dno. Senatore Dr. Lindheimer Exam. ordin.[1]

Nachdem dem Titl.[2] Jüngern Herrn burgermeister des hiesigen Tambour[3] Koenigs Ehefrau gestern Abend nach 9 Uhr die Antzeige gethan, daß ihre in dem Gasthauß zum Einhorn dahier bey der Wittib bauerin als Magd in diensten stehende Schwester Nahmens Susanna brandtin wegen einer verheimlichten Geburt sehr verdaechtig seye, indeme ihre brodt herrin und sie Denunciantin in dem Stall eine Straase mit Geblut angetroffen; und besagte ihre Schwester sich entfernet habe.

So referirte anjetzo der Ordonnantz Brandt: daß er auf erhaltenen befehl des Titl. Jüngern Hrn. burgermeisters Wohlgeb. sich sogleich in gedachtes Gasthaus begeben, in dem Stall daselbst hier und da blut, und beym genauern Durchsuchen unter dem s.v. [4] Mist ein todtes neugebohrnes Knäblein gefunden habe.

Dieses Kind, an dessen einem Schlaff[5] ein Zeichen einer verübten Gewalt wahr zu nehmen, habe er demnächst in das

---

1 Vor dem Herrn Jüngeren Bürgermeister und Ratsherrn Dr. Siegner und dem Herrn Ratsherrn Dr. Lindheimer, Examinator ordinarius [wörtlich: ordentlich bestellter Untersuchungsbeamter].

2 Titulo: dem mit dem angemessenen Titel versehenen. Diese Formel wurde verwendet, wenn der ausführliche Ehrentitel nicht genannt wurde.

3 Dienstgrad der Frankfurter Garnison. Siehe im Glossar unter Militär.

4 S. v. = Salva venia: „mit Verlaub" oder „wenn es erlaubt ist". Diese Floskel wurde vor Ausdrücken wie „Mist" oder „Urin" als Entschuldigung für deren Verwendung angebracht.

5 Schläfe.

Hospital gebracht, und die beschreibung der fugitiven Person, Alter und Kleidung mit dem befehl im betrettungsfall sie zu arretieren ebenfalls gestern Abend noch auf die Hauptwache zum circuliren an denen Thoren getragen, die Wirthin bauerin auf heute früh noch vor Amt beschieden, diesen Morgend aber die Hrn. Physicos und Chirurgos auf diesen Nachmittag 2 Uhr in das Hospital zur Section bestellet. Dimmissus.[6]

Eodem:[7] Erschiene ad citationem,[8] des weyland hiesigen burgers und GastWirths Joh. Carl bauers hinter lassene Wittib Maria Margaretha, eine gebohrne Schuckin 56 Jahr alt, lutherischer religion, und wurde unter ernsthaffter Errinnerung die Warheit zu sagen befragt:

1

Ob sie ein Magd in Diensten habe, welche Susanna brandtin heisse, und ob diese wegen verheimlichter Geburt verdächtig seye?

Rp:[9] Ja. Besagtes Mensch seye schon bey ihr Compar.[10] dritthalb Jahre als Magd in Diensten, und habe sich die Zeit über wohl auf geführet, so daß sie mit ihr vollkommen zu frieden gewesen. Als aber die selbe vor ohngefehr einem 4 tel Jahr unscheinbar geworden, und dem Ansehen nach ihr schwanger zu seyn geschienen, habe sie dieselbe deßhalb zur Rede gesetzet, von ihr aber zur Antwort erhalten daß ihre monathliche Reinigung durch einen gehabten Zorn schon einige Zeit zurückgeblieben seye, und sie darvon einen dicken Leib bekommen habe.

---

6 Entlassen.
7 Ebendort.
8 Auf Vorladung.
9 Rp. = Responsio: Antwort.
10 Comparent/in: Person, die vor Gericht erscheint.

Mit dieser Entschuldigung habe sie Compar. sich nicht beruhiget, sondern deren beyden Schwestern des Tambour Koenigs Ehefrau, und der Schreinerin Hechtelin diesen Umstandt angezeiget, welche beyde besagte ihre Magd brandtin in ihrer Gegenwart nachdrücklich deßhalb constituiret, diese aber in die Worte ausgefallen, „das schwehre Gewitter welches anjetzo am Himmel stehe, solle sie in Erdboden erschlagen, wann sie von einem Kind wüßte, sie hätte weder mit einem Christen noch mit einem Juden zu thun gehabt." Ihre Schwester die Hechtelin habe hierauff versetzt, wann sie ein gutes Gewissen hätte so sollte sie sich visitiren lassen, auch dieselbe welche sich hierzu verstanden, mit hinauff in eine Cammer genommen, sie auskleiden lassen und genau besichtigt bey ihrer Zurückkunfft aber ausgesagt: es wäre nichts sie könte keine Schwangerschafft an ihr finden, man müßte suchen dem Mädgen etwas zugebrauchen, daß sie ihr Geblut wieder bekäme.

Hierdurch seye sie Compar. bewegt worden, ihrer Magd brandin die Zusage zu thun, daß sie selbige, wann sie gesund bleiben würde, noch 4 Wochen behalten wolle, um zu sehen, was es mit ihr werden würde. Weiter habe sie Comparentin den S.v. Urin von ihr fangen lassen, und den Hrn. Dr. Metz darüber befragt, welcher dann Anfangs gesagt, der Urin seye von keinem ledigen Weibsbild, und als sie ihme eröffnet, daß er von der Magd seye, welche ihr Comp. schwanger zu seyn vorkäme, habe er ihr geantwortet, sie möchte das Mensch zu ihme ins Haus schicken, er wolte sie deßhalb examinieren, welches sie auch gethan, und von dem Hrn. Dr. Metz zur Antwort erhalten habe, er wüßte nicht, was er sagen solte, das Mensch wolte nichts gestehen, und von keiner Schwangerschafft etwas wissen, sondern gebe vor sie habe einen Zorn gehabt und dahero ihr Geblut verlohren mit dem Anfügen, nirgends wäre ihr Leib gantz dünne, und wann sie etwas essen thäte, so wäre selbiger etwas dicker.

Ebengedachter Herr Dr. Metz habe ihr hierauf einen Tranck verschrieben, welches ohngefehr 4 Wochen nach Himmelsfahrth Tage[11] gewesen, und diesen habe sie nur einmahl genommen und vorgegeben, er schmeke so übel, daß sie ihn nicht nehmen könte.

Weilen es nun mit derselben sich nicht bessern wollen, hätten der inculpatae[12] beyde mehr bemeldete Schwestern, den S.v. Urin vor ohngefehr 14 Tagen zum Hrn. Dr. Burggraff gebracht, und dieser ihrer Aussage nach davor gehalten, daß keine Schwangerschafft vor handen, sofort auch zur Verschaffung ihrer Reinigung ihr ein Pulver verschrieben, welches dieselbe auch eingenommen, und vorgegeben, daß sie besserung verspüre.

Nachdeme sie Compar. aber keine besserung wahrgenommen, und überlegt habe, daß die Mess[13] vor der Thür seye, wo sie die Magd nothwendig zu brauchen habe habe sie derselben am abgewichenen Donnerstag als den 1. hujus,[14] als an welchem eben ein 4^{tel} Jahr ihrer Dienst Zeit zu Ende, den rest ihres lohns mit 30 xer.[15] mit dem Bedeuten zugestellet, daß sie zu ihren Schwestern gehen, und daselbst sich und ihrer Gesundheit besser pflegen solte, worauff auch dieselbe Abends um 8 Uhr fort gegangen seye. Sie Comparentin habe hierauff ohngefehr gegen 9 Uhr zu der Hechtelin geschicket, und fragen lassen ob ihre Schwester bey ihr seye, welche nach einigem Zeitverlauff mit der Nachricht zu ihr gekommen, daß weder sie noch die andere Schwester Königin sie gesehen hätten, worauff sie Comp. sogleich, weilen ihr dieser Umstandt verdächtig vorgekommen, mit Zuzie-

---

11 Himmelfahrt 1771: 9. Mai.
12 Beschuldigten.
13 Gemeint ist die Frankfurter Herbstmesse. Siehe im Glossar unter Messe.
14 Hujus: diesen [Monats].
15 Kreuzer. Siehe im Glossar unter Geldwesen.

hung der Hechtelin in ihrem Hauß nachgesucht, und die inculpatam auf der Stiege sitzend angetroffen hätten, und habe diese vorgegeben, ihr Kopff und alles thäte ihr weh, sie wolte die Nacht noch im Hauß bleiben, und Morgen ihr Zinn reiben helffen, welches sie Comp. aber nicht gelitten, sondern sie ihrer Schwester mit gegeben habe. Gestern Morgend um 10 Uhr habe sie Comp. in ihrem Holtzstall eine Straase mit blut als wie von einer Creysenden Frau angetroffen, worüber sie nicht wenig erschrocken und sogleich die Hechtelin zu sich ruffen lassen, und derselben diesen verdächtigen Umstandt angezeigt und gewiesen, worauff auch die Hechtelin ohngefehr gegen 12 Uhr Mittags sich zu ihrer Schwester Königin woselbsten inculpata sich aufgehalten begeben, und selbige darüber zur Rede gesetzt habe, und seye Nachmittags wiederum zu ihr Comparentin gekommen, habe ein blutiges Hemd mitgebracht, und ausgesagt, sie were nicht schwanger, sondern hätte auf einmahl ihr Geblut wiederum bekommen, mit dem Zusatz wer ihrer Schwester nachsagen würde, daß sie schwanger seye, an dem wolte sie ihr leben hängen, als wodurch sie sich wiederum beruhigt habe.

Indessen wäre die Königin aus gegangen, und als sie nach ihrer Zurückkunfft zu Hauß ihre Schwester die inculpatam nicht angetroffen, zu ihr Comparent. gekommen, und da sie selbige aber so wenig bey ihr als bey der Hechtelin gefunden, weren sie ingesamt sehr bestürtzt geworden, und hätten diese und die Königin gleich bey ihr nach dem Kind nachsuchen wollen, welches sie aber nicht zugegeben, sondern ausgesagt habe man müßte sogleich die Sache anzeigen, und dieses wäre alles was ihr von der gantzen Sache bewußt seye.

Ob sie diese ihre Aussage zu beschwören im Standt seye?
Rp. Ja. Mit gutem Gewissen.

Facta prael. dimmissa.[16]

[Beilage A: Dekret des Schöffenrats zur Austrommelung der Susanna M. Brandt]

Verlase man Protocollum Löbl. Officii Examinatorii de hodierno,[17] die wegen Kinder-Mords Verdächtige und entwichene hiesige Gefreytens Tochter Susanna Margareth Brandtin, betr.

Solle man dieselbe ohnverlängt mit Steck Briefen verfolgen, an
den gewöhnlichen Orten austrommlen und deren Todt gefundenes Kind diesen Nachmittag im Beyseyn derer Hochgelahrten Physicorum von denen Chyrurgis juratis[18] seciren
lassen.
Decret in Senat. Scab.[19] d. 3. Aug. 1771

[Beilage B: Bericht über die Austrommelung der Susanna M. Brandt]

Früh-Rapport Haupt Wacht den 3. August 1771

Auf Befehl S.T.[20] des Jüngern Herrn Bürger Meisters circulirte
nachstehendes Schreiben eine Weibs-Person betreffend. Nahmens: Susanna Brandtin, von hier gebürtig, in circa 2 à
23 Jahr alt, trägt einen Berliner flannellenern gewürfelten
Rock einen braunlicht rothen Cattunenen Jack, und eine wei-

16 Nach Verlesung [des Protokolls] entlassen.
17 Vom heutigen [Tag].
18 Physikus: Arzt. Chyrurgus juratus: geschworener Chirurg. Siehe im Glossar.
19 Schöffenrat. Siehe im Glossar.
20 Salvo Titulo: Wurde als Formel benutzt, wenn der eigentliche Ehrentitel
nicht verwendet wurde.

sen Schürtz, von Statur lang und schmal welche in Betrettungsfall sogleich arretirt und F.[21] dem Jg. Hrn. Bgmstr. gemeldet werden soll.

W. D. Wirth four.[22]

Demnach gestern abend ein neugebohrnes Kindlein männlichen Geschlechts, in dem hiesigen Gasthaus zum Einhorn, in einem Stale todt gefunden und dem Vermuthen nach, von dasiger dienstmagd Susanna Brandin, weil sich dieselbe vor dieser Endeckung flüchtig gemacht, heimlich gebohren worden, dem obrigkeitl. Amt aber daran gelegen, daß die gottlose Mutter dieses Kindes, welche von hier bürtig in circa 23 Jahr alt, langer schmaler Statur einen Berliner flanellern gewürfelten Rock, bräunlich roth Cottonen Jack, und weisen Schürtz tragend, ausfindig gemacht und zur gebührenden Strafe gezogen werde:

Als ergeht von wegen Eines HochEdlen und Hochweisen Raths dieser des heil. Reichs Freyen Stadt Frankfurt am Mayn an alle und jede hiesige Bürger, Beysaßen und andere Inwohner hiermit die nachdrückliche Erinner- und Ermahnung, im Fall ein oder anderer von dem Aufenthalt dieser entwichenen Weibs Person zuverläßigst wißen schafft haben mögte, solche sogleich einem der Herrn Bürgermeister gebührend anzeigen solle.

Mit der Versicherung, daß derjenige, so hirvon sattsame Nachricht ertheilen und die Mutter dieses toden Kindes zu deren Habhaftwerdung angeben wird eine belohnung von fünfzig ReichsThalern empfangen solle.

Geschlossen bey SchöffenRath Samstags d. 3ten August 1771.

Vorstehends Proclama ißt dato mittelß Trommelschlags an den gewöhnl. Plätzen der Stadt bekant gemacht worden.

J. H. Thym

---

21 Förderst oder Fördersamst.
22 Fourier: Unteroffizier der Frankfurter Garnison. Siehe im Glossar unter Militär.

[Beilage C: Verhör der Susanna M. Brandt durch den Ratsschreiber Claudi im Hospital zum Heiligen Geist]

Actum Franckfurth am Mayn den 4. August 1771 Nachmittags nach 5 Uhr im löbl. Hospital

Deme soeben von des Titl. jüngern wohlregierenden Herrn Bürgermeisters Wohlgebohren erlassenen Befehl zu gehorsamster Folge haben die gestern wegen heimlicher Geburt arretirte und in löbl. Hospital gebrachte Susanna Brandtin, welche anheute den Nachrichten nach etwas krank seyn soll, über erstern Umstände ad Protocollum vernommen und sie, praevia ad monitione[23] in allem die reine Wahrheit zu sagen, befragt:

quaest. 1[24]

Wie sie heise, wie alt, wessen Religion, woher und womit sie sich ernähre?

Rp. Susanna Margretha Brandtin, 24 Jahr alt, reformirter Religion, von hier und seye ihr vatter bey hiesiger Garnison als Gefreyter gestanden ihr vatter und mutter aber wären bereits gestorben, und habe sie hier bey der frau Bauerin in dem Gasthauß zum Einhorn, als Magd gedienet.

quaest. 2

Woher es komme, daß sie gegenwärtig in dem Hospital sich befinde?

Rp. An dem Bockenheimer Thor seye sie gestern Nachmittag gegen 4 Uhr, als sie eben dem Thor hereingehen wollen, von der Wacht arrestiret, von da auf die Hauptwacht, so dann auf den Catharinen Thurn und gegen 5 Uhr durch eine Porte Chaise[25] anhero gebracht worden. Sie seye am Donnerstag Abend gegen acht Uhr in der Wittib Bauern Wasch-Küche,

23 Unter der Erinnerung.
24 Quaestione: Frage.
25 Tragsessel. Die Tragsessel wurden von der Stadt unterhalten und standen am Römerberg, an der Konstablerwache und an der Hauptwache für den Personentransport bereit. Der Transport wurde nach festen Tarifen vergütet.

wohin sie, Asche bringen wollen wie ihr gantz neue und eben an diesem Tag in den dienst gethrettene Cammerädin Margretha N.N., wohl wüßte, von denen Wehen stark überfallen worden, sie habe zu gleich einen Frost bekommen und bey diesen Umständen seye das [Kind] von ihr auf den mit steinernen Platten belegten Boden, der Wasch-Küche, von ihr geschossen.

quaest. 3

Wie lange sie schwanger seye?

Rp. das könne sie nicht sagen, weilen sie es nicht gewußt.

quaest. 4

Wie lange es seye, daß sie ihre ordentliche Reinigung nicht gehabt?

Rp. Sie könne nicht leugnen, daß sie mit einem Fremden in Gasthauß zum Einhorn einlogirt gewesenen Holländer, dessen Nahmen sie nicht wiße, gegen abgewichenen Weyhnachts-Fest den Beyschlaff ausgeübet, sie habe aber den andern tag annoch ihre ordentliche Reinigung gehabt, solche aber den Tag darauf, als ihre frau mit ihrer Cammeräden und endlich mit ihr gezanckt und sie des Nachts 12 Uhr zum Teufel zu gehen geheißen, wiederum verlohren und nicht wiederbekommen.

quaest. 5

Ob sie dann nachhero kein leben des Kindes, kein Wehen oder leibes schmertzen empfunden und auch nicht wahr genommen, daß ihre Brüste dicker worden?

Rp. Sie habe weder Schmertzen bis zu ihrer Entbindung noch ein leben des Kindes bey sich verspühret. Das aber habe sich bey ihr zugetragen, daß etwas hartes, wie ein Stein, dann auf die lincke, dann auf die rechte Seithe gefallen, von welchem sie nicht gewußt, daß es ein Kind gewesen, ansonsten würde sie es ihrer frau und ihren Schwestern, welche sie vor circa vier Wochen etliche mahl visitiret, und schwanger zu seyn geglaubet, sogleich angezeiget haben.

quaest. 6

Wer bey ihrer Niederkunft zugegen gewesen?

Es seye niemand bey ihr gewesen.

quaest.7

Warum sie dann niemanden dazugenommen oder gerufen?

Rp. Die Waschküche seye weit hinter dem Hauß gelegen, sie seye matt gewesen und die Schmertzen hätten sie so schnell überfallen, daß sie nicht mehr rufen können.

quaest. 8

Wohin sie das Kind aus der Bauerischen Wasch-Küche gebracht habe?

Rp. Als das Kind von ihr geschoßen auf die Erde, habe sie dasselbe von der Erde unter dem halß aufgehoben. In dem halß habe es etwas geroßelt, sonsten habe sie aber kein leben an demselben verspühret wie sie sich dermahlen noch erinnere. Sie habe es hierauf in den Stall getragen und mit etwas heu und Stroh bedecket worauf sie sich ein zeitlang im zweyten Stock des Bauerischen Haußes auf die Träppen gesetzet und biß nach 10 Uhr daselbsten sitzen blieben. Ihre frau habe sie nach ihr fragen hören, sie habe aber von der Stiege nicht durch die Küche, wodurch sie habe gehen wollen, weilen diese Thür verrugelt seye, gehen können, biß sie einer vorbeygehenden Jüdin Hündge, welche im Hauß logire, gerufen, welche ein, in der Bierstube sitzenden Juden-Knecht Bonum gerufen, welcher dann auch kommen und die Küchen aufgeriegelt, worauf sie in ihre Küche wiederum gegangen. Der Jude Bonum habe der Bauern angezeigt, daß sie wiederum in der Küche seye, und wäre sowohl ihre frau als ihre Schwester hinter denen Predigern gekommen und zu ihr gesagt: sie solte, biß ihr beßer wäre, nach hauß gehen und hierauf seye sie mit ihrer Schwester, so den Schreiner Johann Baptista Hechtel zu Mann allhier habe, zu der auf der alten Gaß wohnenden Schwester gegangen und sich schlafen geleget. Des andern Tags morgens gegen 10 Uhr habe sie sich angezogen und habe sie die Angst fortzugehen genöthiget. Sie seye denselben

Tag biß nach Höchst gegangen und daselbsten mit dem Mayntzer Marckt-Schiff nach Mayntz abgefahren, im Wirtshauß zum Hirsch habe sie geschlafen, des andern Tag früh seye sie wiederum vor Angst mit dem Marckt Schiff nach Höchst gefahren, von da aber wiederum zu fuß anhero gegangen, und an dem Bockenheimer Thor seye sie im hereingehen angehalten worden.

quaest. 9

Wer die Nabel-Schnur abgelöset und die Nachgebuhrt gehohlet habe?
Rp. Es seye sehr dunckel gewesen. Sie habe alles dieses nicht gesehen. Es seye alles gleich abgefallen, sie habe nicht gewußt, was es seye und dahero auch ligen laßen.

quaest. 10

Ob sie nicht aus dem Beyschlaf und der ausgebliebenen Reinigung vielmehr urtheilen können, daß sie sich schwanger befinde?
Rp. Nein, sie habe alles dieses nicht gewußt, dann wann sie hätte wissen sollen, daß sie darvon schwanger wäre, so seye sie längst zu einer Schwester gegangen und daselbsten niedergekommen.

quaest. 11

Ob sie ansonsten etwas vorzubringen habe?
Rp. Nein. Sie wünschte, daß sie diesen Tag die Asche habe stehen laßen, so würde sie nicht in die so entlegene Wasch Küche gekommen und daß Unglück geschehen seyn. Ihre Camerädin solte eigentlich die Asche dahin getragen haben, die aber habe diese Wasch-Küch noch nicht gewußt.

In fidem Lt. Claudy.[26]

_____

26 Die Richtigkeit versichernd Licentiat Claudy.

Protocollum Examinis de 4. august 1771
die in puncto infanticidii[27] inhafftirte Susanna Margretha
Brandtin hiesigen gefreytens nachgelaßene Tochter, betr.
Lit. C[28]

[Beilage D: Sektionsbericht vom 3. August]

Auf befehl Eines hochedlen Rathes, haben wir Endens unter-
schriebenen Stadt Physici und geschworene Chirurgi heute
Nachmittag um 2 Uhr, in hiesigem Hospital, der Susanna Margaretha Brandin, einer, in dem Gasthauß zum Einhorn allhier,
dienenden Magd, unter dem Heu daselbst gefundenes Kind
besichtiget, eröfnet, und dießfalls nachfolgendes gehorsamst zu
berichten:

Das Kind, welches ein Knäbgen und ausgetragen war, hatte,
nachdem es von dem an dem Leibe noch anklebenden Blut
gesäubert worden, äuserlich keine Zeichen einer angehenden
Fäulniß.

Die Nabelschnur war abgeschnitten, frisch, ohnverbunden,
und nur 1 1/2 Zoll lang. An den Augen, dem Untertheil der
Nase, auf beiden Backen und unter dem Kinn, befanden sich
viele kleine und auch zum Theil einen halben Zoll große un-
gleichrunde sugillirte[29] und abgestreifte Flecken der Haut.
Insbesondere war an der Kehle ein solcher, den Halß wie ein
halber Zirckel umgebender schwarzblauer Streif. Unter dem
rechten Ärmgen, auf den Rippen, zeigte sich eine runde, und
im Durchschnitte eines halben Zoll große Verwundung der
Haut. In inguine sinistro[30] befande sich ebenfalls eine, einer
Linse große und runde Oefnung der Haut. Der gantze mit
haaren bewachsene Theil des Kopfes sahe äuserlich schwartz

27 Wegen Kindsmordes.
28 Die meisten Beilagen im Protokoll wurden bei der Aufnahme in die
   Akten durch ein nachgeheftetes Blatt kenntlich gemacht, auf dem vermerkt wurde, um welches Dokument es sich handelte, und auf dem die
   Signatur der Beilage angegeben wurde – in diesem Fall „Lit. C" (Litera
   = Buchstabe).
29 Sugillirte Flecken: Blutergüsse.
30 Linke Leiste.

blau aus, und die Beine auf dem obern Theil des Haupts fühlten sich unter der haut wie zerbrochen an. Nachdem hierauf an den erwehnten sugillirten, und zum Theil abgeschürften flecken, die haut abgelöset worden, so bemerckte man, hier und da in der Fetthaut ausgetrettenes Geblüt, insbesondere aber war der linke musculus Sternothyreoideus[31] durch und durch sugilliret. Als sodann die Luftröhre völlig entblöset und geöfnet wurde, sahe man solche mit einer schaumischten Feuchtigkeit angefüllt. Hierauf wurde ferner die Brust geöfnet, und darinnen wahrgenommen daß die Lunge in derselben hellblasroth und sehr aufgeblasen war, und deswegen das hertz mit dem Pericardio[32] zum Theil mit dem rechten Flügel bedeckete; dahingegen der linke Lungenflügel mehr unten in der linken Brusthöhle sich befande. Die beiden Hertzkammern hatten kein blut in sich, die Aorta und arteria pulmonalis[33] aber, enthielten deßen eine geringe quantitaet. Die aus der brust mit dem hertzen und der glandula tymino[34] genommene Lunge, schwamm, mit beiden zusammen, auf dem Wasser, das hierauf abgeschnittene Hertz und große brustdrüse aber, fielen sogleich alleine zu boden, dahingegen die kleinsten Stückgen der Lunge auf dem Wasser schwammen. Bei Eröfnung des Unterleibes befandt sich der Grimmdarm annoch mit dem Meconio,[35] und die blase mit dem Urin, angefüllt. Die leber war blauroth, die Eingeweide sonsten gesund, die vena cava[36] und übrigen blutgefässe aber nicht mit vielem blut erfüllet. Nachdem man hierauf die Haut von der Hirnschaale abgelöset, so sahe man auf dem gantzen pericranio[37] ausgetrettenes und zum Theil geronnenes Geblüt. Die abgelöste Haut des Hirnschädels, erschiene insbesondere nach dem Hinterhaupt zu, in dem inneren Theil, pechschwartz. Die

31 Muskel zwischen Brustbein und Schilddrüsenregion.
32 Herzbeutel.
33 Aorta: Hauptschlagader. Arteria pulmonalis: Lungenschlagader.
34 Thymus.
35 Kindlicher Stuhl.
36 Hohlvene.
37 Kopfschwarte.

beiden ossa bregmatis[38] waren auf beiden Seiten der Pfeilnaht, zwei Zoll breit, von der fontanellis an das Hinterhauptsbein, in verschiedene und von Größe ungleiche Stücken zerbrochen, die, nachdem man das Pericranium und die duram matrem[39] abgelöset hatte, theils klein, theils groß waren, und wovon einige über einen Zoll an Länge und Breite betrugen, zusammen aber 8 besondere Stückgen ausmachten. Die Adern der [?] matris waren mit vielem Blut angefüllet, und die Substanz des Hirns war weicher als gewöhnlich. Übrigens bemerkte man äuserlich an dem Kinde sonsten nichts widernatürliches, und die oben gedachte Oeffnung der Haut in der linken Weiche, ging nur in das Fett, und endigte sich in eben demselben im linken Schenkel.

Zu Folge dieser angegebenen großen und vielfältigen Verletzungen des Corporis Delicti, welche durch einen Sturz des Kindes auf den Kopf in der Geburt nicht entstehen können, und nach Maßgabe der ohnumstößlichen Gründen der Artzney-Gelahrheit, ißt auser allem Zweifel, daß dieses Kind völlig Athem geschöpfet, mithin vollkommen gelebet, und in diesem Zustande, durch Zerschmetterung der Beine des Kopfs, und die dabei geschehene große Verrletzung des Hirns, nothwendig sein Leben sogleich habe verliehren müßen. Urkundlich unserer eigenen Unterschrift. Frankfurt d. 3ten Aug. 1771

C. Gladbach, Dr. Phys. primar. mppia[40]
P.B. Pettmann, Dr. Phys. ord. mppia
J. Grammann, D. Phys. extraord. mppia
Joh. Georg Giese, Chir. jur. Sen.

---

38 Scheitelbeine.
39 Dura.
40 mppia = manu propria: eigenhändig. Die folgenden Bezeichnungen für die Ärzte waren: Physicus primarius: ältester Stadtphysikus; Physicus ordinarius: ordentlicher Stadtphysikus; Physicus extraordinarius: außerordentlicher Stadtphysikus; Chirurgus juratus Senior: ältester geschworener Chirurg; Chirurgus juratus Subsenior: zweitältester geschworener Chirurg. Siehe im Glossar unter Physikus und unter Chirurg.

Joh. Christoph Behrends, Chir. jurat. Subsen.

Johann Jacob Parrot, Chir. jurat.

Carlfriedrich Meyer, Chir. jurat.

Joh. Michael Gayser, Chir. jur.

Johann Lorenz Bucher, Chir. jurat.

vorstehender Section hat unterzeichneter mit beygewohnet. So geschehen eodem.

Lt. Claudy

Praes. d. 5 Aug. 1771
Ad Amplissimum Senatum[41]
Sections-Bericht Innen benannter Physicorum und geschworener Chirurgorum.
Die Öfnung des Kindes der Susana Margaretha Brandin Betr.
d.d. 3. Aug. 1771
Lit. D

[Beilage E: Dekret des Schöffenrats zur Exhumierung der Kindsleiche]

Hierauf wurde verlesen Protocollum Examinis de 4. curr.,[42] die in puncto Infanticidii in hafftirte Susanna Margaretha Brandin betr., ingleichem Bericht derer Hochgelahrten Drum. und Physicorum, wie auch Chirurgorum juratorum über den befund des Secirten Kindes der Brandtin, anbey von Seiten des Herrn Senatoris, Doctoris und Examinatoris ordinarii Lindheimers mit vorgebracht, daß nachvollzogener Section der brandin Kindes und nachdeme daßelbe bereits beerdigt gewesen, die Brandin selbst arrestiret und gegen 5 Uhr erst Abends in das Hospital gebracht worden:
Solle man das bereits beerdigte kind der Brandin hinwiderum ausgraben, diesen Nachmittag der Inquisitin behörig ad recognoscendum[43] vorlegen und durch den Rathschreiber über in

41 Am 5. August 1771 im ehrwürdigen Rat präsentiert.
42 Currente: laufenden [Monats].
43 Damit sie dieses wiedererkenne.

dem Sectionsbericht enthaltene nähere Umstände die Brandin ad Protocollum vernehmen laßen.

Decret. in Sen. Scab. d. 5. Aug. a.c.[44]

Lit. E

[Beilage F: Verhör der Susanna M. Brandt durch den Rats-schreiber Claudi im Hospital zum Heiligen Geist]

Actum Frankfurth Montags den 5ten August 1771 Nachmittags im Hospital.

In Gemäsheit des anheute ergangenen verehrl. Schöffen Decreti, hat man das bereits vor der arretierung der Inquisitin secirt und begraben gewesene von ihr gebohrne Kind hinwiederum ausgraben lassen und derselben solches anjetzo vortzeigen wollen:

In dieser Absicht wurde die Inquisitin aus ihrem Gefängniß in die Hospital Amts Stube gebracht, und der selben das jetzt gedachte Kind durch die Hospital Mutter Seldern vorgeleget, und die Inquisitin befraget:

1

Ob das ihr hier mit vorgezeigte Kind von ihr zur Welt gebracht worden?

Rp. Ja. Es seye das von ihr gebohrene Kind männlichen Geschlechts.

P.N.:[45] Bey Vorzeigung des Kindes wurde Inquisitin bald weiß bald roth und rufthe dabey zu verschiedenen mahlen aus Herr Jesus Herr Jesus, Ja das ist mein Kind ich habe keine Hand daran geleget.

Hierauff hat man sie nach Anleitung des herbey gekommenen visi reperti[46] weiter befragt:

---

44 Im Schöffenrat beschlossen am 5. August laufenden Jahres (anno currente).
45 Pro Notitia: als Anmerkung.
46 Über das nach Augenschein [gemeint ist bei der Besichtigung der Kindsleiche] offenbar gewordene. Vermutlich wohnte einer der Ärzte, die die Sektion durchgeführt hatten, dem Verhör bei.

2

Wer die Nabelschnur abgeschnitten habe?

Rp. Sie seye abgefallen.

3

Warum sie solche nicht gehörig verbunden?

Rp. Sie habe solches nicht verstanden.

4

Woher die braune flecken an ihres Kindes beyden backen, an Augen, an dem Untertheil der Nase, und unter dem Kinn gekommen?

Rp. Sie wisse nicht, wie solches seye eigentl. zugegangen. Sie habe dasselbe, als es auf die Erde geschossen, an den Augen, Nase, backen Kinn und Halß mit den Händen in die Höhe gehoben, und ob sie zugleich mit ihren händen dem Kind habe wehe gethan könne sie nicht wissen.

5

Wie es dann gekommen, daß an diesen Theilen die Haut seye abgestreifft gewesen, sie solte demnach vielmehr gestehen, da ein solches ohne zu gefügte Gewalt nicht geschehen könte, daß sie Gewalt gebraucht haben müßte?

Rp. Sie müsse gestehen, daß sie mit ihren Händen Gewalt an ihr Kind geleget.

6

Wie sie dann solches gemacht habe?

Rp. Wie das Kind bereits auf der Erde gelegen, habe sie dasselbe mit der rechten Hand an seinem Hälsgen hart gehalten, mit der linken aber an das Kinn, Augen, backen, und Nase gegriffen, und mit ihren Finger Nägeln so zu gerichtet.

7

Warum sie dann solches gethan habe?

Rp. Sie habe die Absicht gehabt dasselbe um zu bringen, als, wozu sie der Teuffel verblendet.

8

Dictum.[47]

Es seye an ihrem Kind auch annoch wahr zu nehmen gewesen, daß um den Hals ein schwartz blaue Streiffe sich befunden, solte demnach sagen, woher diese rühre?

Rp. Das müßte ebenfalls von der Gewalt ihrer Hände herrühren, welche sie nach äussersten Kräften an demselben verübet.

9

Woher die unter dem rechten Aermgen des Kindes auf der Rippen sich gefundene Verwundung der Haut herkomme?

Rp. Sie habe das Kind unter dem rechten Arm nach dem Stall getragen, woselbst sie es mit Heu und Stroh zugedecket.

10

Woher die an ihres Kindes linken Ober Schenckel sich befundene Oeffnung der Haut entstanden?

Rp. Sie habe kein Messer, Schere, Nagel, oder dergleichen spitzige Sachen gebrauchet, sondern als sie das Kind in der Waschküche von dem boden aufgehoben, habe sie dasselbe in das daselbst gestandene leere Aschen Fass legen wollen, das Kind aber seye mit dem einen fuß hengen blieben, und weilen sie wahr genommen, daß in diesem fass zerbrochene Bouteillen[48] gelegen, hätte sie das Kind wiederum heraus gezogen und in den Stall getragen, wobey es dann geschehen seyn könte, daß ihres Kindes Fuß durch das Fass seye beschädiget worden.

11

Ob dann das Fass voll zerbrochener Bouteillen gewesen?

Rp. Nein. Es hätten sehr wenige darinnen gelegen.

47 Auf Vorhalt.
48 Flaschen.

Woher es dann gekommen, daß ihres Kindes Kopff äusserlich so schwartz und braun ausgesehen?

Rp. Sie habe bey dem Niederlegen des Kindes in dem Stall nicht gewußt, daß sie so nahe an der daselbst befindlichen Mauer seye, und dadurch seye es gekommen daß wegen dunkelheit der Nacht sie mit dem Kopff des Kindes wieder die Mauer gestoßen seye.

13

Wie es dann eigentl. zugegangen, daß die Hirn Schale des Kindes, Oberntheils in so viele Stücke zerbrochen gewesen?

Rp. Die rauhe Mauer und die in der selben befindlichen spitzen Steine, so dann die geschwinde Geburt, und der Schuß des Kindes auf die Erde in der Wasch Küche müßten hieran allein Schuld gewesen seyn.

Ob sie nicht vilmehr gestehen müsse, daß alle diese an des Kindes Kopff sich geäuserte Beschädigungen mit vielem Vorsatz von ihr seyen verursacht worden?

Rp. Nein. Sie habe das Kind nicht mit Vorsatz an dem Kopff beschädiget. Es seye ihr auch das Kind als sie es aus der Wasch Küche nach dem Stall tragen wollen, aus der hand geklitscht, und auf die Treppe gefallen, welches sie wieder aufgehoben, und nach dem Stall getragen. Dann damahl habe das Kind soviel ihr wissend, nicht mehr gelebet.

Woher es dann gekommen, daß der hintere Theil des Kopffs ihres Kindes nach dem Nacken zu äusserlich schwartz blau ausgesehen habe?

Rp. Als sie aus der Wasch Küche mit dem in der Hand habenden Kind nach dem Stall durch den Hoff gehen wollen, seye sie mit demselben über eine daselbst im Hoff gestandene Kutschen deichsel auf die Erde gefallen, wo von dieser schwartz blaue flecken herrühren müsse.

Was sie dann mit dem Obern Theil der lufftröhre am kinn und halß des Kindes angefangen, daß dieselbe mit blut unterlauffen gewesen?

Rp. Sie wisse nicht anders, als daß solches durch die angewandte Gewalt ihrer Hände, und Finger Nägel herrühren müsse.

17

Ob sie nicht gestehen müsse, daß sie durch das allzu harte halten ihres Kindes an dem Hals dasselbe habe erdrosseln oder ersticken, und somit demselben das Leben nehmen wollen?

Rp. Sie könne nicht läugnen, daß sie solches in der Absicht so angepacket, damit es nicht schreyen, sondern ersticken solte.

18

Ob sie noch sonsten etwas auf dem Hertzen habe, und anzeigen wolle?

Rp. Nein. Sie wisse nichts mehr.

19

Wie sie nun solche übele That vor Gott und dem Weltlichen Richter zu verantworten getraue?

Rp. Sie wisse solche grose Missethat nicht anders zu verantworten, als Gott um Verzeihung und die Weltl. Obrigkeit um eine gnädige Straffe zu bitten.

Facta prael. hat man das protocoll geschlossen und die Inquisitin wieder in ihr Gefängniß bringen lassen.

In Fidem Lt. Claudy

Protocollum Examinis de 5ten August 1771
Die pcto. infanticidii inhafftierte hiesige Soldaten Tochter Susanna Margaretha brandtin betr.
Lit. F

* * *

Continuatum den 5ten august 1771 Coram Iisdem[49]

Erschiene ad citationem des hiesigen Tambour Koenigs Ehefrau und wurde praevia admon. de veritate dicenda[50] befragt:

3

Wie sie mit ihrem gantzen Nahmen heisse, wo sie gebürtig,
und welcher religion sie seye?
Rp. Maria Ursula Koenigin eine gebohrne brandin des weyland hiesigen Soldaten Brands hinterlassene Tochter, dahier
gebürtig, 32 Jahr alt und reformirter religion.

4

Ob sie mit der arrestirten Brandin verwandt seye, und wie
nahe?
Rp. Ja. Sie wäre leider ihre leibl. Schwester.

5

Ob und was ihr von deren heimlicher Geburt bekannt worden seye, solle solches umständlich erzählen?
Rp. Es würde wann sie sich nicht irre, kurtz vor Pfingsten dieses Jahrs[51] gewesen sein, als die Wirthin Bauerin sie zu sich
ruffen lassen, und ihr angezeigt habe, daß die Nachbarsleute
aussagten, ihre dienst Magd nehmlich ihr Comp. Schwester
seye schwanger, sie mögte daß dieselbe deshalb befragen,
indeme sie bauerin nicht gern ihr selbiges vorhalte, weilen
sie sehr unnütze seye.

---

49 Fortgesetzt am 5. August 1771. Vor denselben.
  „Vor denselben" bezieht sich auf Siegner und Lindheimer, denn es handelt sich um die Fortsetzung des Protokolls vom 3. August, in der vorliegenden Edition auf S. 51–56. Die Numerierung der Fragen schließt
  an das damalige Verhör der Wirtin Bauer an.
50 Nach vorausgegangener Erinnerung, die Wahrheit zu sagen.
51 Mitte Mai 1771.

Continuatum
den 5ᵗᵉⁿ august 1771
Coram Gericht

Nachdem ad citationen
des hiesigen Tambour
zwinzig Ihren und
werden Pleyer admin.
de veritate dicenda
unterricht:

3.

Wer sie und ihren
verstorbenen Eheman
hier, wie, und wie ihr
eintritt und welcher
religion sie sey.

Ad: Maria Ursula
Zwinzin eine
hinterlassene Wittwe
des weyland hie
seines Wohlseligen
Zwingli hinterlassenen
Tochter, ich sie ge-
bürtig, 72 Jahr
alt, reformirter
religion.

4.

Ob sie und ihr
arrestirter Ehemann
...

Ob sie nun wohl der bauerin geantwortet, daß es sich vor sie gar wohl schicke, mit ihrer Dienst Magd ernsthaft zu reden, so wäre sie doch bereit, ihre Schwester in beysein der andern Schwester der Schreiner Frau Hechtelin deßhalb zu examiniren, hätte auch bald darauff nehmlich an einem Sontag nebst ihrer Schwester Hechtelin ihre arrestierte Schwester in der behausung und Gegenwart der Frau bauerin über die Schwangerschafft ernstlich befragt, von ihr aber zu vernehmen gehabt, daß sie keines weges schwanger seye, und daß ihr dicker Leib blos daher rühre, weilen sie ihre Reinigung wegen eines über die Frau Bauerin gehabten Zorns verlohren hätte, wo bey sie noch hinzu gefügt habe, sowahr als darmahlen ein Gewitter am Himmel seye, so wahr hätte sie mit keinem Manns Mensch zu thun gehabt.

Diesem ohnerachtet, hätte doch ihre Schwester die Hechtelin sie mit hinauff in eine Cammer genommen, und daselbsten genau besichtigt, darauff aber wieder unten in der Stube bey der Bauerin ausgesagt, sie könnte nichts von einer Schwangerschafft finden wobey arrestata[52] hinzugesetzet: „der liebe Gott erhalte mich bey der Dickung die schadet mir nichts." Auf diesen Vorgang habe die Frau Bauerin gesagt, bey diesen Umständen müßte man die Leute schwätzen lassen, und sie wolte den Doctor darüber sprechen, und ihr Medicin verschreiben lassen, welches auch soviel sie Compar. wisse geschehen seye, jedoch solle arrestata von diesem Trank nur einmahl genommen und vorgegeben haben, er schmecke so garstig.

Comparentin habe aus dieser Ursache und besonders deßhalb keine Schwangerschafft vermuthet, weilen sie ihrer mehr gedachten Schwester, als selbige nachgehends noch etliche mahl zu ihr in ihre Wohnung gekommen, sehr beweglich zugeredet, sie solte ihr doch um Gottes willen

52 Die Verhaftete.

gestehen, ob sie schwanger seye, es hätte ja nichts zu sagen, sie wäre nicht die erste, und würde auch nicht die letzte seyn, diese aber jederzeit gantz freymüthig behauptet, daß sie von nichts wisse und seye sie Comp. nichts weniger als das jetzige Unglück gewärtiget gewesen.

Am abgewichenen Donnerstag Abend um 10 Uhr aber habe ihre Schwester die Hechtelin sich bey ihr nach der arrestata erkundigt, worüber sie Compar. nicht wenig erschrocken, und zur Antwort gegeben, sie hätte sie mit keinem Aug gesehen, und wüßte nicht, warum sie nicht bey ihrer Brodtherrin der Frau Bauerin seyn solte, worauff jene versetzt, die Frau Bauerin hätte sie Abends um 8 Uhr fortgeschicket, und um 9 Uhr bey ihr fragen lassen, ob sie auch würklich zu ihr gegangen seye. Die Hechtelin habe hierauff der Frau bauern die Nachricht gebracht, daß sie beyde Schwestern die arrestatam mit keinem Aug zu sehen bekommen, worüber die Bauern und ihre Schwester Hechtelin sehr erschrocken, und endlich in allen Zimmern im Hauß nachgesucht, und sie auf der hintersten Treppe angetroffen hätten, woselbsten sie nach Aussage der Hechtelin vorgegeben, daß sie der Frau bauerin gesagt, wie sie auf einmahl ihr ordinaire sehr stark wiederum bekommen habe, und diese sie hierauff Abends um 8 Uhr, nachdem sie ihr vorhero noch Thee zu trinken gegeben, zu der Hechtelin gehen heissen, damit sie sich still und ruhig halten könte, biß ihr wiederum wohl seye.

Auf Verlangen der Frau bauerin habe die Hechtelin die arrestatam mit genommen, und Nachts um 11 Uhr zu ihr Comparentin ins Hauß gebracht, jedoch habe sie selbige nicht zu sehen bekommen, weilen sie schon zu bette gelegen, und über das erste Nachfragen, sich so alteriret, daß sie davon einen ordentlichen Frost bekommen.

Den folgenden Morgend wäre die Hechtelin zu ihr gekommen und habe arrestatam befragt, wie sie sich befinde und von ihr zur Antwort bekommen, es wäre ihr gantz wohl, sie wolte sich antziehen, und wiederum zu der Frau bauerin gehen, und nach dem die Hechtelin gegen sie Compar. geäussert, daß die bauerin eine gantze Strase mit Geblut angetroffen, welches arrestata auf befragen vorgegeben, daß es das Geblut seye, so auf einmahl von ihr häuffig weg geschossen, so habe sie sich angezogen, und wäre mit der Hechtelin zu der Frau bauerin gegangen, um die nähern Umstände zu untersuchen, hätte aber bey ihrer Zurückkunft die arrestatam nicht mehr zu Hauß angetroffen, und dahero geglaubet, daß sie widerum zu der Frau bauerin gegangen seye.

Als Comparentin indessen aus gegangen, und bey ihrer Zurückkunft von der Frau von Stockum Abends um 6 Uhr von der Hechtelin erfahren, daß arrestata nicht bey die bauerin zurück gegangen, wäre sie erst auf die Gedanken gekommen, daß vielleicht arrestata heimlich gebohren, und dahero der Hechtelin aufgetragen allenthalben sich nach ihr zu erkundigen, und endlich, da sie nicht ausfindig zu machen gewesen, habe sie die Umständte des Titl. Jüngern Hrn. Bürgermeisters Wohlgeb. anzuzeigen vor nöthig erachtet.

Weiter wäre ihr nichts bewußt.

6

Ob nicht auch Comp. und ihre Schwester die Hechtelin den S.v. Urin der arrestatae ohnlängst zu dem Hrn. Dr. Burggraff getragen, und aus was Uhrsache solches geschehen seye?

Rp. Sie Comp. nicht, sondern die Hechtelin und ihre ledige Schwester Anna Catharina brandin und zwar aus der Ursache, um zu erfahren, ob sie würcklich schwanger seye, und der Herr Dr. Burggraff vor gegeben, daß er an dem Urin nichts sehen könte auch ihr vor ihre Reinigung Pulver verschrieben.

7

Wann dieses eigentlich geschehen seye?

Rp. Ohngefehr vor 3 biß 4 Wochen.

8

Ob die Wirthin bauern der arrestatae den dienst vorhero aufgesagt, oder ob sie sie auf einen Stutz[53] fortgeschickt habe?

Rp. Das wisse sie nicht.

9

Was arrestata bey ihrem Antreffen auf der Stiege vorgegeben habe?

Rp. Das wisse sie nicht, weilen sie nicht mit gegenwärtig gewesen. Die Hechtelin habe ihr das vorhin angeführte Vorgeben erzehlet, und würde deßhalb Red und Antwort geben können.

10

Ob Comparentin niemahlen einige Merkmahle der Schwangerschafft bey der arrestirten Schwester wahrgenommen?

Rp. Nein. Ausser des dicken Leibes hätte sie nichts an ihr bemerket.

11

Ob dann die arrestata am Donnerstag Abend um 8 Uhr aus der bauerin ihrem Hauß weggegangen , und wer sie fortgehen sehen?

Rp. Das wisse sie nicht, es seye aber zuvermuthen, daß sie gar nicht aus dem Hauß gegangen, sondern sich versteckt habe.

53 Auf einen Stutz: plötzlich, unerwartet.

Ob arrestata auch nicht ihrer ledigen Schwester von ihrer heimlichen Geburt etwas erzaehlet habe?
Rp. Nein. Auf der Welt Gottes nichts.

Ob sie noch etwas näheres dieser Sache halber anzuzeigen, und diese ihre Aussage zu beschwöhren im Standt seye?
Rp. Sie wisse weiter nichts und könne ihre Aussage auf jedes mahliges Verlangen eydlich bestärken.

Facta prael. et approbatione imposito silentio dimmissa.[54]

Eodem: Zeigte Titl. Dnus. Examinator ord.[55] annoch ad protocollum an: daß auf das vorgestern in haecausa Inquisitionis[56] geführte, und eodem noch in Amplissimo Scabinatu[57] verlesene Amts protocoll das Sub Lit. A anliegende verehrl. Schöffen Decret ergangen vermöge desselben auf Nachmittags um 3 Uhr nach der beylage Sub Lit. B die Ausdrommelung würklich veranstaltet, während dieser Zeit aber die inculpierte brandin welche dem Bockenheimer Thor herein passiren wollen, daselbsten arretiret, auf die Hauptwache, und von da auf den Catharinen Thurn und, endlich auf befehl des Titl. Jüngern Hrn. Bürgermeisters mit einer Port-Chaise ins Hospital in ein wohlverwahrtes Gefängniß gebracht worden seye, mit der weitern Verordnung, daß ihr daselbst ein bett und alle sonstige Verpflegung gereichet, und eine Wärtherin beygegeben werden solle.

54 Nach erfolgter Verlesung und Billigung [des Protokolls] und nach Verpflichtung zur Verschwiegenheit entlassen.
55 Titulis Dominus Examinator ordinario: Anrede für den Untersuchungsbeamten Dr. Lindheimer.
56 In dieser Untersuchungssache.
57 Ehrwürdigem Schöffenrat.

Ferner daß gestern Nachmittag dem actuario Ordin. Hrn. Lic. [58] Claudy der Auftrag geschehen, die arrestatam ohnverzüglich ad protocollum zu constituiren,[59] welches protocoll man anheute Sub Lit. C ad acta genommen, und nebst dem von den Hrn. Physicis und Chirurgis eingeschickten Sections Bericht Sub Lit. D in Amplissimo Scabinatu vorgebracht, anbey angetzeigt hat, daß der arrestatae das kind nicht mehr habe vorgezeigt werden können, weilen dasselbe bereits um 3 Uhr völlig seciret, und dieser actus geendigt gewesen, die arrestata aber erst nach 4 Uhr in das Hospital gebracht worden seye, worauff das Sub. Lit. E anliegende verehrl. Schöffen Decret ergangen, vermöge welchem das kind wiederum aus gegraben, der arrestatae ad recognoscendam vorgezeiget – und sie über die im Sections Bericht angegebenen Umstände näher ad protocollum constituiret werden solle.

[Beilage G: Bericht des Schreibers Rost über seine Besichtigung des Tatortes]

Dem mir Endes gesetzten grosgst.[60] ertheilten Auftrag zu folge habe ich mich gestern Nachmittag in das Gasthauß zum Einhorn bey die Wittib bauerin begeben, und daselbsten in der gantz hinten an der Stadt Mauer gelegnen Wasch Küche auf einem auf der Erde gelegenen Scheid Holtz und auf dem Stiel eines daneben gelegenen höltzernen Klotzer Klippel einige grose blut-Flecken, wie nicht minder dergleichen an einem dabey gestandenen tonnernen leeren faß wahrgenommen, in dem unter dem hintersten bau befindlichen mehr gedachten Stall aber, habe ich, ohngeachtet in selbigen mit einem

---

58 Actuario ordinario: ordentlich bestellter Schreiber. Lic. = Licentiat: durch den Abschluß des Studiums der Rechte erlangter Titel.
59 Protokollarisch zu vernehmen.
60 Großgünstigst.

Licht mich genau umgesehen, weder an der Mauer, Pferds Krippen noch auf dem boden blut finden können.

Ein solches habe nach meinen Pflichten gehorsamst berichten sollen. Frankfurth den 6. Aug. 1771

Johann Joachim Rost
actuarjur. Officii Examinatori[61]

* * *

Continuatum den 6. August 1771
Coram Iisdem

Hat man zuvorderst das in conformitaet[62] des gestrigen verehrl. Schöffen Decrets von dem actuario ordinario Hrn. Lic.
Claudy mit Zuziehung des actuario vic. in dem Hospital mit
der arrestata abgehaltenen protocoll Sub Lit. F – Sodann des
letzteren schriftl. relation[63] über den genommenen Augenschein der Waschküche und Stall in der bauerischen behausung Sub Lit. G ad acta genommen und demnächst die ad
citationem erschienene Schreiners Frau Hechtelin Sub seria
ad monitione de veritate dicenda[64] befragt:

14

Wie sie heisse, wo sie gebürtig wie alt, und welcher religion
sie seye?
Rp. Maria Dorothea Hechtelin gebohrne brandtin von hier
gebürtig 35 Jahr alt, und lutherischer religion.

---

61 Schreiber des Peinlichen Verhöramtes. Die vollständige Bezeichnung
   lautete Actuarius vicarius juris: Hilfsgerichtsschreiber. Siehe im Glossar
   unter Aktuar.
62 In Übereinstimmung.
63 Bericht.
64 Unter ernstlicher Erinnerung, die Wahrheit zu sagen.

Ob die arrestierte brandtin eine leibliche Schwester von ihr seye?

Rp. Ja.

Was ihr Comp. von besagter ihrer Schwester heimlichen Niederkunfft bekannt seye?

Rp. Zum abgewichenen Donnerstag Abends 9 Uhr habe die frau bauerin sie Comparentin zu sich rufen lassen, und sie gefragt, ob ihre Schwester die Susann zu Hauß bey ihr seye, und als sie Comparentin mit Nein geantwortet, Ihr gesagt, daß dieselbe sich gegen Abend ohngefehr 6 Uhr geklagt hätte, daß sie nicht wohl seye, worauff sie ihr etwas Thee zu trincken gegeben, und nachdem sie diesen getruncken, ihr angerathen, sie solte bey ihre Schwestern gehen, und sich warten und pflegen, biß es besser mit ihr würde, wo sie alsdann wieder kommen könte.

Sie Comparentin über diese Nachricht erschrocken, seye ohnverzüglich zu ihrer Schwester der Königin und zu ihrem bruder dem Sergeant Brandt gegangen, und habe ihre Schwester die arrestatam daselbst aber vergeblich gesucht. Nach diesem seye sie wieder zurück zu der bauerin gegangen, und habe derselben mit größter Befremdung eröffnet, daß sie ihre gedachte Schwester nirgends angetroffen habe, wodurch sie und die Frau bauerin bewogen worden, in dem gantzen Hauß nachzusuchen, ob sie sich etwa verstekt habe, und als sie Comp. sich noch in einem Zimmer im hintersten Bau mit Nachsuchen beschäfftigt, seye sie von der dabey gewesenen Bauerischen Magd auf der Stiege im Hinter Bau sitzend angetroffen, und von ihr inzwischen hintzu gekommenen Comparentin gefragt worden, was ihr fehle und warum sie nicht, wann sie krank seye, zu ihr gekommen wäre, da es ihr doch die Frau bauerin erlaubet; und hätte hierauff dieselbe ihr zur Antwort gegeben, daß sie ihre längst ausgebliebene Ordinaire wieder bekommen, und davon so matt geworden wäre, worauff sie selbige auf der Frau Bauerin Geheiß mit sich und zu ihrer Schwester der Königin auf der Alten Gaß[65] genommen, welche aber nebst ihrem Mann, da es bereits 11 Uhr gewesen, schon schlaffen gelegen, und hätte ihre daselbst sich aufhaltende ledige Schwester Nahmens Catharina dieselbe zu sich in ihr bett geleget, und seye sie Comparentin hiernächst auch nach Hauß gegangen.

Des andern Morgends gegen 9 Uhr seye sie Compar. wieder zu ihrer arretierten Schwester Susann auf die Alten Gaß gegangen, habe sie gefragt, wie sie sich befinde, und von ihr zu vernehmen gehabt, daß ihr gantz wohl seye, und sie sich antziehen und zu der Bauerin gehen wolle, hätte ihr auch zur Bestärkung ihres Vorgebens, daß sie ihre Ordinaire wieder erhalten, ein blutiges Hemd gewiesen mit welchem sie Comparentin zu der bauerin gegangen, und ihr solches ebenfalls gezeiget, die dann hierauff erwiedert, daß es gantz gut wäre, und könte sie also, wann sie gesund, wieder zu ihr kommen.

Sie Comparentin seye ferner desselbigen Abends gegen 6 Uhr abermahls zu der Königin gegangen, und habe nach ihrer Schwester Susann sehen wollen, von ersterer aber gehöret, daß selbige diesen Morgend, da die Königin ausgegangen, sich angezogen, und fortgemacht habe, und werde sie wohl zu der bauerin sich wiederum begeben haben, auch hätte sie Königin, weilen sie den gantzen Nachmittag bey der Frau von Stockum zugebracht, ihr nicht nachgehen können. Hierauff habe Comparentin ohnverzüglich bey der Bauerin

65 Viertel im Nordwesten Frankfurts unterhalb des ehemaligen Friedberger Tores. Die Straße „Alte Gasse" existiert heute noch. Das Viertel war nicht weit entfernt von dem nahe der Judengasse gelegenen Gasthaus „Zum Einhorn".

nach ihrer Schwester gefragt, sie aber nicht daselbst angetroffen.

Diese Entfernung wäre ihr Compar. sowohl als der Wirthin
bauerin sehr bedenklich vorgekommen, und habe letzere
veranlasset, in dem Hauß nach zu suchen, ob sich etwa gar
nicht etwas von einem Kind sehen liesse, worauff sie auch in
der Waschküche eine Straase mit blut angetroffen, welche
sie ihr Compar. auch gewiesen, und seye sie Compar. sogleich wieder zu ihrer Schwester Königin gegangen, habe
ihr den Vorgang erzehlet, auch sie mit zu der bauerin
genommen, und hätten sie beyde hierauff ihre Schwester
überall gesuchet, und weilen sie solche nicht finden können,
auch alle diese vorgegangene Umstände ihnen sehr bedenklich geschienen, so habe ihre Schwester die Königin nebst
ihres Bruders Frau der Brandtin diese Umständte ihrem Vetter dem Ordonnantz Brandt angezeigt, welcher sie beyde
mit zu dem Titl. Jüngeren Hrn. bürgermeister genommen,
deme sie alles dieses vorgetragen, und der hierauff sogleich
auf der Hauptwache und an denen Thoren den Befehl erge-
hen lassen, ihre entwichene Schwester im betrettungsfall zu
arretieren.

Weilen Comp. während des gantzen Verhörs mit Mutter
beschwerden und Ohnmachten überfallen worden, so daß
man verschiedentlich Halt machen müssen, und zuletzt
gantz entkräfftet geschienen, so hat man das Verhör vor
heute abgebrochen, und sie nach Verlesung dieses proto-
colls dimittiret. In fidem – J. J. Rost – actuar. vic. jur.

Continuatum den 2ten Sept. 1771
Coram Iisdem

Auf eingegangene Nachricht, daß die Inquisitin brandtin
sich gantz gesund und wohl befinde, hat man die derselben

beygegebene Wärtherin Schmidtin fortgeschickt, die Inquisitin aber biß zu Endigung ihrer Wochen im Hospital zu lassen beschlossen.

Continuatum den 11. Sept. 1771
Coram Iisdem

Geschahe durch die Kranken Wärtherin Seldern im Hospital die Anzeige, daß die Inquisitin Brandtin sich nicht wohl
befinde, und der Herr Dr. Gladbach ihr eine Aderlassung
verordnet habe.

Resolutum[66]
Es soll sogleich das Gefängnis im Hospital geöffnet und der
Inquisitin in so lange 2 Mann Wache beygegeben werden,
biß die Aderlass völlig geheilet, inzwischen aber dem Hrn.
Physico prim. Dr. Gladbach vor die Wiederherstellung ihrer
Gesundheit besorgt zu seyn committiret, auch ihr die
nöthige Verpflegung gereichet und wann es der Hr. Dr. vor
gut hält, die Wärtherin wiederum biß zu ihrer Gesundheit
beygegeben werden.

Continuatum den 28. 7bris 1771[67]
Coram Iisdem

Als der zum Hospital Gefängniß bestellte Richter[68] Knopff
referiret, daß die Inquisitin brandtin noch zur Zeit zwar
nicht völlig hergestellet seye, gleichwohlen aber in solchen
Umständten sich befinde, daß sie gar wohl transportiret
werden könne, und der Herr Spital Meister gar sehr bitten

66 Beschlossen wird.
67 7bris: Septembris.
68 Gemeint ist einer der Weltlichen Richter. Siehe Glossar.

liesse, sie aus dem Hospital weg- und an einen andern Ort bringen zu lassen;

So hat man auf vorherige Anfrage bey dem Hrn. Dr. Gladbach, sie mit der Kranken Port-Chaise auf den Catharinen Thurn in das sogenannte Weiber Stübgen tragen, ihr aber, da sie noch mediciniret, das bett und die warme Kost gelassen.

Continuatum den 30. Sept. 1771

Coram Iisdem

Nachdeme die Messe und andere Amts Geschäffte zum Theil erledigt worden, und dann diese Inquisitions Sache wegen anhoffender baldiger Genesung der Inquisitin nächstens zur Hand genommen werden wird; als hat man zur begründung derselben das am 5. August a. c. mit der Hechtelin abgebrochene Verhör praevia iterata praelectione protocolli[69] wiederum vorgenommen, und die ad citationem erschienene Hechtelin weiter befragt:

17

Ob die Wirthin bauerin ihr Compar. von der vermutheten Schwangerschafft der arrestatae schon vorhero Nachricht gegeben habe, und wann eigentl.?

Rp. Ja. Kurtz vor Himmelfarth oder gleich darnach an einem Sontag Morgend, als ihr Compar. Schwester die Königin Wasch vor die Fremde ins Hauß getragen, habe die Frau bauerin ihr gesaget, sie müßte von denen Nachbarsleuten hören, daß ihre Magd, die nunmehrige arresta Brandtin Schwanger wäre, sie aber wolte von nichts wissen, und habe sie Comp. gebeten, dieselbe vorzunehmen, und deßhalb zu examiniren.

---

69 Nachdem zuvor das Protokoll noch einmal verlesen wurde.

Die Königin habe ihr auch sogleich davon Nachricht gegeben, und mit ihr an dem nehmlichen Nachmittag bey der
Frau bauerin sich wiederum eingefunden, und mehrbesag-
ter ihrer Schwester daselbst in Gegenwart der Frau bauerin
sehr nachdrücklich zugeredet, die Warheit zu gestehen, ob
sie würcklich schwanger seye, und als dieselbe sich sehr vermessen, daß sie es nicht wäre, habe sie Comparentin dieselbe oben in einer besonderen Cammer auskleiden lassen,
und die brüste und den Leib befühlet, aber soviel sie verstanden, kein Kenntzeichen einer Schwangerschafft an ihr
bemerckt, wozu noch dieses gekommen seye, daß sie
während dieser Visitation bitterlich geweinet, und sich über
das Unrecht, das man ihr durch die falsche Vermuthung
anthue, sehr beschwehret habe.

Comparentin seye hierauff mit ihrer arrestierten Schwester
wiederum hinunter in die Stube zu der Frau Bauerin und
der Königin gegangen, und habe von dem befund folgende
Nachricht gegeben, daß sie nehmlich an den brüsten nicht
das mindeste von einer Schwangerschafft spühren könte,
der Leib aber wäre hart wie ein Stein, jedoch verstünde sie
es als eine Frau die nur 2 Kinder gehabt, nicht so gut, daß
man sich auf sie verlassen könte, und die Frau bauerin hierauff versetzt, ich brauche doch einen medicum, und den will
ich hierüber zu Rath ziehen, und ihme den S.v. Urin zeigen,
welches auch soviel sie Compar. wisse, geschehen seye, was
aber dieser Doctor ihr gebrauchet, wäre ihr unbewußt.

Nachgehends und zwar ohngefehr 3 Wochen vor der verheimlichten Niederkunfft, habe sie Compar. da sich noch
keine besserung bey ihrer Schwester spühren lassen, den S.v.
Urin zu dem Hrn. Dr. burggraff getragen, und weilen sie
sehr hart höre, ihre ledige Schwester Catharina brandin mitgenommen, dem Hrn. Dr. Burggraff den Urin gezeiget, und
alle Umstände die bey ihrer Schwester vorgewaltet, behörig
angezeiget, und durch gedachte ihre Schwester die Antwort

erhalten, es könte seyn, daß dem Mädgen Unrecht ge-
scheh, und daß ihr dicker Leib von dero zurückgebliebenen Reinigung herrühre, zu mahlen dieselbe zu Zeiten
[über] Schmertzen in denen Gliedern geklaget, und ihr zu
dem Ende eine Aderlaß angerathen auch ein Pulver verschrieben, welches letztern dieselbe auch in der Apothec
abgeholet, ob sie es aber gebrauchet, wäre ihr unbewußt, zur
Ader habe sie aber würcklich gelassen.

18

Worinnen eigentl. die Verheissungen bestanden, welche die
arrestata oben bey der visitation vor ihre Unschuld vorgebracht habe?
Rp. Oben beym visitiren habe sie sich weiter nicht starck vermessen, sondern nur sich darüber beschwehret, daß ihr die
Leute Unrecht thäten, unten in der Stube bey der Frau
bauerin aber die Worte ausgestosen, das schwehre Gewitter,
das eben damahls am Himmel war, solte sie in Erdboden hinein schlagen, wann es wahr wäre, daß sie schwanger seye.

19

Ob die Bauerin der arrestatae den dienst vorhero aufgesagt,
ehe sie selbige fort geschickt, und wann eigentlich?
Rp. Ja. Und zwar 8 Tage vorhero ehe das Unglück geschehen, habe die Frau Bauerin zu derselben gesagt, sie hätte
sich eine andere Magd gedinget und arrest. könte nunmehro fortgehen, und ihrer Gesundheit pflegen.

20

Ob es andeme, daß die bauerin den folgenden Morgend
nehmlich freytag den 2ten August und zwar gleich nach
10 Uhr sie Comparentin zu sich ruffen lassen, und ihr die im
Holtzstall angetroffene Strase mit blut gewiesen habe?
Rp. Ja.

21

Was hierauff weiter geschehen seye?

Rp. Weiter nichts als was sie oben schon Fol. 28 ausgesagt.

22

Ob sie Comp. nicht damahls weiter hin zugesetzt, wer Ihrer Schwester nachsagen würde, daß sie schwanger seye, an den wolle sie ihr Leben hängen?

Rp. Sie könne sich hierauff nicht besinnen, und wann es ja geschehen seye, so wäre es aus Eiffer geschehen, indem sie nunmehro gewiß geglaubt, daß ihre Schwester nicht schwanger gewesen, sondern ihre Umstände von der verstockten Reinigung und sich damahls wieder eingefundenen Reinigung herkäme.

23

Ob die arrestata ihrer ledigen Schwester Catharina nichts von der Schwangerschafft oder der heimlichen Geburt erzählt habe?

Rp. Das wisse sie nicht.

24

Ob sie noch etwas näheres angeben, und ihre Aussage beschwöhren könne?

Rp. Sie wisse weiter nichts, und könne auf jedes mahliges Verlangen ihre Aussage mit gutem Gewissen beschwöhren.

Facta prael. dimissa.

Eodem: Erschienen praevia citatione[70] der Inquisitin ledige Schwester Catharina brandin, 40 Jahr alt, reformirter reli-

---

70 Nach vorheriger Ladung.

gion, und wurde unter nachdrücklicher Erinnerung die Wahrheit zu sagen, befragt:

25

Ob und was ihr von der verheimlichten Geburt ihrer Schwester bekannt worden seye?

Rp. Von der heimlichen Geburt ihrer Schwester habe sie eher nichts erfahren, als biß der Ruff entstanden, daß sie würklich gebohren, und ein Kind gefunden worden seyn solle, was aber die Schwangerschafft anbelange, so hätte sie durch ihre beyde Schwestern die Königin und die Hechtelin erfahren, daß der Verdacht gegen ihre arrestierte Schwester entstanden, daß sie schwanger seye, diese aber von nichts wissen wollen. Und ob zwar ihre eben bemeldete beyde Schwestern sie als eine ledige Persohn nicht mit zugezogen hätten, wann sie die arrestatam vorgehabt, so habe sie doch ohngefehr 3 biß 4 Wochen vor dem sich ereignetem Unglück mit der Hechtelin, als welche sehr hart höre, zum Hrn. Dr. Burggraff gehen müssen, und dessen Antwort, welche darinnen bestanden, daß man aus dem Urin die Schwangerschafft nicht gewiß sehen könte, und daß es auch gar leicht möglich, daß die Umständte der arrestatae, welche nach ihr Compar. Aussage Magen und Glieder Schmertzen zu Zeiten klage, von der verstokten Reinigung herkäme ihr ins Ohr sagen müssen.

Herr Dr. Burggraff habe derselben eine Aderlaß auf dem Arm von 7 biß 8 Untzen verordnet, und 10 Pulver, wovon sie täglich 2 nehmen solte verschrieben, und dieses recept habe Comparentin sogleich in die Hirsch Apothec getragen, die arrestata aber nachgehens die Pulver selbst abgeholet und darauff vorgegeben, daß sie selbige ordentlich brauche, ob es aber würklich geschehen, und ob dieselbe auch die Ader gelassen, wäre ihr nicht bekannt.

26

Ob es andeme, daß die Inquisitin bey ihr die Nacht über als
sie von der bauerin weggekommen, geschlafen habe?
Rp. Ja.

27

Ob und was dieselbe von ihren Umständten ihr damahls
eröffnet habe?
Rp. Ihre Schwester die Hechtelin habe sie Comparentin des
Nachts gegen 11 Uhr durch Zuruffen auf der Strase aus dem
Schlaff gewecket, und da sie ihr die Thür aufgemacht, ihr
gesagt, daß die gegenwärtige Schwester Susann auf einmahl
ihre Ordinaire wieder bekommen habe, und verlangt, daß
sie selbige biß Morgen bey sich schlaffen lassen mögte,
indem sie alsdann wiederum zu der Bauerin in dienst gehen würde, welches sie dann auch, ohne Vorwissen ihres
Schwagers des Tambour Königs, und dessen Ehefrau als
ihrer Schwester Königin, so beyde schon geschlaffen, gethan
habe.
Oben in ihrer Cammer habe die Susann sie um ein schwartzes Hemd gebeten, welches sie auch derselben gegeben,
mittlerweile aber weilen sie Comparentin sehr müde gewesen, und den folgenden Morgend um 3 Uhr wiederum auf-
stehen und in eine Waschdienst gehen müssen, so habe sie
sich schlaffen gelegt und weiter nichts mit der Susann
gesprochen, noch weniger von ihr erfahren, daß sie ein Kind
gebohren, als welches sie bey Gott betheuren könne, und da
sie Compar. auch um die bestimmte Zeit Morgends ausgegangen, so habe sie auch weiter nicht gehöret, was sich nach
der hand mit derselben zugetragen habe, außer was ihr ihre
Schwestern wie sie Abends nach Hauß gekommen, erzählet
hätten.

28

Ob ihr weiter nichts von der Sache bewußt, und ob sie diese
Aussage eydlich bestärken könne?
Rp. Nein. Und könne sie diese ihre Aussage mit gutem Ge-
wissen wann es von ihr gefordert würde, eydlich bestärken.
Facta praelectione dimmissa.

Continuatum den 1. octobris 1771
Coram Iisdem

Erschiene auf vorherige bestellung die bauerische dienst
Magd Margaretha, und wurde unter ernstlicher Erinnerung
die Warheit zu sagen befraget:

29

Wie sie mit ihrem gantzen Nahmen heisse, wo sie gebürtig
wie alt, und welcher religion sie seye?
Rp. Anna Margaretha Seyfriedin, zu Umstadt gebürtig,
43 Jahr alt, und evangelischer religion.

30

Wie lange sie bey der bauerin in diensten stehe?
Rp. Seiter dem 1. August a.c.

31

Ob sie also damahls schon im Hauß gewesen, wie die Inquisitin brandin heimlich gebohren habe?
Rp. Ja. Sie wäre an dem ersten August Nachmittags zwischen
3 und 4 Uhr eingegangen, und als sie die gewesene Magd
Brandin noch im Hauß angetroffen, und gegen die Frau
Bauerin sich geäußert, wann sie gewußt, daß die Magd noch
im Hauß wäre, so wäre es ihr nicht auf 8 Tage angekommen,
indeme sie bey ihrer Schwester, unvertrieben seye, habe die

Frau bauerin erwidert, ihre Zeit wäre aus und sie ginge heut noch fort.

32

Wie lange die Bauerin vorhero sie gedinget, und ob sie sie auf diesen Tag ein zugehen bestellet habe?

Rp. Ohngefehr 10 biß 14 Tage vor hero habe sie Comparentin bey derselben sich um den dienst gemeldet und dieselbe ihr geantwortet, sie stünde ihr wohl an, sie könte eingehen, wann das 4^{tel} Jahr ihrer bißherigen dienstmagd zu Ende.

Sie Comparentin habe hierauff da sie noch keinen Miethpfennig[71] gehabt, Montags vor ihrem Eingehen die Frau bauerin durch ihres Vetters des Weinhändlers Hubers Magd fragen lassen, ob es mit dem dienst seine Richtigkeit habe, indem sie sonsten sich um eine andere Gelegenheit umthun würde, und die Frau bauerin ihr hierauff den Miethpfennig geschicket, und dabey sagen lassen, sie könte den donnerstag als den 1. August eingehen, welches sie dann auch gethan habe.

33

Ob die bauerin auser ihr sonst keine dienst Magd im Hauß gehabt habe?

Rp. Nein.

34

Was sich dann eigentlich an dem Abend mit der Inquisitin Brandin zugetragen habe, solle solches umständtlich erzählen?

71 Mietpfennig: Einmaliges Handgeld, dessen Übergabe durch den Dienstherrn und Annahme durch den Dienstboten den Dienstkontrakt symbolisch besiegelte.

Rp. Sie wolle alles aufrichtig und mit gutem Gewissen angeben, was sie gesehen und gehöret, auch selbst mit der gedachten brandin gesprochen habe.

Als sie Comparentin in die auf der Erde befindl. Küche, worinnen der Magd bett stehe, gekommen und daselbsten die brandin an einem Zuber stehen und waschen sehen, habe sie die oben erwehnte Entschuldigung gemacht, nachgehends aber da sie allein bey der Brandin gewesen, sie mit folgenden Worten angeredet:

Köchin es geht das übele Gespräch in der Stadt, daß ihr schwanger seyd, worauff dieselbe den Kopf gegen sie herum gedrehet, und gantz frech und hönisch geantwortet habe, ich müßte viel S.v. dreck haben um denen Leuten die Mäuler alle zu stopfen mit dem Zusatz ich habe ein Aas zur Cammeradin gehabt, die hat mir soviel Zorn gemacht, daß ich dadurch meine Ordinaire verlohren.

Sie Comparentin habe weiter in sie gesetzt, und sich unter andern folgender Worte bedienet: Wann es wahr ist, so bitte sie Gott, daß er ihr gute Gedanken verleihen wolle, ist es aber nicht, so waschen ihr die Leute dadurch viele Sünden ab, worauff die brandin ihr aber weiter nichts geantwortet.

Nachdeme dieselbe indessen mit dem bißgen Wasch fertig geworden und sie auf den boden 4 Treppe hoch tragen wolle habe sie Compar. sich angebotten ihr zu helffen und mit zu gehen; sie aber selbiges nicht zugeben wollen, vorgebend sie könte es allein thun.

Weilen sie Comp. aber gern den boden habe kennen lernen wollen, so seye sie ihr deme ohngeachtet nachgegangen, und habe auch würcklich die Wesch aufhängen helffen, bey dieser Gelegenheit aber der Inquisitin nachmahlen zu Gemüthe geführet, kein Geheimnis von ihrer Schwangerschafft zu machen mit dem Anfügen sie wäre ja nicht die erste, und würde auch nicht die letzte seyn, diese aber versetzt: wann ich mit Mannsleuten einen Umgang gehabt hätte, so würde mich die Frau bauerin nicht so lange im Hauß behalten haben. Nach ihrer Zurückkunfft von dem boden, habe die Inquisitin den Tisch gedecket, welches ohngefehr zwischen 7 und 8 Uhr gewesen seye, sie Compar. aber inzwischen Holtz in die Küche getragen, und als die Frau bauerin zu Tisch gesessen, ihr Comp. geklagt, daß sie Leibwehe habe, und da sie ihr gerathen, sie solte sich Thee holen lassen, und selbigen trinken, und nachgehends zu ihrer Schwester gehen, und sich ins bett legen, habe sie geantwortet, das wolle sie auch thun, und sie Compar. gebeten, Wasser zum Thee aufzusetzen, mit dem Zusatz, sie hätte schon Thee und Zucker und brauchte keinen holen zu lassen.

Da sie den Thee getrunken gehabt, und Comparentin den Tisch der Frau bauerin abdecken wollen, wäre dieselbe mittlerweile aus der Küche weggegangen, und habe die Frau bauerin, da sie gleich darnach in die Küche gekommen, und nach der brandin gefragt, die Worte ausgesagt: die Susann wird ja nicht fortgegangen seyn, ohne adieu zu sagen, und etliche Tage darnach habe die Frau Bauerin ihr erzählet, daß sie der Brandin in die eine Hand den Thee und in die andere den Zucker gegeben, und ihr bedeutet habe, sie solte sich jetzt den Thee machen, und nachgehends fort zu ihrer Schwester gehen, und dieses seye alles was ihr von der Sache bewußt.

35

Ob die Inquisitin vorhero schon bey der bauerin geklagt habe, daß es ihr nicht wohl seye, und um welche Zeit dieses gewesen seye?

Rp. Das wisse sie nicht.

36

Was dann die bauerin nach der hand gethan habe, wie sich die Inquisitin entfernt gehabt?

Rp. Soviel sie wisse und bey dem Aus und Eingehen in dem Zimmer gehöret, habe die bauerin zu etlichen fremden in der Stube gesagt, ich wäre doch curios zu wissen, bey welche Schwester die Susann sich begeben habe, hätte auch wie sie nachgehends erfahren, durch jemand anders aus dieser Absicht die Schreiners Frau Hechtelin zu sich ruffen lassen, und diese vorgegeben, sie habe sie nicht zu sehen bekommen, wolte jedoch bey ihrer Schwester Königin sich nach ihr erkundigen, und damahls mögte es ohnegefehr nach 9 Uhr gewesen seyn. Nach einigen Zeit Verlauff seye die Hechtelin mit der Nachricht zurückgekommen, daß sie die Susann bey der brandin nicht angetroffen, und niemand etwas von ihr wissen wolle, worauff die Frau bauerin ausgesagt, vielleicht hat sich das Mensch gar in eine Stube ins bett gelegt wir wollen die Schlüssel nehmen und nach sehen, welches auch mit Zuziehung der Hechtelin und ihr Comparentin geschehen seye, und nachdem sie bereits 6 Zimmer vergebens eröffnet, hätte jemand unten im Hoff geruffen, die Susann wäre wieder in der Küche, und wären sie hierauff miteinander der Treppe herunter gegangen, die Hechtelin aber zu der selben in die Küche sich begeben, und sie nach gehends mit sich fortgenommen, was aber dieselbe mit ihr in der Küche gesprochen, könne sie nicht sagen, weilen sie nicht mit in der Küche gewesen seye.

37

Ob dann die bauern nicht mit der Hechtelin in die Küche gegangen seye?
Rp. Das könne sie nicht wissen, indeme sie nicht darauff acht gehabt.

38

Wer derjenige seye, welcher die Nachricht von dem daseyn der Inquisitin in die Küche hinauff geruffen habe?

Rp. Auch hiervon könne sie mit Gewißheit nichts aussagen, indem sie nicht wisse, ob es ein fremder oder der Sohn im Hauß gewesen der Frau bauerin würde selbiges wohl bewußt seyn.

39

Ob es andeme, daß die Inquisitin Abends gegen 8 Uhr Asch in die Waschküche getragen habe?

Rp. Ja. Sie habe die Asch ihr selbst eingeschöpfft, und sie selbige in einer Wanne nach der Waschküche getragen, auf die Zeit aber wann es geschehen, könne sie sich nicht genau erinnern.

add.:[72] Den folgenden Morgend hätte sie die Wanne mit Asch vor der Waschküche unter dem freyen Himmel stehend angetroffen, so daß also die Inquisitin sie nicht in die Waschküche gebracht, sondern neben die Thür hingestellet habe.

40

Ob dann dieses vor dem Thee trinken, oder nach der Hand geschehen seye?

Rp. Vor dem Thee trinken, und zwar zu der Zeit wie ihre Frau bey Tisch gesessen.

41

Ob sie dann bey dem Wegtragen mit der Asch sich lange Zeit verweilet, oder vielleicht damahls gar nicht mehr in die Küche zurückgekommen seye?

Rp. Nicht länger als man Zeit zum hin und hergehen gebraucht, und habe damahls die Sonne noch hoch am Himmel gestanden, wie sie die Asch hingetragen habe.

72 Addantur: Es muß hinzugefügt werden.

42

Ob es dann nicht andeme, daß beym Nachsuchen sie Comparentin die Inquisitin auf der hintersten Treppe zuerst, sitzend angetroffen habe?

Rp. Nein. Es verhielte sich so, wie sie oben ausgesagt.

43

Ob sie noch etwas dieser Sache halber anzuzeigen habe, und sie diese ihr Aussage beschwöhren könne?

Rp. Sie wisse weiter nichts, und könne das jenige was sie hier aus geredet, zu Gott dem Allmechtigen mit einem leiblichen Eydt beschwöhren.

Facta prael. dimmissa.

Continuatum den 5. octobr. 1771
Coram Iisdem

Hat man die Wittib bauerin abermahls vor Amt kommen lassen, und Sub iterata admonitione de veritate dicenda[73] weiter befragt:

44

Ob es andeme, daß der Herr Dr. burggraff der Inquisitin auser dem Pulvers auch eine Aderlaß angerathen habe?

Rp. Ja. So wie sie von der Hechtelin vernommen, so habe der Herr Dr. burggraff ihr eine Aderlass auf dem Arm von 10 Untzen angeordnet, und dieselbe an dem nehml. Tag noch zur Ader gelassen, und zwar von des Chirurgi Tauberts Gesellen in ihr Comparentin bierstuben.

73 Unter nochmaliger Erinnerung, die Wahrheit zu sagen.

45

Ob die Inquisitin auch die pulver des Hrn. Dr. burggraffs ordentl. gebraucht habe?

Rp. Das könne sie nicht sagen, indem sie weder die Pulver gesehen, noch auch bey dem Einnehmen gegenwärtig gewesen seye, soviel aber erinnere sie sich, daß Inquisitin am Abend ehe sie weggegangen, vorgegeben habe, die Pulver schmeckten so gesaltzen, und sie verspühre eine Wirkung, daß sie ihre Ordinaire wieder bekäme, sie Compar. mögte ihr doch etwas Thee geben welches sie auch gethan habe.

46

Ob Comparentin neben der Inquisitin noch eine Magd gehalten habe, und ob es dann wahr, daß erstere mit der letzteren gezankt habe?

Rp. Ja. Sie habe Anfangs und zwar biß das letzte 4tel Jahr 2 Mägde gehalten, und wäre ihr auch wohl bekannt, daß die Inquisitin mit der andern Magd sich nicht habe vertragen können, und oeffters gezanket, die Ursache aber worüber wäre ihr unbewußt.

addeb.:[74] Die Inquisitin habe beständig behauptet, daß sie über ihre Cammerädin einen Zorn gehabt, und dadurch ihr Ordinaire verlohren habe, und da diese die Ursache seye, daß sie in ein übeles Gespräch gekommen, so wolle sie sich gewiß an ihr rächen.

47

Wann es eigentl. gewesen seye, wie die Inquisitin Ader gelassen, und die von dem Hrn. Dr. Burggraff verschriebene Pulver zu gebrauchen vorgegeben habe?

Rp. Gewiß wisse sie sich nicht zu erinnern, und deuchte sie,

---

74 Addebam: Ich fügte hinzu.

daß es ohngefehr 14 Tage biß 3 Wochen vor dem geschehenen Unglück gewesen seye.

48

Wann Comparentin der Inquisitin außer dienst zu gehen angekündigt habe?

Rp. Montags vorhero habe sie ihr eröffnet, daß sie die neue Magd gedingt und Inquisitin donnerstags den 1. August als an dem Tag ihr 4^{tel} Jahr zu Ende, fort gehen solle.

49

Ob Comparentin auser des dicken Leibes kein Merkmahl der Schwangerschafft, bey der Inquisitin wahrnommen habe?

Rp. Nein. Auf der Welt nichts. Sie wäre die gantze Zeit über keine Stunde krank gewesen, habe sich über nichts auser bißweilen über schwehre füße geklagt, die von dem Umstandt der zurückgebliebenen Reinigung herrührten, dabey aber Steg auf, Steg unter gegangen, und seye beständig lustig gewesen, so daß man bey ihr nichts weniger als eine Schwangerschafft vermuthen können.

50

Ob Inquisitin auch keine Ubeligkeiten gehabt habe?

Rp. Nein.

51

Ob dieselbe nicht vor ihrem Weggehen leibesschmertzen bey ihr Compar. geklagt habe?

Rp. Bey ihr Comp. habe sie nicht von leibesschmertzen gesprochen, sondern nur wie sie oben schon ausgesagt, ihr etwas Thee abgefordert, und vorgegeben, sie verspühre von den Pulvern die etwas saltzigt schmeckten, eine Wirkung daß sie ihre Ordinaire wieder bekäme, worauff sie dieselbe auch auf die bank steigen, und aus dem oben auf bevestigten Schränkgen die Theeflasch und Zucker büchs holen lassen, und sodann der selben in die eine hand etwas Thee und in die andere etwas Zucker gegeben habe, mit dem Bedeuten, daß sie nach genommenem Thee sich zu ihrer Schwester begeben, und ihrer Gesundheit pflegen mögte, und dem weitern Versprechen daß sie selbige die Meß über wiederum zu sich nehmen wolte, wann sie biß dahin wiederum gesund würde, damit sie ihren Antheil Trink Geld geniesen könne.

52

Ob sie dann sonsten bey jemand im Hauß Leibschmertzen damahls geklagt habe?
Rp. Das wisse sie nicht. Wie sie ihr den Thee gegeben, mögte es ohngefehr 7 Uhr gewesen seyn, da dieselbe mit dem dekken des Tisch in ihrer Stube fertig gewesen, und von der Zeit an habe sie die Inquisitin nicht mehr zu sehen bekommen.
dictum ipsi[75]

53

Sie habe in ihrem vorigen Verhör Fol. 8 die Inquisitin beym Nachsuchen auf der Stiege sitzend angetroffen zu haben, vorgegeben, und gleich wohl ergeben sich anjetzo aus den acten und der Aussage der Inquisitin selbsten, daß dieses Vorgeben unrichtig, man wolle also von ihr vernehmen, wo eigentl. die Inquisitin angetroffen worden, und wie sie dieses ihr Vorgeben zu rechtfertigen gedenke?
Rp. Sie hätte sich damahls aus bestürtzung nicht so deutlich ausdrücken können, und nur soviel sagen wollen, daß die Inquisitin an der hintersten Stiege im Hoff wäre angetroffen worden, und noch jetzto seye sie nicht im Standt den Zusam-

75 Auf Vorhalt [ihrer früheren Aussage].

menhang und wie es eigentlich zugegangen seye, zu entwickeln wann nicht der Augenschein ihres Logis genommen werde, worauff sie nach der Hand alle Umständte aufklähren könnte. Vorläufig wolle sie jedoch gehorsamst anzeigen, daß ein Judenknecht Nahmens Bonum welcher sich beständig in ihrem Hauß aufhalte, und denen fremden in ihrem Hauß logirenden Juden an Hand gehe, damahlen wie sie oben im Hauß Nachsuchung gethan, und sich unten in der bierStube befunden habe, der Inquisitin auf das Zuruffen am Fenster ihr Compar. Stuben Thür inwendig aufgeriegelt, und dieselbe an der oben besagten, hintersten Treppe, vor der Stuben Thür angetroffen habe. Durch besagte ihre Stube wäre Inquisitin in die Küche gegangen, und da der Bonum ihr Compar. und der Hechtelin im Hoff zugeruffen, daß die Susann in der Küche seye, so wären sie miteinander der vordersten Stiege herunter, die Hechtelin aber durch die bierStube sogleich in die Küche zu ihr gegangen.

Facta prael. wurde Comparentin mit dem bescheid dimittiret, daß Titl. Dnus. Examinator diesen Morgend noch selbsten den Augenschein nehmen, und das Verhör künfftigen Montag mit ihr fortgesetzt werden solle.

Continuatum den 7. Octobris 1771
Coram Iisdem

Nachdem Titl. Dnus. Examinator Ord. sich vorgestern Morgends um 11 Uhr mit Zuziehung mein des actuar. vicarii in die bauerische behausung zum Einhorn genannt verfügt, und daselbst den Augenschein genommen haben, so ist davon folgende relation zur Erläuterung der Sache ad protocollum zu nehmen beliebt worden; Gleich bey dem Eintritt in das Thor, ohngefehr 10 Schritte davon entfernt, ist eine Treppe die zu dem Vorderbau führet, und neben dieser die Thür in die bier Stube. Aus der bier Stube geht eine Thür in die bauerische Wohnstube, und aus dieser eine in die daneben befindliche Cammer worinnen die Kinder schlaffen, und aus der Cammer erst in die Küche, wo der Magd ihr Bett steht.

Die fenster gehen insgesamt in den Hoff, und das an der Küche ist mit eisernen Gegitter verwehret.

Die Küche hat sonst keinen Eingang, wer also aus der Küche gehen will, muß durch die Cammer und der Gast Wirthin bauerin Stube gehen. Diese Bauerische Wohnstube, aber hat eine Thür in den Hoff die damahls inwendig verriegelt war und hart neben dieser Thür geht die Stiege am Hinterbau herunter.

Unter dem Hinterbau ist ein Thor Weg und hinter diesem ein kleines Höffgen aber ein Winkel worinnen rechter Hand oben an der Stadt Mauer die Wasch Küche so nicht gros, und linker Hand der S.v. Mist, worauff die heimliche Gemächer gehen.

Der Eingang zum Stall ist unter dem Thor Weg und der Stall sehr finster, und von der bauerischen Wohnstube mögen es ohngefehr 30 biß 40 Schritte seyn.

Hierauff erschiene dem letzten bescheid zu folge die Wirthin bauerin, und gab weiter zu vernehmen:

Daß sie damahls, wie der Jud Bonum ihnen zugeruffen, mit der Hechtelin und ihrer jetzigen Dienst Magd der vordersten Stiege herunter in die bierStube, die Hechtelin aber sogleich in die Küche zu ihrer Schwester gegangen seye, was sie aber allda mit der selben gesprochen, wäre ihr unbewußt, indeme sie Compar. erst nach einigem Verweilen sich ebenfalls in die Küche begeben, und die Inquisitin mit folgenden Worten angeredet habe, Warum seyd ihr noch im Hauß, da ich euch doch bey Tag fort geschickt habe, diese aber geantwortet, sie hätte nicht bey Tag weggehen wollen, und sie

Compar. weiter darauff versetzt: ihr müßt mir heut noch aus
dem Hauß; geht ihr mit eurer Schwester fort, ich leide euch
nicht mehr im Hauß, worauff dieselbe auch durch ihr
Comp. Stube und den Hoff, die Hechtelin aber durch die
bier Stube mit ihr fortgegangen seye.

54

Ob Comparentin dieselbe dann nicht gefragt habe, wo sie
die Zeit über sich verborgen gehalten habe?
Rp. Nein. Sie hätte nichts weiter mit ihr gesprochen als
obige Worte.

55

dictum ipsi
Sie habe Fol. 8 ausgesagt, daß die Inquisitin beym Antreffen
auf der Stiege vorgegeben, ihr Kopf und alles thäten ihr weh,
sie wolte die Nacht noch im Hauß bleiben, und Morgen ihr
Zinn reiben, welches sie Comp. aber nicht gelitten, sondern
sie fort gehen heissen, solle also sagen, wie dieses mit ihrer
jetzigen Aussage zu vereinbahren stehe?
Rp. Es verhielte sich so, wie sie heute zum protocoll ausgesagt, und was sie das erstemahl vom Kopfweh und Zinnrei-
ben gesprochen, hätte die Inquisitin damahls zu ihr gesagt,
wie sie ihr den Thee abgefordert, und sie Comparentin also
auch hier sich nicht deutlich genug erklähret.

56

Sie habe ferner Folio 64. behauptet, die Inquisitin von der
Zeit an als sie ihr den Thee und Zucker gegeben, nicht mehr
gesehen zu haben, solle also sagen, wie es dann nach der
obigen relation möglich gewesen, das selbige zu der Zeit, wie
sie Compar. noch bey Tisch gesessen, sich habe entfernen
können, da sie keinen andern Weg als durch ihre Stube habe
nehmen können?

Rp. Sie speise beständig mit ihren Kindern in der bier Stube, und nicht in der Wohn oder Schlaffstube, folglich habe die Inquisitin durch ihre Wohnstube ohnvermerckt sich entfernen können, so daß weder sie Compar. noch ihre dienst Magd welche ab und zugegangen, sie gewahr worden seye.

57

Ob Comparentin mit dabey gewesen, wie der Ordonnantz brandt nach dem Kind Nachsuchung gethan?

Rp. Nein. Sie wäre so verstürtzt gewesen, daß sie nicht einmahl wisse, wer von ihren Leuten mit dabey gewesen seye, könne aber selbiges wann es erforderlich seye, leicht erfahren.

58

Ob auserdem am Samstag in der Waschküche auf dem Scheidholtz oder Hack klotz augenscheinigten flecken blut, und dann den wenigen Tropffen blut so von dem daneben gelegenen Holtz Schlägel und Axte wie auch dem faß wahr zu nehmen sind, sonsten keine Kennzeichen einer vorgewesenen Geburt in ihrem Hauß angetroffen worden?

Rp. Nein. Man hätte nicht einmahl gesehen, wo das Mensch gegangen wäre, welches doch sonsten bey einer frischen Gebährerin nicht zu vermeiden seye, das sonderbarste dabey wäre, daß man kein Gewässer oder mehreres Geblüt in der Waschküche angetroffen, dann alle flecken die daselbsten angetroffen worden, mögten zusammen keinen Schoppen blut ausmachen.

add.: Sie erinnere sich eben, daß sie damahls wie die Hechtelin Morgends zu ihr mit dem blutigen Hemd als dem Zeichen der erhaltenen Reinigung gekommen seye, derselben ein Stückgen Gehäut ohngefehr einer halben hand groß, so zwischen den beyden fässern in der Waschküche gefunden worden gezeigt habe, und daß die Hechtelin selbiges mit dem blutigen Hemd zu der Inquisitin getragen, nachgehends aber ihr zur Antwort gegeben habe, Inquisitin gebe vor, daß das ein Stück versamletes Geblut seye, so in der Waschküche von ihr gegangen.

in prael. add:[76] sie hätte dahero gar nicht dencken können, daß die Inquisitin heimlich gebohren habe, und das Stückgen Gehäut hätte ihr, da sie niemahlen eine Nachgeburt gesehen, kein weiteres Nachdenken verursachen können, und der Hechtelin wäre es eben so als ihr gegangen.

59

Ob auch kein Messer oder sonstiges Instrument nach der Hand in der Waschküche angetroffen worden?
Rp. Nein. Sie Compar. habe nach der Hand nach der Schere der Inquisitin welche gewöhnlich in ihrer Schlaffstube verwahret seye nachgesehen, selbige aber eben so wenig, als in der Kiste der Inquisitin, die in Gegenwart der Hospital Mutter Seldern eröffnet worden, angetroffen.

60

Ob ihr sonst noch etwas von diesem Vorfall bekannt, und sie ihre Aussage eydtlich erhärten könne?
Rp. Sie wisse weiter nichts und könne ihre Aussage auf jedes mahliges Verlangen eydtlich erhärten.

61

Ob Comparentin nicht gesehen habe, wie die Inquisitin die Asch nach der Waschküche getragen?
Rp. Ja. Jedoch wäre dieses noch lang vor dem Abend Essen gewesen, und zwar am hellen Tag.

---

76 Nach Verlesung hinzugefügt.

62

Ob in dem in der Wasch Küche befindlichen Aschen fass zerbrochene Bouteillen gelegen hätten?

Rp. Es hätten ohngefehr 40 stück schwartze Bouteillen welche einem fremden Juden zuständig gewesen, in diesem Fass umgestürtzt gestanden, aber keine einge zerbrochene dabey und der Jud selbige den folgenden Tag wieder abgeholet, ohne zu sagen, daß er das geringste daran von Geblüt bemerckt habe.

Facta prael. dimmissa.

Eodem: Erschiene ad citationem der Jud Bonum, und wurde Sub admonitione consueta[77] befragt:

63

Wie er heisse? Wo er her gebürtig, und wie alt er seye?

Rp. Bonum Zacharias von Ober Amstadt gebürtig, 35 Jahr alt.

64

Ob er die Inquisitin Brandin kenne, und woher?

Rp. Er kenne sie nicht weiter, als daß sie bey der Frau bauerin im Einhorn wo selbsten er aus und eingehe, als Magd in diensten gestanden.

65

Ob es andeme, daß er die Inquisitin donnerstags den 1ten August Abends nach 10 Uhr der bauerin Wohnstube inwendig habe aufriegeln müssen?

Rp. Ja. Er wäre damahls, bey etlichen fremden in der bier Stube gewesen, als er ausen im Hoff von jemand geruffen

---

77 Unter der üblichen Erinnerung.

worden, und wie er aus der bier Stube in Hoff gegangen, habe ihme die nicht weit von der hintersten Treppe gestandene Inquisitin entgegen gerufen, er mögte doch die Stube aufriegeln, indeme sie nicht gern durch die bier Stube ginnge.

66

Ob dieselbe keine Ursache angegeben, warum sie nicht durch die bierstube gehen wollen?
Rp. Nein. Er hätte weiter kein Wort mit ihr gesprochen, sondern nur der bauerin zugeruffen, daß die Susann wieder in der Küche wäre, worauf die Frau bauerin, die Hechtelin, und die neue Magd in die bier Stube gekommen, und die Hechtelin zu derselben in die Küche gegangen seye.

67

Ob er sie nicht gefragt, wo sie wiederum herkäme?
Rp. Nein. Er habe gar nichts mit ihr gesprochen auch nicht gewußt was mit dem Menschen vorgewesen.

68

Ob es andeme, daß ihme eine fremde Jüdin Nahmens Hundge aus der Bier Stube geruffen habe?
Rp. Das wisse er nicht, cr hättc ruffen hören, könte aber nicht wissen, wer es gewesen, so ihne geruffen, doch erinnere er sich, damahls die Jüdin Hundge so im Hauß logiret im Hoff gesehen zu haben.

69

Ob ihme sonst noch etwas von der heimlichen Geburt der Inquisitin bekannt, seye, und er seine Aussage bey der grosen Thora beschwöhren könne?
Rp. Nein, und könne er seine Aussage mit gutem Gewissen beschwöhren.

Wo die Jüdin Hundge herseye, ob sie noch würckl. im Hauß logiere, oder wo sie sich sonst aufhalte?

Rp. Soviel er wisse, seye sie von hier gebürtig, dermahlen eine Wittib, und habe ihr Mann zu Rastadt gewohnet, ob sie aber dato noch hier, und wo sie sich aufhalte, könne er mit Gewißheit nicht sagen, jedoch habe er sie vor etlichen Tagen noch in der bauerischen behausung gesehen.

Facta prael. dimmissus.

In fidem J. J. Rost

Continuatum den 8. octobris 1771
Coram Iisdem

Nachdeme der Gefangene Wärther und G. W. Richter[78] Gerhard Weines die Anzeige gethan, daß die unter seiner Verwahrung incarcerirte Inquisitin Susanna Margaretha Brandtin nunmehro völlig widerum genesen seye, und nach Aussage des Hrn. Physici prim. Dr. Gladbachs, ohne bedenken in das Verhör gebracht werden könne. Als hat man dieselbe anheute per milites[79] vor Amt bringen lassen, und unter ernsthaffter Erinnerung in allem die reine Warheit zu gestehen, befragt:

Von weme sie geschwängert worden, und zu welcher Zeit?

Rp. Von einem holländischen Kaufmanns diener der im Hauß logiret, dessen Nahme ihr aber unbekant, und seye der beyschlaff soviel sie sich erinnere 3 biß 4 Wochen vor Weynachten gewesen.

---

78 Gemeine Weltliche Richter. Siehe im Glossar unter Weltliche Richter.
79 Durch Soldaten.

Ob sie durch Worte oder Verheißungen zum beyschlaff beredet worden, oder freywillig darinn gewilligt habe?

Rp. Er hätte ihr etliche Gläser Wein zu trinken gegeben,
wodurch sie der gestalten in die Hitze gekommen, daß sie
seinen Einfällen nicht wieder stehen können, so daß er sie
auf das bett gezerret, und daselbsten die Unzucht mit ihr
getrieben, und wäre es nicht anders gewesen, als ob er ihr
etwas in den Wein gethan.

Gegeben und versprochen aber habe er ihr weiter nichts.

Wo der beyschlaff eigentlich geschehen, und wie offt derselbe wiederholet worden?

Rp. In dem Zimmer worinnen dieser fremde Mann logieret,
und wäre der beyschlaff nur das einige mahl geschehen,
auch habe sie sonsten mit keinem Manns Mensch jemals was
zu schaffen gehabt.

dictum ipsi

Es seye nicht glaublich daß sie durch den einen und zwar
den ersten beyschlaff geschwängert worden, man wolle sie
also erinnert haben, auch hier die Warheit zu gestehen, und
nichts zu verschweigen.

Rp. Sie müßte gestehen, daß sie an dem Tag wie er ihr den
Wein zu trincken gegeben, mehrmahlen mit ihm zu thun
gehabt, und er zu drey verschiedenen mahlen ihr beygewohnet habe, jedoch habe sie den folgenden Tag darauff
ihre Ordinaire bekommen, Abends aber da die Frau Bauerin
mit ihrer Cameraedin gezanckt, und nachgehends auch
gegen sie unwillig geworden, und sie zum Teufel gehen heissen, hätte sie sich so darüber geärgert, daß ihre Ordinaire

ausgeblieben, und sie nicht anders geglaubt, als daß der Zorn die Ursache davon seye.

75

Wie lang dieser Holländer im Hauß logieret habe?
Rp. Sechs Tage.

76

Ob sie dann nachgehends nichts mehr mit ihm zu thun gehabt und warum?
Rp. Nein. Er habe sie gehen lassen, und sie auch keine Gelegenheit gesucht ihm dazu Anlaß zu geben, seye auch die folgende Tage, und zwar nur einmahl beym bettmachen in sein Zimmer gekommen.

77

Wann sie es empfunden, daß sie schwanger seye?
Rp. Nach der Oster Messe dieses Jahrs habe sie das Leben des Kindes in ihrem Leib gespühret, und zwar so als ob ein Stein von einer Seite auf die andere geweltzt würde, sie hätte aber nichts sagen können, und wäre ihr nicht anders gewesen, als wann ihr das Maul zugebunden wäre, sonsten sie nicht in dieses Unglück gekommen sein würde.

78

Ob und weme sie etwa ihre Schwangerschafft vertraut habe?
Rp. Keinem Menschen nicht.

79

Warum sie dann solches verborgen und in das Geheim gehalten habe?
Rp. Der Satan habe sie verblendet, und ihr gleichsam das Maul zugehalten, daß es ihr nicht möglich gewesen, etwas zugestehen, da sie doch sowohl von der Frau Bauerin als von ihren Schwestern, öfters deshalb zur Rede gesetzt worden.

80

Ob und wie lang sie des Vorhabens gewesen, das Kind umzubringen?

Rp. Sie könne nicht läugnen, daß von der Zeit an als sie das Leben des Kindes verspühret, der Satan ihr in den Sinn gegeben habe, daß sie in dem grosen Hauß leicht heimlich gebähren, das Kind umbringen, verbergen, und vorgeben könne, daß sie ihre Ordinaire wieder bekommen.

Als sie Samstag vor ihrer heimlichen Geburt oben auf dem Boden 3 Stiege hoch woselbsten ihr Schwager der Schreiner Hechtel einen Unterschlag machen müssen, den boden kehren wollen, habe ihr auf einmahl der Satan in den Sinn gegeben, sie solte sich dem großen Gaubloch hinunter stürzen, worüber sie aber ein Schauer überfallen, so daß sie den besen hingelegt und ohnverrichteter Sache hinunter gegangen seye, auch ein Zittern am gantzen Leib verspühret habe.

81

Ob sie während der Schwangerschafft ihren Schwängerer nicht wiederum zu sehen bekommen?
Rp. Nein.

82

Ob sie ihme auch durch keinen brieff von der Schwangerschafft Nachricht geben lassen?
Rp. Nein. Da er am ersten Abend nach 7 Uhr in das Hauß gekommen, wie der Nachtzettel[80] schon fort geschickt gewesen, und sie nach der Hand um seinen Nahmen nicht gefragt, so wisse sie nicht wie er heisse, noch weniger wo er

---

80 Die Gastwirte waren verpflichtet, die bei ihnen logierenden Fremden auf dem Nachtzettel einzutragen, der abends an den Älteren Bürgermeister geschickt wurde.

her seye, könne auch selbsten nicht schreiben, und habe
auch durch niemand anders bey diesen Umständten schreiben lassen.

83

Ob sie von jemand der Schwangerschafft halber bezichtigt
worden und von weme?

Rp. Ja. Schon in der dritten Woche der abgewichenen Oster
Messe habe ihre Schwester die Hechtelin in der bauerischen
Behausung und zwar unten im Hoff gantz alleinig zu ihr
gesagt, die Leute sprächen sie wäre schwanger, sie aber derselben geantwortet: sie wäre es nicht, und habe mit keinem
Manns Menschen zuthun gehabt, ihre Ordinaire aber wäre
ihr aus geblieben, indem sie mit der Frau bauerin einen
Zank gehabt. Bald darauff habe ihre brodtherrin die Frau
Bauerin ihrer Schwester Königin, als dieselbe an einem Sontag Morgends[81] weise Wasch ins Hauß gebracht, von dem
Gespräch der Leute wegen ihrer Schwangerschafft, Nachricht gegeben, und diese daß sie NachMittags wieder kommen und im beyseyn der Schwester Hechtelin und der Frau
bauerin sie examiniren wolte, die Zusage gethan, und dieses
seye auch Nachmittags folgender masen geschehen; sie wäre
nehmlich mit der Frau Bauerin und besagten ihren beyden
Schwestern Hechtelin und Königin oben in ein besonder
Zimmer gegangen, woselbsten ihre Schwestern sie scharff
befragt, sie solte es gestehen, wann sie schwanger seye, sie
wäre ja nicht die erste und würde auch nicht die letzte seyn,
sie Inquisitin aber habe nichts gestehen wollen, sondern

---

81 Hier wurde im Original am Rand ergänzt: „in prael. add.: Es fiele ihr
eben bey, daß es an dem Sontag 14 Tage nach der Oster Messe gewesen
seye, als sie von der Frau bauerin, und ihren beyden Schwestern der
Schwangerschafft halben zur Rede gesetzt, und von der Hechtelin visitieret worden."

beständig vorgegeben, ihr etwas dicker Leib rühre von der verstopten Reinigung her.

Ja sie habe sich auch von ihrer Schwester Hechtelin, welche mit ihr in eine besondere Cammer gegangen, daselbst sie ausgekleidet, visitiren lassen, und die Hechtelin nichts von einer Schwangerschafft finden können, sondern selbsten die Härte ihres Leibes vor verstoptes Geblut von der Reinigung gehalten, und dieses soviel sie wisse, auch ihrer Frau hinterbracht, welche bald darauff da der Herr Dr. Metz ohnehin zu ihr gekommen mit ihme ihrer Inquisitin Umstände halber gesprochen auch sie Inquisitin Tags darauff zu ihm geschicket, um etwas wegen des ihrer Frau verschriebenen recepts sich zu erkundigen, bey welcher Gelegenheit er sie befragt habe, ob sie dann nicht schwanger seye, ihr Urin sehe gleich wohl nicht zum besten aus, doch könne man noch nicht darauff verlassen, und leicht jemand Unrecht thun, und als sie ihme versichert, daß sie nicht schwanger wäre, habe er ihr einen Tranck verschrieben, welchen sie zwar noch machen lassen, aber nur einmahl genommen habe, weilen er ihr so garstig geschmeckt.

Einige Zeit darauff und zwar ohngefehr 4 biß 5 Wochen vor ihrer Niederkunfft habe ihre Schwester die Hechtelin ihr zu Zweymahlen ihren S.v. Urin unter dem Vorgeben, daß eine sichere Frau ihr einen Umschlag vor ihren dicken Leib daraus kochen wolle abgefordert und erhalten, und wie Inquisitin nach gehends erfahren selbigen zum Herrn Dr. burggraff getragen, der ihr auch 10 Pulver verschrieben, und eine Aderlaß am Arm angeordnet habe.

Die Pulver habe sie selbst aus der Apothec geholet, auch nach und nach ordentlich gebrauchet, imgleichen den Tag darauff, als ihre Schwester von dem Hrn. Dr. Burggraff zurückgekommen, nehmlich an einem Sontag am Arm zur Ader gelassen.

84

Ob sie dann geglaubt, daß die gebrauchte Pulver und Aderlaß ihr etwas helffen können, und was eigentlich?

Rp. Nein. Sie hätte da sie das Leben des Kindes verspühret,
wohl gewußt, daß ihr die Pulver nicht helffen, und auch
nichts schaden würden und sie nur gebraucht, um ihre
Schwestern recht sicher zu machen.

85

Ob sie nicht bey der vorerzählten Zurredesetzung in der
bauerischen Stube eine Stiege hoch sich sehr vermessen,
und unter andern die Worte ausgestoßen:

Das schwehre Gewitter welches zu der Zeit eben am Himmel
gewesen solle sie in den Erdboden schlagen, wann sie
schwanger seye?

Rp. Sie wolle ihr Hertz gantz frey haben, und nichts verschweigen, es verhielte sich deme also.

86

Ob sie nicht weiter hintzugesetzet, sie hätte weder mit einem
Christen noch mit einem Juden zu thun gehabt?

Rp. Ja.

87

Ob ihre brodtherrin ihr den dienst vorhero aufgesagt, und
wann eigentlich?

Rp. Samstags vor dem ersten August als ihr Schwager der
Schreiner Hechtel eben im Hauß gearbeitet, habe die Frau
Bauerin demselben im Vertrauen eröffnet, daß sie eine
Magd gedungen, ihr Inquisitin aber nichts davon gesagt, als
welches sie auch vorhero schon mit ihren Mägden zu thun
gewohnt gewesen, indeme sie keiner vorhero aufgesagt, sondern sie nur fortgeschickt habe.

Den selbigen Samstag Abend noch habe ihre Schwester die Hechtelin sich bey der Frau bauerin darüber beschwehret, daß dieselbe sie vor der Mess fort schicken wolle, diese aber geantwortet, sie solte nur etliche Woche ihrer Gesundheit pflegen, sie wolte sie die Messe wieder nehmen, damit sie die Trinck Gelder einnehmen könte, und den folgenden Morgend habe sie Inquisitin die Frau bauerin ebenfalls befragt, ob es wahr daß sie eine Magd gedinget habe, und ihr dabey eröffnet, sie gienge absolut nicht vor der Mess aus ihrem Hauß, indeme sie die gantze Zeit über bey einem geringen Lohn sich alleine behelffen müssen und also auch die Mess Trink Gelder wohl verdienet habe, worauff dieselbe ihr auch die nehmliche Antwort gegeben habe; und Donnerstags Morgends als den ersten August, ihr den rest des Lohns mit 30 xer.[82] zugestellet, mit dem bedeuten daß die neue Magd heute eingehe, und sie sich zu ihrer Schwester begeben könne.

88

Um welche Zeit sie dann eigentl. von der Bauerin fortgeschickt worden?

Rp. Sie habe Nach Mittags noch etwas Geräth gewaschen, und da es ihr Abends gegen 8 Uhr nicht recht wohl geworden, habe sie der Frau bauerin geklagt, daß sie ihre Ordinaire wieder bekomme, worauff dieselbe ihr etwas Thee gegeben, und sie sodann nach getrunkenem Thee zu ihrer Schwester zu gehen, und sich daselbst etliche Tage still und ruhig zu halten, angewiesen habe. Als sie nun gegen 8 Uhr die Asche nach der Waschküche tragen wollen, seye sie auf ein mahl von den Wehen dergestalten überfallen worden, daß sie die Asche bey der Wasch Küche im Hoff in der Geschwindigkeit hingesetzt, die Thür in der Waschküche

82 Kreuzer. Siehe im Glossar unter Geldwesen.

hinter sich zugemacht, und während eines hefftigen überfallenen frostes das Kind zur Welt gebohren.

Das Kind wäre von ihr auf die Platten auf die Erde geschossen und gleich darauf auch die Nachgeburt gefolgt, da ihr dann der Teuffel in den Sinn gegeben, Hand an ihr eigen Fleisch und Blut zu legen, und das Kind umzubringen.

Dieses seye auf folgende Art geschehen: Sie habe nehmlich sobald das Kind auf der Erde gelegen, selbiges mit der rechten Hand gleich bey der Kehle gefaßt, stark gegürgelt und mit den fingern der lincken Hand in dem Gesicht und an den Augen zerkratzt, und wie sie gespühret, daß es noch gerosselt, habe sie es bey dem Aermgen genommen, und mit dem Kopf wieder das in der Wasch Küche gestandene grose fass geschlagen.

Weilen die Mattigkeit und der Frost den sie bekommen, ihr nicht erlauben wollen, das Kind sogleich zu verbergen so habe sie sich auf das in der Wasch Küche befindliche Hau-Klotz eine Zeitlang niedergesetzt, und das Kind in ihren Schurtz auf dem Schoos gehabt, und nachdem sie ohngefehr eine viertel Stunde daselbst zugebracht, habe sie das Kind in das vorhin bemeldete fass verbergen wollen, weilen sie aber bey dem Wiederstosen wahrgenommen, daß Bouteillen darinnen gelegen, so habe sie ihren Entschluß geändert, das Kind wieder heraus genommen, und in den Stall lincker Hand wann man nach der bauerischen Wohnung zurückgehe, getragen, wäre aber im Hoff da es schon sehr finster und nach 9 Uhr gewesen, über die Scheer des daselbst gestandenen Capriolets gestolpert, und mit dem Kind auf die Erde gefallen.

In dem ohnehin sehr finsteren Stall habe sie an der Mauer so lang herum getappt, biß sie oben die Ecke am Stall erreicht, woselbsten sie das Kind nochmahl mit dem Köpfgen wieder die Wand geschlagen, und sodann selbiges unter die Krippe unten in der Ecke gelegt, und mit Streu so von den Pferden im Stall gelegen, auch etwas Heu was sie eben im dunkelen habe finden können, zugedeckt, nachgehends aber sich aus dem Stall auf die 2te Stiege im Hinterbau begeben, und da selbsten weilen sie wegen dem starcken Blut-Gang nicht gleich zum Hauß hinaus gehen können, so lange verweilen wollen, biß es ihr etwas besser geworden.

Es mögte nicht gar eine Stunde gewesen seyn, daß sie auf der Treppe gesessen, als sie unten in der bierstube die Frau bauerin mit ihrer Schwester Hechtelin sprechen hören, und wohl verstanden, wie die Bauerin zu der Hechtelin gesagt, sie wolte ihr Hauptschlüssel entnehmen und oben in den Zimmern nach ihr nachsehen, ob sie sich vielleicht verschlossen habe und da auch dieses wircklich geschehen und die bauerin mit ihrer Schwester der vordersten Stiege hinauff, in den alten Bau gegangen, habe sie Inquis. sich der hintersten Stiege herunter gemacht, und die im Haus logierende Jüdin Hundge gebeten, daß sie ihr den Juden Knecht Bonum aus der bierstube ruffen – aber nicht sagen solte daß sie hausen wäre, und da der Bonum auch in Hoff gekommen, habe sie demselben gesagt, er mögte ihr doch der Frau Bauerin ihre Stube inwendig aufriegeln, damit sie durch selbige in ihre Küche kommen könte.

Dieser habe auch sogleich die Thür geöffnet, und sie Inquisitin nicht verweilet, den blutigen Schurtz aus- und einen andern antzuthun, und ersteren hinter den Casten zu verstecken.

Mittlerweile habe der Jud Bonum ihrer Frau und Schwester von ihrem daseyn Nachricht gegeben, worauff sogleich ihre Schwester Hechtelin zu ihr in die Küche gekommen, und sie mit folgenden Worten angeredet habe: Wo bist du gewesen, ich suche dich überall, und habe mich schon abgeängstigt und fast geglaubt, du hättest dir einen Tod angethan, sie Inquisitin aber derselben geantwortet, sie hätte ihr ordinaire so stark bekommen, und weilen die Frau Bauerin verlangt, daß sie fortgehen solle, so habe sie da sie einen starken Frost bekommen, ohnmöglich fort gehen können, sondern sich auf der hintersten Treppe verborgen gehalten, worauf die inzwischen herbeygekommene Frau bauerin gesagt, daß sie mit ihrer Schwester noch fortgehen, und ihrer Gesundheit pflegen solte, welches sie dann auch gethan und mit der Hechtelin zu ihrer ledigen Schwester welche bey der Königin logiere, gegangen, und habe daselbst die Nacht über geschlaffen.

Wegen vorgefallener Verhinderung wurde das Verhör vor heute beschlossen und die Inquisitin facta praelectione et approbatione huijus protocolli ad locum unde[83] gebracht. In fidem Contin. J. J. Rost actuar. vic. jur.

Continuatum den 9ten octobris 1771
Coram Iisdem

Hat man die Inquisitin abermahls vor das Verhör bringen lassen, und dieselbe unter wiederholter Erinnerung die Warheit zu gestehen, weiter befragt:

89

Ob sie die Zeit ihrer Schwangerschafft über keine Ubeligkeiten gehabt?
Rp. Ja. Sie hätte sich 2 Tage hinter einander übergeben müssen, es wäre aber eben damahls gewesen, wie der Sohn im Hauß Hochzeit gehalten, und da habe sie der Frau bauerin und ihre Cameradin weiß gemacht, daß sie ihren Magen am fisch Essen verdorben, welches dieselbe auch geglaubt.

---

83 Nach erfolgter Verlesung und Billigung dieses Protokolles an den Ort zurückgebracht, von dem man sie geholt hatte.

Ob sie seit der Oster Mess mehr mahlen das Leben des Kindes verspühret habe?
Rp. Ja.

Ob das Kind völlig ausgetragen gewesen?
Rp. Das wisse sie nicht, verstünde auch die Rechnung nicht so genau wieviel Wochen dazu erfordert würden, ein ausgetragenes Kind zu gebähren. Soviel aber wäre gewiß, daß der beyschlaff 4 Wochen vor Weynachten geschehen.

Um welche Stunde sie eigentlich mit den ersten Wehen überfallen worden?
Rp. Zwischen 6 und 7 Uhr als sie eben die Asch durch der Frau ihre Stube so in den Hoff gehe, nach der Wasch Küche tragen wollen, habe sie gleich vor der Stuben Thür ein starckes Reissen im Leib gespühret, und gemerket, daß ihr Geblut an denen beinen herunter lauffe, und darauff die Asch unter die gleich neben der Stuben Thür befindliche hinterste Treppe hingestellt, und seye wiederum zu ihrer Frau in die Stube zurückgegangen, und habe derselben erzählet, daß sie den Augenblick ihr Ordinaire wieder bekommen, und sie um etwas Thee und Zucker gebeten welches ihre Frau ihr auch sogleich gegeben, und ihr bedeutet habe, sie solte wann sie den Thee getrunken, sich zu ihrer Schwester begeben, und etliche Tage ruhig halten.
Mit dem Thee in der einen und dem Zucker in der andern Hand habe sie sich weiter in die Küche begeben, und die neue Magd gebeten, ihr Thee Wasser zu machen, auch ihr geklagt, daß sie bey der erhaltenen Ordinaire Leibreissen bekommen, worauff auch dieselbe ihr würklich den Thee

angesetzt, und zu trinken gegeben habe; als mittlerweile die Frau bauerin wie gewöhnlich in der bier Stube zu Nacht gegessen, und die neue Magd das Essen in die Küche zurück gebracht, auch sie inzwischen noch stärkere Schmertzen gespühret, wäre sie ohngefehr gegen 8 Uhr ohnvermerckt durch der Frau bauerin Stube gegangen, habe die unter der Stiege gestandene Asche mit genommen, und sich nach der Wasch Küche gemacht, daselbst vor der Thür wie sie schon erzählet, die Asch niedergesetzt, und das Unglück durch Verblendung des Satans angerichtet.

93

Ob sie nicht auch der bauerin die Leibschmertzen geklagt habe?

Rp. Ja. Sie habe zu der Frau bauerin gesagt, es reisse sie sehr in ihrem Leib, die Ordinaire habe sie überfallen.

94

Was die bauerin ihr hierauff geantwortet?

Rp. Weiter nichts, als wann sie getrunken hätte, so solte sie zu ihrer Schwester gehen.

Wolte Gott es wäre der Frau Bauerin in den Sinn gekommen, ihre Schwester Hechtelin ruffen zu lassen, so wäre es gut vor ihre arme Seel gewesen, und das Unglück nicht geschehen.

95

Wo die Bauerin den Thee und Zucker so sie ihr gegeben, hergeholet?

Rp. Die Frau bauerin wäre selbst auf die banke gestiegen, und habe die Theeflasche und Zucker büchß herunter gethan, und ihr sodann Thee und Zucker gegeben.

96

Ob es dann nicht andeme, daß die bauerin sie Inquisitin auf die bank steigen, und selbst die Theeflasche herunter holen lassen?
Rp. Nein.

97

Ob niemand gewußt, daß ihre Geburt so nahe seye?
Rp. Nein. Die Frau bauerin und die neue Magd aber hätten es aus ihrem Anblick gar wohl vermuthen können.

98

Ob ihr jemand und wer zur Umbringung und Versteckung des Kindes Rath, Anleitung, und Hülffe geleistet habe?
Rp. Nein. Sie hätte keiner Seel ihre Schwangerschafft anvertrauet.

99

Wie und auf was Art sie eigentl. die Nabelschnur des Kindes abgelöset habe?
Rp. Wie das Kind von ihr auf die Erde gefallen, so wäre es von der Nabelschnur abgerissen und die Nachgeburt auch bald darauff von ihr gegangen.

100

Ob nicht dieses mit ihrer Scheer geschehen seye?
Rp. Nein. Sie könne auf ihr Gewissen versichern, daß sie keine Scheer noch sonstiges Instrument bey sich gehabt und gebraucht habe.

101

Wo sie dann mit ihrer Scheer hingekommen?
Rp. Wie sie nach der Geburt in die Küche zurückgekommen, und den blutigen Schurtz ausgezogen, so habe sie die auf

dem bänkel gelegene Scheer und ein Klingel Sajet[84] in ihren Anhang Sack gesteckt, in dem Vorhaben, weilen sie jetzt zu ihrer Schwester gehen müsse, ihre Strümpfe daselbst zu flicken, und dazu die Scheer zu gebrauchen. Diese habe sie noch bey sich in dem Anhang Sack gehabt, wie sie in das Hospital gebracht worden, nachgehends aber ihrer Wärtherin der Schmidtin geschenkt, und dabey aus gesagt, sie solte die Scheer behalten, man mögte sonst denken, daß sie ihrem Kind damit Leid gethan.

102

Ob sie dann bey ihrer arretierung nicht visitieret worden?

Rp. Nein. Sie wäre weiter nicht visitieret worden, auser daß der Richter Knopp im Hospital sie befragt, ob sie nichts bey sich habe, und sie demselben mit Nein geantwortet.

Da sie bey dem Eintritt in das Hospital sehr schwach und ohnmächtig gewesen, so hätten sie die Leute gleich aufgeschnüret, und ihr die Roecke aufgemacht, bey welcher Gelegenheit der Anhang Sack mit der Scheer, ohne daß jemand darauff Acht gehabt, auf ihr bett gelegt worden.

103

Ob sie nicht gestehen müsse, daß sie vorhin die Unwahrheit geredet, und würcklich die Scheer zur Ablösung der Nabelschnur gebraucht habe. Solle anjetzo nicht anfangen, sich mit Unwahrheiten erst abzugeben, da sie in ihrem gestrigen und heutigem Verhör die Wahrheit gestanden zu haben, auf ihr Gewissen versichert?

Rp. Um nichts auf ihrem Hertzen zu behalten, das sie über kurtz oder lang beängstigen könte, wolle sie auch hier die Wahrheit reden.

---

84 Klingel: kleiner Haufen oder kleines Knäuel. Sajet: Kleider- oder Futterstoff.

Ja. Sie habe die Scheer und das Klingel Sajet in dem Sack gehabt, und mit der Scheer die Nabelschnur abgeschnitten, sonsten aber damit dem Kind keinen Schaden zugefüget, sondern selbige an dem Schurtz abgeputzt, und in ihren Sack gestecket, und das Klingel Sajet auf ihrer flucht nach Höchst zu verlohren.

104

Aus was Ursache sie dann das Klingel Sajet zu sich gesteckt habe?

Rp. Aus keiner andern, als um ihre Strümpffe zu stopfen habe sie selbiges schon vor der Geburt bey sich im Sack gehabt, die Scheer aber in der Absicht, die Nabelschnur damit abzulösen zu sich gesteckt.

105

Es seye an dem Hals ihres erwürgten Kindes ein schwartz blauer Streiff zu sehen gewesen, ob sie vielleicht mit der Sajet dem Kind den Hals zugeschnüret habe?

Rp. Nein. Der Streiff müßte daher entstanden seyn, weilen das Kind wie sie es in das fass thun wollen mit dem Koepfgen henken geblieben seye, und die übrige an dem Kind gewesene beschädigung könten auch von dem fall so sie mit demselben gethan, herrühren.

106

Ob dann das Kind wie sie selbiges nach dem Stall getragen, gar kein Leben mehr verspühren lassen?

Rp. Nein. Es hätte nicht mehr gelebet.

107

Warum sie denn ohngeachtet selbiges noch ein mahl mit dem Kopff wieder die Wand geschlagen habe?

Rp. Sie hätte zwar kein Leben mehr an dem Kind gespühret, weilen sie aber befürchtet, es mögte doch noch nicht recht todt seyn, so habe sie ihm den Kopff nochmahlen wieder die Wand geschlagen, und es nach der Hand hingeleget.

108

Warum sie dann das Kind bey dem Erdrosseln im Gesicht so gekratzt habe?
Rp. Weilen sie geglaubt, daß es desto eher todt seyn würde, und weilen ihr der Satan dieses alles so in den Sinn gegeben habe.

109

Ob sie auch nicht gestehen müsse, daß sie das Kind an verschiedenen Theilen des Leibes verwundet habe?
Rp. Ja. Sie habe das Kind auch mit der Scheer hier und da verletzt daß es sich verbluten solle, wo und an welchen Theilen aber eigentlich könne sie nicht sagen.

110

Ob sie keine Reue in, während, oder nach vollbrachter That empfunden habe?
Rp. Ja. Nach der Hand wie sie oben auf der Treppe gesessen, hätte sie es hertzlich bereuet, daß sie ihr Kind umgebracht, während der That aber wäre sie gantz verstockt und verblendt gewesen.

111

Zu was Ende oder aus was Ursache sie dann ihr eigen Fleisch umgebracht?
Rp. Um der Schande und des Vorwurffs der Leute zu entgehen, daß sie ein unehrliches Kind gebohren, und weilen sie geglaubt, daß sie in dem grosen Hauß, gar leicht heimlich gebähren könte, so daß es niemand gewahr würde.

Ob sie mehrere Kinder verthan?

Rp. Nein. Das wäre leider ihr erstes Kind gewesen, wodurch sie zu Fall gekommen.

Ob sie nicht gestehen müsse, daß sie in den ersteren Verhören im Hospital die Unwahrheit geredet?

Rp. Ja. Sie müßte gestehen, daß sie aus Verstockung die Unwahrheit geredet.

Facta praelectione et approbatione reducta.[85]

Continuatum den 11. octobris 1771

Coram Iisdem

Liese man die Inquisitin abermahls p. milites vor Amt bringen, und hielte derselben vor:

Da sie in dem letztern Verhör zur beruhigung ihres Gewissens die Wahrheit eingestanden zu haben ausgesaget, und nichts auf ihrem Hertzen zu behalten versprochen, auch beym Weggehen geäusert habe, daß es ihr nunmehro in ihrem Gemüth viel ruhiger und sie nicht mehr so beängstigt seye, gleichwohlen aber noch ein und andere Umständte eine nähere Erläuterung bedürfeten, so hoffe man von ihr, daß sie ferner hin bey der Warheit verbleiben werde, solle also sagen, was die neue Dienstmagd Nahmens Seyfriedin ihr geantwortet, wie sie selbiger nach Fol. 53 Leibschmertzen geklagt habe?

---

85 Nach erfolgter Verlesung und Billigung [des Protokolls] zurückgeführt.

Rp. Weiter nichts als ich sehe ihr wohl an, daß es ihr nicht recht ist, doch ist es nicht richtig mit ihr.

115

Was Inquisitin dann hierauff geantwortet?

Rp. Sie hätte wie schon gesaget, vorgegeben, daß sie ihre ordinaire so starck bekommen, und davon die Leibschmertzen verursacht würden, worauff jene versetzt: man hat wohl Leibschmertzen bey diesen Umständen, aber ihre sind über natürlich, sie Inquisitin aber habe diesem wiedersprochen, und seye dabey verblieben, daß die Schmertzen von ihrer ordinaire herrühreten, doch hätte die Magd gar leicht das Gegentheil mercken können, indem sie auf der Kiste gesessen, und sich wie ein Wurm gekrümmt habe, sie auch ihr an dem Gesicht gar leicht ansehen können, was mit ihr vorgehe.

116

Ob es andeme, daß auch diese gleich bey dem Antritt ihres dienstes ihr zu verschiedenenmahlen zugeredet, aus ihrer Schwangerschafft kein Geheimniß zu machen?

Rp. Ja.

117

Ob es auch wahr, daß Inquisitin gleich beym ersten Befragen unten in der Küche, sich gantz frech und hönisch umgesehen, und derselben geantwortet habe; ich müßte viel dreck haben den Leuten die Mäuler alle zu stopffen, mit dem Zusatz: ich habe ein Aas zur Cammeraedin gehabt, die hat mir soviel Zorn gemacht, daß ich dadurch mein Ordinaire verlohren?

Rp. Ja.

Ob Inquisitin während der Geburt nicht um Hülfe geruffen?
Rp. Nein. Sie hätte nicht ruffen können, weilen sie schon
von dem Satan verblendet gewesen, und er ihr in den Sinn
gegeben habe, daß sie ihr Kind umbringen solle, zu welchem
Ende sie auch die Thür in der Wasch Küche hinter sich zugemacht.

Ob es dann würcklich andeme, daß das Kind bey der Geburt
auf den mit steinenen Platten belegten boden in der Wasch
Küche gefallen seye?
Rp. Ja. Sie könte auf ihr Gewissen versichern, daß das Kind
mit dem Kopf auf die Erde gefallen. Dann wie sie von den
Wehen über fallen worden, habe sie sich mit beyden Händen an dem Fass in der Wasch Küche gehalten, worauff das
Kind mit dem Kopff zu erst heraus gekommen, und auf die
Erde gefallen seye, sie aber sich gebucket, das Kind mit der
rechten Hand bey der Kehle strangulieret oder gegürgelt,
und sodann selbiges mit der bey sich gehabten Scheer von
der Nabelschnur abgelöset, wobey es dann geschehen seye,
da das Kind sowohl als ihre Hand, glatt gewesen, selbiges ihr
ausgeklitscht und auf die Thür Schwell in der Wasch Küche
gefallen scyc.

Ob dann das Kind damahls schon erdrosselt gewesen, auch
die Stiche mit der Scheer schon gehabt habe?
Rp. Ja.

An welchen Theilen des Leibes sie dann eigentlich das Kind
mit der Scheer verletzet habe?
Rp. Sie wisse mit Gewißheit nicht zu sagen, wie viel Stiche sie

ihrem Kind beygebracht, auch nicht wo, und an welchen Theilen eigentlich, indeme es in der Wasch Küche schon finster gewesen.

122

Ob dann ihr Kind während des Ermordens nicht starck geschrien habe?

Rp. Sie hätte es nicht schreyen hören, selbiges auch gleich bey dem Kehlgen gehabt, und erdrosselt.

Als man inzwischen von der Wärterin Schmidtin die derselben von der Inquisitin zugestelte Scheer herbey holen lassen, und diese dabey dem Richter Knopp eröffnet, daß die Inquisitin die Scheer in einem Anhäng Sack auf dem blosen Leib gebunden mit ins Hospital gebracht, und ihr geschenckt habe, so wurde die Inquisitin weiter befragt.

123

Ob diese ihr anjetzo vorgezeigte und Sub Lit. H ad acta gelegte Scheer diejenige seye womit sie die Nabelschnur abgelöset, auch ihr Kind verwundet habe?

Rp. Ja. Jedoch seye es falsch wann die Schmidtin vorgebe, daß sie diesen Sack auf dem blosen leib gebunden gehabt, vielmehr verhalte es sich so, wie sie in dem letztern Verhör deßhalb ausgesaget.

124

Wo sie mit der Nachgeburt hingekommen seye?

Rp. Sie habe selbige in der Wasch Küche gelassen, wisse aber nicht wo, indem sie im Kopf gantz verheert und verstört gewesen, doch deuchte es sie, daß sie selbige als sie solche von der Erde aufgehoben, hinter das Fass in der Wasch Küche geworffen habe.

Ob nicht ihre Schwester Hechtelin ihr den Freytag Morgend ein Stück von der Nachgeburt gezeigt, und sie darüber befragt habe?

Rp. Ja. Ihre Schwester Hechtelin habe ihr in dem blutigen Hemd, welches sie kurtze Zeit vorhero von ihr mitgenommen, um es der Frau bauerin zu zeigen daß sie ihre Ordinaire bekommen, die Nachgeburt mit gebracht, ihr vorgezeigt, und sie also angeredet: Du infames Mensch, wo hast du dein Kind, siehe hier was ist das, worauff sie fraglich nicht mehr läugnen können, und endlich ihren beyden Schwestern der Königin und der Hechtelin gestanden habe, daß sie das Kind umgebracht und in dem Stroh Stall rechter Hand wann man in Hinterhoff gehen wolle, und zwar oben unter der Krippe hingeleget und mit Streu und Heu aus dem Stall zugedecket.

Ihre bemeldete Schwestern besonders die Königin habe ihr bedeutet, nicht aus dem Hauß zu gehen und da diese indessen, vermuthlich in der Absicht um nach zu suchen, und die Sache anzuzeigen aus dem Hauß gegangen, so seye sie vor Angsten aus dem bett gestiegen, habe sich angekleidet und zum bockenheimer Thor hinaus gemacht und gerades Wegs nach Höchst gegangen.

Als sie nach 1 Uhr zu Höchst angelanget, und nach dem Mayntzer Marcktschiffe sich erkundigt, seye selbiges schon abgedruckt gewesen, ein Schiffmann aber habe sie mit dem Nachen nach gefahren, welchem sie von denen bey sich gehabten 6 batzen 3, und die übrigen drey batzen dem Marcktschiffer zu Mayntz vor fahrgeld bezahlen müssen.

Ohne also weiters einen Kreutzer Geld bey sich zu haben, seye sie in Mayntz voller Furcht und Schrecken daß man ihr nachsetzen würde, glücklich angelanget und habe um Obdach und ein wenig warme Suppe zu bekommen, ihre sil-

berne und vergoldete Ohrringe an einen Silberschmidt ver-
kauffet, und davor 24 xer. erhalten, und sodann sich in das
Wirths Hauß zum Hirschgen wohin sie von einer auf der
Straase angetroffenen Dienstmagd als sie bey derselben
nach einem dienst gefragt, gewiesen worden, einquartieret,
und daselbsten übernachtet. Weilen sie aber kein Geld weiter gehabt, wovon sie zehren können, und von der Gewissens Angst ohnaufhörlich geplagt worden, so seye sie den
folgenden Morgend als Sonntags den 3ten August nach
Höchst zurückgefahren, und von da zu fuß biß an das
bockenheimer Thor gegangen, woselbst sie von der Wacht
angehalten, auf die Hauptwache und von da auf den Catharinen Thurn geführet, und endlich auf Befehl des Titl. Jüngern Hrn. bürgermeisters mit einer Port Chaise in das Hospital gebracht worden.

126

Wieviel Uhr es damahls gewesen seye, als die Hechtelin und
die Königin ihr die Nachgeburt vorgezeigt hätten?
Rp. Es mögte ohngefehr zwischen 9 und 10 Uhr gewesen
seyn.

127

Wie sie es gemacht, daß man in der Wasch Küche auser auf
dem Hauklotz wenig blut flecken gesehen habe?
Rp. Auf dem boden in der Wasch Küche wo sie gebohren
hätten Säg Späne gelegen, die sie nach der Hand wie alles
vorbey gewesen, mit ihren Händen soviel möglich zusammen gerafft, und hinter das grose fass in der Wasch Küche
geworffen habe.
Auser diesem aber habe sie ihr S.v. Hemd und Unterrock
starck bey sich gestecket, daß man das Geblüt nicht so habe
sehen, besonders aber daß man es im gehen nach der hintersten Treppe zu, worauf sie ausgeruhet, nicht bemerken
solte.

Was neben dem Hauklotz worauff sie ihrem Vorgeben nach
ein Zeitlang gesessen noch weiter in der Wasch Küche gelegen habe?

Rp. Sie wisse von nichts.

Ob nicht ein groser Holtz schlegel und die Holtz Axt nicht
weit davon befindlich gewesen?

Rp. Das könne sie nicht sagen, und versichere daß sie keines
von beyden gesehen habe.

Wie es dann gekommen, daß man blut flecken an beyden
Stücken wahrgenommen habe?

Rp. Da sie nach der Geburt und Ermordung ihres Kindes in
der Wasch Küche herum getappet, um einen Platz zu finden,
sich wegen der überfallenen Mattigkeit in etwas auszuruhen,
so könte es vielleicht geschehen seyn, daß sie beym Nieder-
setzen beyde Stücke, wann sie in der Nähe gelegen, befleckt
habe.

Ob sie vielleicht von diesen auch ein oder das andere zur
Ermordung ihres Kindes gebraucht habe, solle die Warheit
reden?

Rp. Nein. Sonst sie selbiges gern gestehen würde, und könne
versichern, daß sie beyde Stücke nicht gesehen habe.

Ob sie ihre Hände ehe sie in die Küche gegangen gereinigt
habe und wo?

Rp. Wie sie ihr Kindgen in Stall gebracht gehabt habe, seye
sie an die Pompe gegangen, und habe gantz gemach ge-

pompt und ihre Hände gewaschen, auch über das abgewa-
schene blut noch Wasser gepumpt, das man es nicht sehen
können.

133

Ob die Jüdin Hundge den Juden Bonum eigentl. aus der
bierstube geholet, oder nur von ausen ihn mit Nahmen
genennt habe?

Rp. Soviel sie wisse, habe die Jüdin ihm nur vorne an der
Thür mit Nahmen Loeb gerufen.

134

Was Inquisitin mit diesem Juden gesprochen, und wo er sie
eigentl. angetroffen?

Rp. Als der Jud aus der bierstube in Hoff gekommen, habe
sie oben an der frau ihrer Stube gestanden, und weiter
nichts zu ihme gesagt, als er mögte ihr doch der frau ihr
Stube aufmachen.

135

Ob sie dann keine Ursache angegeben, warum sie die Wohnstube ihrer Frau geöffnet haben wolle?

Rp. Nein.

136

Ob und was sie mit der Jüdin Hundgen ihrer Umstände halber geredet?

Rp. Auf der Welt weiter nichts, als daß sie ihr den Juden
Loeb herausruffen mögte.

137

Ob sie ihrer ledigen Schwester nichts von ihrer heimlichen
Geburt und Ermordung des Kindes eröffnet habe?

Rp. Nein. Und wäre dieselbe Morgens um 4 Uhr schon in

eine Wasche gegangen, so daß sie fast gar nichts mit ihr gesprochen habe.

138

Ob Inquisitin sich fleißig zur Kirche und Gottes Wort gehalten?

Rp. Zu der Zeit wie die Frau bauerin noch 2 Mägde gehalten, wäre sie alle 14 Tage gewöhnlich nach bockenheim in die Kirche gegangen, und habe nicht anders die Kirche versäumt, als wann das Wetter gar zu übel gewesen.

Zum heiligen Abendmahl seye sie auch so offt gegangen, als es ihr von dem Hl. Geist eingegeben worden, nachgehends aber wie sie als Magd allein im Hauß gewesen, nehmlich den Sommer über wenig mehr besuchen können.

139

Wann sie das letzte mahl zum Hl. Abendmahl gegangen?

Rp. Acht Tage vor Michaelis[86] vorigen Jahres, von der Zeit aber habe sie nicht weiter dazu kommen können, weilen allemahl im Hauß soviel zu schaffen gewesen.

140

Ob sie nicht gestehen müsse, daß sie sich an Gott dem Allmächtigen durch die unmenschliche Ermordung ihres Kindes sehr schwer versündigt habe?

Rp. Ja. Sie bereue diese ihre grose Sünde von Grund des Hertzens, und flehe Gott Tag und Nacht um Vergebung dieser schwehren Sünde inbrünstig an.

141

Ob sie etwas zu ihrer Vertheidigung vorzubringen habe?

Rp. Sie wisse nichts und wolle unterthänigst gebeten ha-

86 Am 29. September 1770.

ben, daß man ihr doch zu Zeiten einen Geistlichen schikken möge, der ihr beten und an ihrer Seelen mit arbeiten helffe.

142

Ob sie auch sonst kein Anliegen mehr auf dem Hertzen habe?
Rp. Nein. Seitdeme sie zu den Verhören gebracht, und ihr Hertz völlig ausgeschüttet habe, so seye es ihr nunmehro viel leichter und ruhiger in ihrem Gemüth, und hätte weiter kein Anliegen.

Facta prael. et approbatione reducta.
In fidem J.J. Rost actuar. vic. jur.

Continuatum den 12. octobris 1771
Coram Iisdem

Erschiene abermahls ad citationem die Wirthin Bauerin und wurde weiters befragt:

143

Ob es andeme, daß Inquisitin als sie zwischen 6 und 7 Uhr die Asche nach der Wasch Küche tragen wollen, selbige gleich vor ihr Comparentin Stube unter die hinterste Stiege oder Treppe niedergesetzt habe?
Rp. Nein. Sie Comparentin habe damahls im Hof gestanden, und derselben noch zugeruffen, ob auch die Asche recht kalt seye, worauff sie ein Ja geantwortet, und mit der Wanne mit Asche nach der Wasch Küche zu gelauffen.

144

Ob es ferner andeme, daß gleich darauff die Inquisitin ihr Compar. in der Wohnstube angezeigt, daß sie den Augenblick ihr ordinaire wieder bekommen, und sie um etwas Thee und Zucker gebeten habe?

Rp. Nein. Es wäre lang darnach und zwar zu der Zeit gewesen, daß die Inquisitin ihr etwas Thee abgefordert, und ausgesagt habe sie spühre von den Pulvern die Würkung, daß sie ihre Ordinaire wieder bekäme, als Inquisitin nach 7 Uhr in der bierstube den Tisch gedecket.

145

Ob es auch ferner nicht wahr, daß Inquisitin hinzugesetzet, es risse sie sehr in ihrem Leib, die ordinaire habe sie über fallen?

Rp. Nein. Sie könne sich nicht erinnern, diese Worte von ihr gehöret zu haben, und wann es ihr das Leben kosten solte.

146

Ob es auch wahr, daß Comparentin selbst auf die bank gestiegen, und die Theeflasch oben aus dem Schränkelgen heraus geholet habe?

Rp. Die Inquisitin habe allezeit den Thee aus dem Schränkelgen heraus holen müssen, und wisse sie nicht anders, als daß es auch damahls so geschehen seye. Diesen in ihrem Hauß geschehenen unglücklichen Vorfall habe sie sich dergestalten zu Gemüth gezogen, daß sie von der Zeit an fast keine gesunde Stunde gehabt, und dadurch sich einen schwachen Cörper zugetzogen, so daß sie kaum im Standt gewesen, vor Amt zu erscheinen, welches ihr Umgemach durch das ihr zugestosene Hauß Creutz, da nehmlich ihr einer Sohn an dem flecken fieber und der andere an einem kalten fieber kranck danieder lägen, noch mehr vergrösert worden, und ihr Kopff dermahlen so schwach seye, daß sie sich auf alle Umstände nicht so genau erinnern könne.

147

Ob Comparentin nicht aus dem Anblick der Inquisitin wahrnehmen können, daß sie bey dem grosen Verdacht der Schwangerschafft ihre Geburt nahe und das Vorgeben von der Ordinaire falsch seye?

Rp. Nein. Wie sie ihr den Thee abgefordert, habe sie nichts verdächtiges an ihr bemerket, und sie nachgehends nicht mehr zu sehen bekommen.

Der Inquisitin Vorgeben, daß sie ihre ordinaire wieder bekäme, habe ihr um deß willen glaublich vorkommen müssen, weilen bey allen der Schwangerschafft wegen angestelten Untersuchungen nichts von der Inquisitin heraus zu bringen gewesen, und diese auch so keinen dicken Leib gehabt, daß man ihr Vorgeben gäntzlich in Zweiffel ziehen können.

148

Warum sie dann damahls nicht gleich die Schwester Hechtelin habe herbey ruffen lassen, als wodurch das Unglück gewiß abgewendet worden wäre?

Rp. Weilen sie nichts böses vermuthet, und die Inquisitin zu ihrer Schwester zu gehen vorgegeben.

Dann wann dieselbe nur im mindesten zu erkennen gegeben, daß sie schwanger und der Geburt nahe seye, so würde sie ihr gern Hülff geschafft, auch eine eigene Stube gegeben haben.

add: Einen Hund und eine Katze verstiese man ja zu der Zeit nicht, warum hätte sie einen Menschen und zumahl eine Dienst Magd die ihr sonsten treu gedienet, als eine Barbarin fortjagen sollen!

149

Wo und an welchem Ort in der Wasch Küche die Nachgeburt eigentlich gefunden worden?

Rp. Zwischen denen beyden fässern in der Wasch Küche und zwar gantz frey und ohne weiter mit etwas zugedecket.

150

Ob nicht auch hinter diesen fässern Sägspähne mit blut benetzt angetroffen worden?

Rp. Sie wisse hiervon nichts, habe auch weiter in der Wasch Küche nicht nachsuchen, sondern alles in dem Zustandt gelassen, wie es damahls gewesen seye, biß auf die Nachgeburt, als welche, da sie die Hechtelin wiederum zurück gebracht, in den S.v. Mist geworffen worden.

Facta prael. dimissa.

Eodem
Wurde die praev. citatione erschienene bauerische dienst Magd Anna Margaretha Seyfriedin Sub admonitione consueta weiter befragt:

151

Sie habe Fol. 53 ausgesagt, daß die Inquisitin ihr zwischen 7 und 8 Uhr, als ihre brodt herrin zu Tisch gesessen, Leib Weh geklagt habe, ob sie dann hier von ihrer brodt herrin der Wirthin bauerin keine Eröffnung gethan?

Rp. Nein.

152

Aus was Ursache sie selbiges unterlasen habe?

Rp. Weilen Inquisitin vorgegeben, daß sie ihre Ordinaire bekäme, und sie mehrmahlen gehöret, daß bey diesen Umständen, sich Leib Schmertzen einstelleten, und dann auch nichts böses von der Inquisitin vermuthen können.

153

Ob es andeme, daß Comparentin damahls geantwortet habe: ich sehe ihr wohl an, daß es ihr nicht recht, doch ist es nicht richtig mit ihr?

Rp. Nein. Das seye die Unwarheit.

154

Ob es wahr, daß sie ferner sich der Worte bedienet: man hat wohl Leibschmertzen bey diesen Umständten aber ihre sind übernatürlich?

Rp. Von übernatürlich hätte sie gar nichts, und nur soviel zu ihr gesagt, ja man hat wohl Leibweh wann sie ihren Thee getrunken, so lege sie sich in das Bett.

155

Ob nicht wahr, daß Inquisitin damahls auf der Kiste gesessen, und sich dabey wie ein Wurm gekrümt habe?

Rp. Auf der Kiste habe sie zwar gesessen, und ihren Thee getrunken, von dem Krümmen aber habe sie nichts gesehen, und wann selbiges ja geschehen, so könte es zu der Zeit geschehen seyn, wann sie aus der Küche in die Stube gegangen, indem sie nicht beständig bey ihr in der Küche gewesen seye, sonsten die Inquisitin ohne von ihr gesehen zu werden, nicht hätte weg kommen können.

156

Ob sie nicht gestehen müsse, daß sie bey diesen Umständen durch die unterlassene Anzeige sich allerdings straffällig gemacht habe?

Rp. Nein. Sie glaube bey der gantzen Sache so unschuldig zu seyn, als ein Kind im Mutter Leib, und habe, da sie nur etliche Stunden im Hauß, und mithin die Umstände der Inquisitin ihr nicht so bekannt gewesen, es nicht so überlegt, auch

nicht denken können, daß die Inquisitin sich heimlich fort-
machen und gebähren würde.

Ob sie noch etwas zu erinnern habe?
Rp. Nein.

Eodem
Hat man die ad citationem erschienene Wärtherin Anna
Sybilla Schmidtin 51 Jahr alt, lutherischer religion, über die
von der Inquisitin erhaltene Scheer constituiret, und ihr vor-
gehalten, warum sie selbiges nicht gleich angezeiget, und
dieselbe darauff zu ihrer Entschuldigung angegeben, die
Inquisitin habe ihr den Anhäng Sack um selbigen zu
weschen, weilen er mit blut befleckt gewesen, zugestellet,
und als sie darinnen die Scheer gewahr worden, und ihr selbige weggenommen, mit dem bedeuten, ein Gefangener
dürffte dergleichen nicht besitzen, so habe dieselbe ihr die
Scheer geschencket, und ihr auf befragen erzählet, daß sie
diese Scheer und einen Klingel Sajet in der Absicht um ihre
Strümpfe zu stopffen bey sich getragen.
Sie Comparentin hätte dahero kein bedencken gehabt, die
Scheer anzunehmen, auch an nichts böses gedacht, und
eben daher die Anzeige hiervon zu thun vergessen, weßhalb
sie gehorsamst um Verzeihung bitten und nicht hoffen
wolle, daß man sie als eine arme seit geraumen Jahren Con-
tracte und elende Frau deßhalb zur Straffe ziehen werde.
Dimmissa.

Eodem
Wurde noch der Ordonnantz brandt vor Amt gefordert, und
befragt.

In welchem Stall und wo er eigentl. das todte Kind der brandtin angetroffen habe?

Rp. In dem Stall rechter Hand Eingangs oben unter der Krippe linker hand, habe das Kind mit S. v. Mist oder Gestreu zugedeckt unter der Krippe auf der Erde gelegen.

Ob er an der Mauer in der Gegend wo das Kind gelegen kein blut bemerckt habe?

Rp. Nein. Sobald er an der Stelle das todte Kind gewahr geworden, habe er es ohnverrückt liegen lassen, den Stall zugeschlossen, und dem Titl. Jüngern Herrn bürgermeister davon Rapport gemacht, und darauff die Ordre erhalten, daß er ins Hospital gehen, die Krancken Mutter mitnehmen, und das Kind durch diese in das Hospital tragen lassen solte, welches auch geschehen seye, und hätten sie beyde an der Wand nichts gesehen.

Dimmissus.

Endlich wurde noch das Verzeichniß derer in der Inquisitin Kiste welche man anhero überbringen lassen, gefundener Kleidungs Stücke Sub Lit. J anhero registriret und beschlossen nunmehro die acten in circul zu geben.

In fidem J. J. Rost actuar. vic. jur.

[Beilage J: Verzeichnis der Habseligkeiten der Susanna M. Brandt]

Verzeichniß der Inquisitin Brandtin Sachen so sich in ihrer aus ihrem diensthauß auf das Amt abgeholten Kiste befunden, nehmlich

1 Schwartz tücherner Rock und Jack.
1 grün zeugerner Rock.

1 blauer ditto.

1 Cattonener Jack und Schurtz.

1 Jack von Hanauer Zeug.

2 paar schwartze Strümpffe.

1 Hemd.

1 Gesangbuch.

4 Schlaffhauben mit schmahlen Spitzen.

1 paar Pausch Ermel.

2 nesseltücherne Halstücher.

1 seidenes Halstuch.

2 Unterhauben und allerhand Gelümps, und

4 Schnür weise Perlen.

Frankfurth den 5. octobr. 1771

2. TEIL
DIE VERTEIDIGUNG

Die Ereignisse im zweiten Teil des Prozesses zeigen das Typische des frühneuzeitlichen Inquisitionsprozesses. Es gab keine mündliche Verhandlung; das Urteil sollte allein auf Grundlage der Akten gefällt werden. Am 12. Oktober 1771 wurden die Akten des Peinlichen Verhöramtes an die Syndiker der Stadt verschickt. Die insgesamt vier Syndiker, allesamt erfahrene Juristen, hatten die Aufgabe, die bisherigen Ermittlungsergebnisse zu prüfen und zu entscheiden, ob weitere Untersuchungen anzustellen waren oder die Ermittlungen abgeschlossen werden konnten. Der jüngste Syndikus Lanz erhielt die Akten als erster und verfaßte am 15. Oktober seine Stellungnahme. Nachdem er betonte, er habe die Akten zweimal aufmerksam gelesen, faßte er den Tatbestand zusammen, wie er sich den Protokollen entnehmen ließ. Lanz stellte fest, das gefundene Kind, das „corpus delicti", habe nach der Geburt zweifelsfrei gelebt und sei gewaltsam getötet worden. Er sah außerdem als erwiesen an, daß Susanna M. Brandt seit November 1770 schwanger gewesen sei, das Kind also bei seiner Geburt am 1. August 1771 ausgetragen war. Dies war eine wichtige Feststellung. Laut Artikel 131 der Carolina war der Tatbestand des Kindsmordes durch die Geburt eines „lebendig glidtmessig kindtlein" und dessen anschließende Tötung gegeben.

Weiterhin ging Lanz auf die verheimlichte Schwangerschaft ein. Diese, konstatierte er, ergebe sich einerseits daraus, daß die Angeschuldigte ihren Zustand geleugnet und ihre Umgebung getäuscht habe. Daß Susanna M. Brandt, wie sie sagte, selbst nichts von ihrer Schwangerschaft gewußt habe, sah Lanz durch ihre Aussage widerlegt, sie habe das Leben ihres Kindes gefühlt. Von dem Zeitpunkt an, so Lanz, habe sie geplant, das Kind gleich nach der Geburt zu töten. Auch dies war ein wichtiger Umstand, der in der Carolina erwähnt war. Die verheimlichte Schwangerschaft wurde in Artikel 131 der Carolina als Beweis für den Kindsmord und für den boshaften Vorsatz angeführt: „Doch so eyn weißbild eyn lebendig glidtmessig kindtlein also heymlich tregt, auch mit willen alleyn, vnd on hilff anderer weiber gebürt, welche on hilfliche geburt, mit tödtlicher verdechtlicheyt geschehen muß, So ist deßhalb keyn glaublichere vrsach, dann daß die selbig mutter durch boßhafftigen fürsatz vermeynt, mit tödtung des vunschuldigen kindtleins daran sie vor inn oder nach der geburt schuldig wirt, jre geübte leichuertigkeit verborgen zuhalten."

Der „boshafte Vorsatz" zeigte sich nach Lanz' Auffassung außerdem daran, daß Susanna M. Brandt am Abend der Geburt in die entlegene Waschküche gegangen sei und die Tür hinter sich geschlossen habe. Schließlich habe sie aber den Mord auch gestanden und zugegeben, mit einer Schere auf das Kind eingestochen zu haben, um es zu töten. Aus alledem schloß Lanz, daß nichts weiter mehr zu tun sei, als den Verteidiger zu bestellen. Allerdings merkte er an, daß noch einiges zu überprüfen wäre. Insbesondere sollten die Schwestern der Beschuldigten nochmals befragt werden, da Susanna M. Brandt ausgesagt habe, sie habe ihnen von ihrer Geburt erzählt. Hatten sie doch zur Verschleierung der Geburt beigetragen? Ein weiterer Punkt betraf die Sorge für das seelische Wohl der Verhafteten: Ihrer Bitte um geistlichen Beistand entsprechend sollte ein Pfarrer zu ihr geschickt werden. Die übrigen Syndiker, Hofmann, Rumpel und Schudt, schlossen sich am 17. und 18. Oktober dem Gutachten ihres Kollegen an.

Am 24. Oktober wurden die Bemerkungen der Syndiker in der Ratsversammlung verlesen. Der Rat beschloß, den Advokaten Dr. Schaaf mit der Verteidigung zu beauftragen. Der Examinator ordinarius Dr. Lindheimer sollte zugleich die von Lanz angemerkten Punkte klären. Dieser Beschluß wurde am 26. Oktober im Peinlichen Verhöramt zu den Akten genommen. Dr. Lindheimer verfaßte einen Bericht an den Rat zu den noch offenen Fragen, den er als Beilage registrierte. Darin erklärte er, daß eine weitere Untersuchung nicht notwendig sei. Die beiden Schwestern der Brandt hätten alles versucht, letztere zum Geständnis über ihre Schwangerschaft zu bewegen. Von der Geburt hätten sie erst am Morgen nach der Tat erfahren. Freilich hätten sie so lange mit der Anzeige gezögert, daß Susanna Brandt hatte fliehen können – doch sei dieses Zögern ihrer großen Bestürzung zuzuschreiben. Überdies seien Bruder, Schwester und Schwager nicht verpflichtet, ihre nächsten Verwandten anzuzeigen. Dies sei in der Frankfurter Reformation, dem Gesetzbuch von 1578, festgelegt.

Ebenfalls am 26. Oktober hatte Dr. Lindheimer den Advokaten Schaaf auf das Amt bestellt. Der Verteidiger mußte einen schriftlichen Eid leisten und bestätigen, daß ihm die Untersuchungsprotokolle ausgehändigt worden waren. Zur Abfassung seiner Verteidigungsschrift wurden ihm vier Wochen gewährt. Der Verteidiger Schaaf begab sich als erstes zu der Beschuldigten ins Hospital. Wie dieses Gespräch verlief, ist nicht bekannt, doch stellte Schaaf anschließend im Rat den Antrag, die Brandt nochmals zu verhören. Sie habe ihm erzählt, daß sie aus Angst vor der Folter gestanden habe, mit der Schere auf das Kind eingestochen zu haben. Diese Aussage wolle sie nun berichtigen. Schaafs Antrag wurde an das Peinliche Verhöramt weitergeleitet und dort am nächsten Tag zu den Akten genommen.

Am selben Tag, dem 1. November, wurde Schaaf wegen einer anderen Frage auf dem Verhöramt vorstellig. Er teilte mit, Susanna M. Brandt bitte darum, das Heilige Abendmahl empfangen zu dürfen. Sie fürchte freilich, daß ein reformierter Geistlicher ihr das Abendmahl nicht gewähren werde. Sie sei jedoch bereit, es auch von einem lutherischen Prediger zu empfangen. Da Susanna M. Brandt jedoch der reformierten Gemeinde angehörte, durfte ein lutherischer Prediger ihr das Heilige Abendmahl nicht reichen. Zugleich durften die Reformierten innerhalb der Frankfurter Stadtmauern keine Gottesdienste ausrichten. Der lutherische Pfarrer Willemer, der Susanna M. Brandt als Seelsorger betreute, brachte das Problem im Konvent des Predigerministeriums vor. Der Konvent leitete die Frage an das Konsistorium weiter. Dieses faßte am 31. Oktober den Beschluß, daß ein reformierter Geistlicher der Brandt das Heilige Abendmahl reichen solle. Die endgültige Entscheidung aber lag beim Rat.

Es standen also zwei Entscheidungen an: über ein erneutes Verhör der Beschuldigten sowie über die Frage, ob ihr ein Prediger lutherischer oder reformierter Religion das Heilige Abendmahl reichen solle. Bevor der Rat entschied, wurden die Akten vom Peinlichen Verhöramt abermals an die Syndiker weitergegeben. Lanz empfahl am 3. November, man solle der Brandt das Heilige Abendmahl nicht verweigern. Auch solle sie erneut vernommen werden, jedoch einzig zu dem Umstand, ob sie das Kind mit der Schere getötet hatte. Im Verhör sollten keine neuen Umstände zur Sprache kommen, die der Beschuldigten zur Verteidigung dienen könnten. Die übrigen Syndiker schlossen sich am 4. und 5. November an. Am 7. November tagte der Rat und beschloß, entsprechend der Empfehlung des Konsistoriums einen reformierten Geistlichen zu bestellen, der der Inquisitin das Heilige Abendmahl reichen solle. Außerdem sollte sie abermals befragt werden, wie es der Syndikus Lanz empfohlen hatte. Also wurde am 9. November Susanna M. Brandt ein letztes Mal auf dem Peinlichen Verhöramt vernommen. Sie widerrief ihre Aussage, sie habe mit der Schere auf das Kind eingestochen. Anschließend wurden die Akten wiederum dem Verteidiger zugestellt, damit er die Verteidigungsschrift abfassen konnte.

Am 23. November legte Schaaf dem Peinlichen Verhöramt seine Verteidigungsschrift vor. Er griff darin die wichtigsten Punkte der Anklage auf. Er stellte fest, daß die Brandtin von ihrer Schwangerschaft nichts bemerkt habe. Auch die heimliche Geburt zweifelte er an, da die Dienstmagd, wie Schaaf meinte, von der Geburt völlig überrascht worden sei und sich überdies, wie es bei Gebärenden häufig der Fall sei, in einem der Sinnenlosigkeit ähnlichen Zustand befunden habe. In der Frage des Kindsmordes führte Schaaf einerseits die verzweifelte Lage der jungen Magd an und appellierte an das Mitgefühl. Aber er griff ebenso zu juristischen

Argumentationen. Er war der Ansicht, das Kind sei ein Acht-monatskind gewesen und habe nur schwach gelebt. Die Lungen-probe im Sektionsbericht, nach der das Kind geatmet haben sollte, zog er in Zweifel. Schaaf kritisierte weiterhin das Geständnis, das Susanna Brandt abgelegt hatte. Sie habe aus Angst vor der Folter eine falsche Aussage über die Verwendung der Schere gemacht – dies könne ebenso auch für weitere Teile des Geständnisses gelten. Eine Schere, deren Verwendung als Zeichen für die besondere Grausamkeit der Tat angesehen werden konnte, habe sie nicht benutzt, dessen war Schaaf gewiß. Die Identifizierung des Leich-nams durch die Beschuldigte, ein weiteres wichtiges Indiz, zwei-felte Schaaf ebenfalls an. Der Verteidiger hatte zu jedem von den Syndikern angeführten Beweismittel etwas einzuwenden, doch er ging noch darüber hinaus. So flocht er in seine Verteidigung die Forderung nach Einrichtung eines Findelhauses in Frankfurt ein. Damit erweist er sich als typischer Vertreter des aufkläreri-schen Diskurses über den Kindsmord, in dem der Gesellschaft ein Teil der Verantwortung für solche Taten zugeschrieben wurde. Ebenso typisch ist das letzte Argument des Verteidigers, der eigent-liche Bösewicht sei der Verführer gewesen. Die junge Frau habe ihr Kind aus Verzweiflung getötet, um ihre Ehre zu retten. Dies sei ein edler Beweggrund, der zwar vor Strafe nicht schütze, aber wenig-stens Milderung erheische. Mit diesem Appell an richterliche Milde schließt die Verteidigungsschrift, die – nachdem sie im Rat vorgelegt worden war – nun an die Syndiker weitergeleitet wurde.

[Die Gutachten der Syndiker vom 15. bis 18. Oktober 1771]

Nachdeme mir dieser Tagen die gegen Susannen Margarethen Brandin eines geweßenen hisigen gefreyten Tochter 24 Jahr alt, Lit. C. der Beylagen wegen eines Kinder Mords geführte inquisitions-Protocolla zum Bedenken zugeschickt worden; so habe selbige mit aller Aufmerksamkeit zweymal gelesen, und darin folgenden Verlauf der Sache befunden.

Den 2ten August laufenden Jahrs wurde angezeigt, daß gedachte Brandin sich wegen heimlicher Geburt verdächtig gemacht, und auf die Flucht begeben habe, Fol. Prot. 1. Nach angestellter Haußsuchung wurde den 3ten Aug. in dem Haus der Wittib Bauerin, wo die Brandin gedient hatte, ein todtes sehr verletztes Kind gefunden, Fol.1.2. und darauf sogl. verordnet, daß durch offentl. Trommelschlag die Ausfindung der entwichenen Brandin zu erhalten gesucht, auch dieselbe mit Steck Briefen verfolget werden solle, Lit. A. u. B. der Beylagen. Die Brandin welche sich wider in die Statt einschleichen wollte, ward aber noch nemlichen Tags gegen Abend am Bockenheimer Thor, an welches, wie an alle Thore eine Beschreibung von ihr abgegeben gewesen, ergriffen, und zu gefänglicher Haft gebracht. Lit. C.

Durch die angestellte Untersuchung ist das corpus delicti völlig nach aller Erfordernis richtig gestellet worden. Der von drey Medicis und sechs Chirurgis in Gegenwart des actuarii aufgestellte Sections-Bericht Lit. D. ergibt umständlich, daß das gefundene Kind, ein Knäblein lebendig gebohren worden, würcklich gelebt und Athem geschöpft habe, aber durch Gewalt ums Leben gebracht worden seye, indem sich an demselben viele abgestreifte Flecken, starcke Verwundungen, der Kopf schwartz-blau, die Hirnschaale in 8 Stücke zerschmettert, und die Luftröhre mit einer schaumigten Feuchtigkeit, welche eine Erdroßelung anzeigt, erfüllt gefunden. Die inquisitin bestättigt durch ihre Aussage, Fol. 103. daß sie 4 Wochen vor Weinachten vorigen Jahrs schwanger worden, den Umstand, daß das d.

1. August gebohrene Kind vollkommen und ausgetragen geweßen, und durch ihr endlich erfolgtes Bekänntnis alle im Sections-Bericht enthaltenen Anzeichen der verübten Gewalt, und
das Kind ist auch von der inquisitin vor das ihrige recogniscirt
worden, Lit. H ad interr.[1]
Anfangs hatte zwar dieselbe sich mit läugnen durchzuhelfen
gesucht, indem sie behauptet, sie habe ihre Schwangerschaft
nicht gewußt Lit.C. ad 3. kein Leben des Kinds gefühlt, ibid. ad
5. als das Kind von ihr auf die steinerne Platten in der Waschküche geschoßen, Fol. 95 an selbigem kein Leben gespürt, Lit.
C. ad 8. die Nabelschnur müsse abgefallen seyn Lit. H. ad 2.
wenigstens wisse sie nicht, wie es damit gegangen, und habe
keine Scheere dazu gebraucht Fol. 107. 108. sie habe auch
keine Hand an das Kind gelegt, Lit. H. ad 1.
Nachhero aber hat inquisitin umständlich und theils wiederholt
bekennet, daß sie ihre Schwangerschaft vorsätzl. verheimlichet,
gegen die Wittib Bauerin ihr geweßene Dienstfrau, Fol. 85. 87.
gegen ihre eigene Schwestern, auch sogar bey der mit ihr vor-
genommenen visitation, Fol. 85. 87. 88. gegen den Medicum
Hrn. Dr. Metz Fol. 89. gegen die Magd, welche ihr im dienst
gefolgt, Fol. 115 seqq.[2] unter der stärksten Betheuerung, unter
andern daß sie das eben am himmel geweßene starke Gewitter in den Erdboden schlagen solle Fol. 38, wann sie schwanger wäre, Fol. 38. 92. hartnäckig geläugnet, die ihr von Hrn.
Dr. Burggraf verordnete Pulver, blos um ihre Schwestern sicher
zu machen, ohne Noth gebraucht, Fol. 91. Von dem nach der
Geburt gefundenen Geblüt vorgegeben, daß es ihre ohnver-
muth wider eingetrettene Monatliche Reinigung seye Fol. 101.
ferner, daß sie ihre Schwangerschaft wohl gewußt, daß daher
entstandene erbrechen damit, wie sie sich mit vielem Fischeßen
auf ihrer dienstfrauen Sohns Hochzeit den Magen verdorben
habe, entschuldigt, Fol. 102. daß sie das Leben ihres Kinds
mehrmal gefühlt, Fol. 84. 102. Von der Zeit an, da sie des Kinds
Leben gespürt, sich vorgenommen, heimlich zu gebähren u.
das Kind umzubringen, sodann vorzugeben, sie habe ihre Rei-

1 Ad interrogatione: auf Befragung.
2 Sequens: und folgende.

nigung wieder bekommen Fol. 85. 114. Lit. H. ad 7. daß sie zu dem Ende die Thüre an der Waschküche, als die Geburts Schmertzen sie überfallen, hinter sich zugemacht, Fol. 95. 117. und dem neugebohrnen Kind, würklich Gewalt angethan, Lit. H. ad 5. und dieses nach äußersten Kräften, ibid. ad 8. wovon sie dann folgende fürchterliche Beschreibung machet: Als das Kind von ihr geschoßen, habe sie, so bald es auf der Erde gelegen, selbiges mit der rechten Hand damit es nicht schreyen sondern ersticken solle Lit. H. ad 17. gleich bey der Kehle gefaßet, starck gegürgelt, und mit den fingern der linken Hand in dem Gesicht und an den Augen zerkratzt damit es desto ehe todt seyn mögte Fol. 113, und, wie sie gespürt, daß es noch geroßelt, bey dem Ärmgen genommen, und mit dem Kopf wider ein faß geschlagen, Fol. 95. 96. hierauf selbiges, weil sie es in dem faß nicht wohl verbergen können, in den Stall getragen, u. daselbst nochmal mit dem Kopf wider die wand geschlagen, Fol. 97. weil sie geglaubt, es mögte nicht recht todt seyn Fol. 112, die Nabel-Schnur habe sie mit der bey sich gehabten Scheere abgeschnitten, 118. auch das Kind mit der Scheere, welche sie, wie selbige sub Lit. H. dem Protocollis beygelegt ist, recognoscirt hat, Fol. 119. gestochen und verletzet, damit es sich verbluten solle, Fol. 113. Diesem so deutl. Bekänntnis setzt inquisitin Fol. 114. noch zu, daß sie vorher die Unwahrheit geredet, u. es zeigt sich hiernach weiter aus den Actis, daß sie auch nach vollbrachter That, keine wahre Reue gespürt, indem sie fortgeläugnet und der Gerechtigkeit den Rücken gekehrt, auch nicht in der Meinung, ihr Verbrechen anzugeben, wider in die Statt gekommen, indem sie an dem Thor sich nicht gemeldet, sondern erkennt u. gegriffen worden.

Zu ihrer Vertheidigung gibt sie weiter nichts an, als daß der Satan sie verführte, daß sie von ihrer Schwangerschaft nichts sagen können, weil ihr gleichsam der Mund zugehalten geweßen Fol. 84, daß sie kurtz vorher Versuchungen bekommen, sich von dem Speicher hinunter zu stürtzen, u. daß sie bey der That selbst gantz verstockt geweßen, u. nur gesucht der Schande zu entgehen, Fol. 113. 114 & in spec. N. 131.

Über alle sonstige Neben Umstände kommen die Ausagen der abgehörten verschiedenen Personen mit den Antworten der inquisitin meist und im Hauptwerk durchgängig überein, daß also nichts weiter dermal als die Bestellung eines defensoris nöthig seyn wird, doch will ich

1.) Zur Überlegung anheim geben, ob nicht darauß, wer der impraegnator gewesen, noch näher zu inquiriren wäre, indeme aus der inquisitin vor der Niederkunft gethanen Ausspruch, wie sie weder von einem Christen noch Juden schwanger seye, u. aus dem Umstand, daß die Bauerin meist Juden logirt, die Muthmaßung entstehet, daß vieleicht gar ein Jud der Schwängerer seye, v.[3] Fol. 81. 83. 92.

2.) Mögte auch nöthig seyn, der inquisitin Schwestern, über den Umstand, daß sie vorgibt, ihnen die Ermordung ihres Kinds entdeckt zu haben, Fol. 122. Noch zu vernehmen, und allenfalls zu confrontiren.

3.) Zeigt sich aus dem Prot. Fol. 108. daß die inquisitin bey ihrer Gefangennehmung nicht visitirt worden, u. sich erst von ohngefehr die Scheere entdeckt, welche sie bey sich gehabt.

4.) Begehrt inquisitin Fol. 131. daß ein Geistlicher zu ihr kommen möge, worin ihr billig zu willfahren ist.

S.M.[4] Ffurt. den 15. Oct. 1771

Lanz

Ich hiellte davor, daß, noch ehe ein Hr. Defensor bestellet wird, die sub Num. 1 et 2[5] vorgehenden bedenckens vorgeschlagene weitern untersuchung zu praemittiren,[6] der umstand wegen unterlassener visitation, an dem gegen seine neue und vermuthlich beschwohrene Instruction sich vergangen habenden Richter Knopf zu ahnden und der Inquisitin in eher in besser der verlangte geistl. bey zugeben seye, bin auch übrigens mit gedachtem bedencken gantz einverstanden. Ffurt d. 17. Oct. 1771

Hofmann.

3 Vide: siehe.
4 Salvo meliore: unter Vorbehalt eines besseren Vorschlags.
5 Unter Nr. 1 und 2.
6 Vorziehen.

Ich bin mit dem Bedencken Titl. Hrn. Syndici Lanz ebenfalls einverstanden. Franckfurt d. 17. 8br. 1771
Rumpel.

Ich conformire[7] Mich mit dem gutachten Tit. Herrn Synd. Lanz, cum monitis[8] Tit. Herrn synd. Hofmann. Frf. d. 18. oct. 1771
B.J. Schudt.

Lect. in Senat. d. 24. October 1771 et concl.: Placet votum unanime Dominorum Syndicorum,[9] so viel aber die weiters zu erschöpfende fragen betrifft, solle herr Senator Doctor Lindheimer, qua Examinator,[10] hierüber die nöthige Erläuterungen ad acta bringen, wo im übrigen der hochgelahrte Juris Doctor et advocatus ordinarius[11] Schaaf zum Defensor hiermit bestellet wird.

[Beilage K: Ratsbeschluß]

Als die Untersuchungs-Acten in Sachen der in puncto infanticidii arrestirten hiesigen Soldaten Tochter Susanna Margaretha Brandtin vorgekommen und ein anhero gehöriges Bedenken derer Herrn Syndicorum verlesen worden:
Solle man, soviel die weiter zu erschöpfende Fragen betrifft, dem Herrn Senatori Doctori Lindheimer, qua Examinatori, hierüber die nöthige Erläuterungen ad acta bringen zu laßen committiren, im übrigen aber den hochgelahrten Juris Doctorem und advocatum ordinarium Schaaf zum Defensor hiermit bestellen.
Conclus. in Senat. d. 24. October 1771
ins.[12] d. 26. october dem Hrn. Doctor Schaf pr. Rode.
Lit. K

* * *

7 Übereinstimmen.
8 Mit den Anmerkungen.
9 Im Rat verlesen am 24. Oktober 1771 und beschlossen: die einstimmige Entscheidung der Herren Syndiker zu bestätigen.
10 Als Untersuchungsbeamter.
11 Doktor der Rechte und ordentlich bestellte Advokat.
12 Insinuatum: mitgeteilt.

Continuatum den 26. octobr. 1771
Coram Iisdem

Auf das vorgestern in Amplissimo Senatu[13] ergangene ver-
ehrl. Raths-Conclusum Sub. Lit. K, hat man anheute die vermöge desselben von Titl. Dno. Examinatore Ordinario verlangte Erläuterungen über einige von denen Titl. Hrn.
Syndicis gemachte monita in der Anlage Sub Lit. L ad acta
registriret, sodann aber deme in vorgedachten verehrlichen
Raths Schluß ernanten und praevia citatione erschienenen
Defensori der Inquisitin Hr. Marcus Christoph Schaaf J.U.
Dri.[14] et Advocato ordinario, nachdeme derselbe dem Titl.
Dno. Consuli Jun.[15] auf den bereits geleisteten Eyd wovon
ihme der Ordnung nach ein gedrucktes Exemplar zugestellet worden, handtreulich angelobet, diese original Inquisitions acta gegen Bescheinigung eingehändiget, und ihme
zur Beybringung seiner defensions Schrifft terminum Ordi-
nis[16] von 4 Wochen Salva tamen anticipatione[17] anberaumet.
In fidem J.J. Rost actuar. vic. jur.

Eodem: Liesen noch Titl. Dnus. Consul Junior melden, daß
sie wegen besuchung eines Geistlichen bey der Inquisitin
dem Seniori Ministerii[18] Hrn. Dr. Plitt den Auftrag gethan,
und dieser versprochen hätte, daß er heute in Conventu[19]
davon sprechen wolle.

13 In Amplissimo Senatu: in ehrwürdigem Rat.
14 Juris utriusque doctori: dem Doktor beider Rechte [des weltlichen und
   geistlichen].
15 Titulo Domino Consuli Juniori: Anrede für den Jüngeren Bürgermeister.
16 Eine offizielle Frist.
17 Unbeschadet des früheren Beginns.
18 Senior des Predigerministeriums. Siehe im Glossar unter Predigerministerium.
19 Konvent des Predigerministeriums. Siehe im Glossar unter Predigerministerium.

[Beilage L: Schreiben des Examinators Dr. Lindheimer an den Rat]

Pro Nota![20]

Nachdeme durch den verehrl. Rath-Schluß vom 24ten dieses Sub Lit. K, Endes unterzeichnetem committiret worden, über diejenige Nebenpuncten, welche die Tit. Herrn Syndici in ihrem eodem die verleßenen Bedenken zu einer allenfallstigen weiteren Untersuchung anheim gestellet haben die nöthige Erläuterung ad acta zu bringen, und dießes aus der mit angehörten Ursache, damit die haupt-Sache dadurch nicht aufgehalten und die Justiz bey der ohnehin in sehr schwächlichen Gesundheits Umständen befindlichen Inquisitin desto geschwinder administrieret werden könne; So will derselbe hierdurch diejenige Gründe kürtzlich berühren, warum man bemeldete weitere Inquisition von Amts wegen vor überfließig gehalten und zwar

ad 1.) weilen Inquisitin wieder holter ausgesagt, daß der Schwängerer ein holländischer Kaufmann oder Kaufmannsbedienter gewesen Adj. C pag. 4. Fol. 81 Protoc., daß sie denselben während ihrer Schwangerschafft und also gar nicht mehr zu sehen bekommen, daß sie Ihm auch durch briefe keine Nachricht von ihrer Schwangerschafft gegeben oder geben laßen, indem sie nicht einmahl seinen Nahmen gewußt, auch des Schreibens unerfahren seye Fol. 84 et 86, daß sie keinem Menschen ihre Schwangerschafft vertrauet, und daß Ihr Niemand zur Umbringung und Versteckung des Kinds, Rath, Anleitung und Hülffe geleistet habe. Fol. 106 u. 107, mithin bey ihrem übrigen gutwilligen Geständniß keine Vermuthung Platz greiffen kan, daß der Impragnator, Er seye auch wer er wolle, Ihr Anleitung zur Mordthat gegeben, und dann endlich die wirthin bauerin nach ihrem letzten Verhör defenesive[21] geäußert, sie erinnere sich, daß ohngefehr 4 Wochen vor Weynachten a.p.[22] ein fremder Jud in Gesellschafft eines Goldschmidts Gesellen

20 Zu beachten!
21 In abwehrendem Sinne.
22 Anni praeteriti: des vorigen Jahres.

aus Holland bey ihr eingekehret und letzterer 4 biß 6 Tage bey Ihr logieret und sich, da sie keinen frembden im Hauß speise durch die Inquisitin Essen und Wein über die Straße hohlen laßen, und daß Inquisitin ihres wißens sich niemahlen mit denen im hauß logierenden Juden gemein gemachet habe, auch sie daher vermuthe, daß besagter Goldschmidts Gesell, der sogleich wieder von hier nach Petersburg gereyset, der Impragnator seyn mögte.

ad 2.) weilen

a.) die beyde Schwestern der Inquisitin Hechtelin und Königin testantibus actis[23] alles mögliche angewendet um die Schwangerschafft der Inquisitin zu erfahren und deßhalb Ihnen nichts zur Last zu legen ißt, so dann

b.) daß denenselben gethane bekenntniß der Inquisitin von der vorgeweßenen heimlichen Geburth und Ermordung ihres Kindes nach Fol. 121 u. 122 erst am Freytag Morgend und zwar zu der Zeit geschehen, wie die Hechtelin Ihr die Nachgeburt vorgezeiget und sie hart angegangen habe, worüber, wie leicht zu vermuthen beyde Schwestern sehr bestürtzet geworden und vielleicht deßwegen mit der Anzeige so lang gesäumet, daß Inquisitin in zwischen sich fort machen könne, hauptsächlich aber

c.) weilen bruder, Schwester und Schwager, die Mißethaten ihrer Anverwandten zu verrathen oder zu offenbaren nicht gehalten sind.

Cons. Tubingens. Tom.V, Cons. 74. N. 37, cum ibi alleg. C. 4. ff. de tert. l. i. § 10 ff. ad Sct. Turpil.[24]

Frater fratrem de magno et capitali crimine accusare prohibe-

---

23 Nach vorliegenden Zeugnissen.

24 Lindheimer bezieht sich auf ein Gutachten (Consilium) der Universität in Tübingen. Gutachten erörterten Rechtsfragen anhand von konkreten Fällen und wurden in Gutachtensammlungen der juristischen Fakultäten zusammengefaßt. Lindheimer nennt hier Bd. V der Tübinger Gutachtensammlung, Consilium 74, Nr. 37, mit dem dortigen Verweis (cum ibi allegatione) auf Constitutio 4 und folgende über das dritte Gesetz zu (de tertia lege in) §10 und folgende zum Senatsconsultum Turpillianum.

tur, adeo ut accusans exilii poena plectatur l. 13. C qui accusare non possunt.[25]

Magnum autem crimen dicitur ex quo poena mort, aut exilium est. l. 2. ff. de pub. ind. Stryk in Diss. de potioribus fratrum iuribus. Confer. Reform. francof. P. 1. t. 33, § 6.[26]

Und

d.) durch die vorzunehmende Confrontation die ohnehin mit starcken Mutterbeschwerden und daher rührenden Ohnmachten behafftete Hechtlin gar leicht über den Anblick ihrer Schwester der Inquisitin, wo nicht den Todt, doch wie leicht eine schwehre Krankheit davon tragen werde.

ad 3.) weilen der Richter Knopp vorgegeben daß als Er mit dem Schlüßelen zum Gefängniß ins Hospital geruffen worden, seye die Inquisitin schon völlig ausgekleidet gewesen und habe bereits im bett gelegen und Er ihre Röcke durchsuchet und nichts darinnen gefunden, den Anhang Sack aber gar nicht zu sehen bekommen, auch dieses Vorgeben, auf eingezogene Erkundigung im Hospital sich würklich bewahrheitet hat, mit dem Zusatz, die Gefängniße daselbst wären jeder zeit, wann sie nicht besetzet, ohnverschlossen.

Offic. Exam. d. 26. 8br. 1771

G. W. Lindheimer Dr. et Sen. p. t. Examinator Ordi.

Lectum in Senatu d. 7. Nov. 1771 et concl.: Ponatur[27] der Bericht löbl. Officii Examinatorii, wie auch das Protocollum Consistoriale ad acta. Lit. L

---

25 Dem Bruder ist es untersagt, den Bruder eines schweren und Kapitalverbrechens anzuklagen, so daß derjenige, der ihn dennoch anklagt, mit Landesverweisung bestraft wird. Gesetz (lex) 13 der Constitution „Welche Personen nicht anklagen können".

26 Ein schweres Verbrechen wird aber das genannt, das mit Todesstrafe oder Landesverweisung bedroht ist, Gesetz 2ff. über Strafverfahren (de publicis iudiciis). Stryk in [seiner] Abhandlung über die Vorzugsrechte der Brüder. Kurze Darstellung der Frankfurter Reformation (Reformationis francofortiensis) von 1578, Teil (Pars) 1 Titel 33 § 6.

27 Nehmen.

[Beilage M: Antrag des Verteidigers im Rat]

Wohl- und HochEdelgebohrne Gestrenge, HochEdle Veste und Hochgelehrte, wohlfürsichtige Hoch-und Wohlweiße Insonders Großgünstig Hochgebietende und Hoch zu Ehrende Herren ReichsStadt Schultheiß, Bürgermeister, Schöffen und Rath!

Ew. Wohl- und HochEdelgebohrne Gestrenge und Herrlichkeiten, wie auch Wohlfürsichtige Hoch- und Wohlweißheiten haben per vener. Concl. [28] de 24. Curr. mich zum Defensor der Inquisitin Susanna Margaretha Brandin zu bestellen Großgünstigst geruhet, und ich erkenne billig dieses in mich gesetzte Hochgeneigte zutrauen zuvorderst mit dem gantz gehorsamsten danck.

Nach am vergangenen Sonnabend abgelegten Pflichten sind mir die Inquisitions-Acten zugestellet worden, und ich habe nicht ermangelt, solche sogleich durchzugehen; ehe ich mich aber an Verfertigung der Vertheidigungs-Schrift machen konnte, vor nöthig befunden, die Inquisitin noch selbsten zu sprechen, um über verschiedene Umstände nähere Erläuterung einzuziehen.

Nach der hievon Loebl. Officio Exam. geziemend gemachten Anzeige, und hierauf erhaltenen Erlaubnuß habe mich gestern Vormittag in Begleitung des Herrn Act. Vic. Rost zu der Inquisitin begeben, und Ihr zuvorderst eröfnet, daß ich der Ihr von Ew. Wohl- und HochEdelgebohrne Gestrenge und Herrlichkeiten wie auch wohlfürsichtige Hoch- und wohlweißheiten zugeordnete Defensor seye, und gegenwärtig in der Absicht käme, um von Ihr zu erfahren ob ihr etwan noch was zu Ihrer Entschuldigung und Vertheidigung beygefallen wäre, oder sonsten annoch ein Anliegen auf Ihrem Herzen habe, worauf Sie dann sogleich sich folgendergestallt erkläret:

„Sie habe weiter kein Anliegen mehr, als daß der Umstand mit der Scheere, wo Sie nemlich in denen Verhören verschiedentlich ausgesaget hätte, daß Sie damit ihrem Kinde Leid zugefüget, nicht gegründet seye, maßen sie mit der Scheere

---

28 Per venerandam Conclusionem: durch ehrwürdigen Ratsbeschluß.

gar nicht an Ihr Kind gekommen, sondern nur mit Ihren Händen verletzet, solches aber dennoch darum eingestanden habe, weilen man Ihr dieserwegen die Wahrheit zu bekennen, starck zugesetzet, und Sie sich gefürchtet, Sie möchte, wann Sie solches nicht gestünde, sonsten wohl gar noch gefoltert werden."

Sie fügte hinzu, „Sie hätte solches bereits dem Sie besuchenden Herrn Pfarrer Willemer offenbaren wollen, seye aber wegen Kürze der Zeit, weilen es schon spet gewesen als er Sie besuchet, daran verhindert worden.

Desgleichen seye auch der Umstand, daß Sie das Kind, als Sie solches aus der WaschKüche in den Stall getragen, noch ein-mahl mit dem Köpfgen an die Mauer geschlagen, von Ihr nicht richtig angegeben worden, maßen Sie in dem Stall den Kopf des Kindes weiter nicht an die Mauer geschlagen, sondern mit solchem weilen es dunkel geweßen, nur von ongefehr an die Mauer gestoßen."

Gleichwie wie nun diese von der Inquisitin irrig angegebnen Umstände, derselben zum größten Nachtheil gereichen, und Sie solche zu wiederrufen sehnlichst wünschet; Als habe mich obhabender Pflichten halber vor verbunden erachtet, Ew. Wohl- und HochEdelgebohrne Gestrenge und Herrlichkeiten wie auch Wohlfürsichtige Hoch- und Wohlweißheiten hievon die onverweilte gehorsamste Anzeige zu thun, und ergehet diesem-nach mein unterthäniges Bitten, Hochdieselben, Loebl. Officio Examinatorio hochgeneigtest aufzugeben, die Inquisitin über vorbemeldte Umstände nochmals umständlich zu befragen, und Ihre weitern Aussagen ad acta zu bringen, großgünstigst geruhen wollen.

In anhoffender Hochgeneigtester Willfahrung habe die Ehre mit vollkommenster Verehrung allseits zu verharren.

Ew. Wohl-und HochEdelgeb., Gestr. und Herrl. wie auch Wohl-fürsichtige-Hoch-und Wohlweißheiten
treu gehorsamster M.C. Schaaf Dr. Defensor der Susanna Mar-garetha Brandin.

Prs.[29] d. 31. octbr. 1771 Ad Ampl. Senatum
Nöthig befundene gantz gehorsamste Anzeige und Bitte. Mein
M.C. Schaaff J.V.D. et Adv. Ord. als Defensor der Inquisiten
Susanna Margaretha Brandin.
Die loebl. Officio Examinat. grg.[30] aufzugebende nochmalige
Befragung der Inquisitin über innen bemeldte Umstände betr.
Lect. in Senatu d. 31. 8br. 1771 et Concl.: ad Dominum Refe-
rentem.[31] Lit. M.

* * *

Continuatum den 1. Novembris 1771
Coram Iisdem

Hat man diese Inquisitions acta von dem Hrn. Defensore
Dr. Schaaf zurückfordern lassen, und dessen in Amplissimo
Senatu gestern eingereichte, nöthig befundene gantz gehorsamste Anzeige, cum inscripto vener. Concluso de eodem[32]
Sub Lit. M ad acta registriret.
Eodem erschiene der Herr Dr. Schaaf als HochObrigkeitl.
bestelter defensor der Inquisitin, und zeigte geziemend zum
protocoll an:
daß er so eben auf das Verlangen seiner defendendae,[33] und
mit bewilligung des löbl. Amts in Gegenwart des beygegebe-
nen Amts actuarii vic. von derselben zu vernehmen gehabt,
daß ihr heutiges Anliegen in nichts anders bestünde, als daß
sie gern das Hl. Abendmahl empfangen mögte, und weilen
sie zweiffle, daß die Reformirte Hrn. Geistliche ihr selbiges,
da sie nach den Kirchen Gesetzen, wegen ihres unehligen

29 Praesentatum: vorgelegt.
30 Großgünstigst.
31 An den Herrn Referenten. – Hier ist entweder der Jüngere Bürgermeister oder der Examinator ordinarius gemeint. Einer dieser beiden
   Beamten hat vermutlich den Antrag im Rat vorgelegt und verlesen.
32 Mit beigefügtem ehrwürdigem Beschluß darüber.
33 Defendendae: der zu Verteidigenden.

Kindes, keine Kirchenbuse gethan, reichen würden, so liese sie sich auch gefallen, wann sie das Hl. Abendmahl durch einen lutherischen Geistlichen erhielte, jedoch wäre es ihr lieber, wann sie es nach ihrer religion geniesen könte.

Er Herr Comparent überliese diesen Punct der Verfügung Eines HochEdlen Raths lediglich anheim gestellet seye.

Dimmissus.

Continuatum den 2. Nov. 1771

Coram Iisdem

Referirte der Amts actuarius vic.:

daß er seines Auftrags gemäs sich zum Hrn. Pfarrer Willemer begeben, und von dem selben zu vernehmen gehabt habe: daß er die Inquisitin brandin nur einmahl besuchet, und ihr Verlangen das Hl. Abendmahl als wozu sie dem äuserlichen Schein nach ziemlich bereitet seye, zu geniesen, einem Ehrwürdigen Convent weilen sie bekanntlich reformirt, angezeiget habe, und würde selbiges diese Sache Einem HochEdlen Rath zur weitern grosgst. Verfügung auf künfftigen Dienstag vortragen.

Resolutum: Ad Amplissimum Senatum.[34]

[Stellungnahmen der Syndiker zum Antrag des Verteidigers]

Bey der inquisitions-Sache gegen die Brandtin pto. infanticidii hat Löbl. Officium examinatorium die in dem ersten Bedenken vorgelegte desideria[35] durch die Sub. Lit. L. der actis angefügte P.N.[36] erlediget, es ist auch indessen ein geistlicher bey der inquisitin gewesen.

---

34 Beschlossen wird: An den ehrwürdigen Rat zu übergeben.
35 Wünsche.
36 Pro Nota. Gemeint ist das Schreiben Lindheimers an den Rat vom 26. Oktober. Siehe S. 156–158 der vorliegenden Edition.

Dermalen aber entstehen zwo andere fragen welche die Entscheidung Eines hochEdlen Raths erfordern.

1.) Verlangt die inquisitin, welche reformirter Religion ist, das H. Abendmal, und ist allenfalls erbietig, es aus den Händen Eines Evangelisch-Lutherischen Predigers zu empfangen. Uber diesen punct ist hier nichts anzuführen, weil nach Hrn. Pfarrers Willemers Äußerung Ein Ehrwürdiger Convent deswegen seine Gedanken unmittelbar an E. hochEdlen Rath gelangen lassen will, u. vorauszusehen ist, daß selbiges nach den Sätzen, welche Vernunft, Billigkeit u. Christen-Liebe in diesem Fall bestärken, darauf antragen werde, die Verrichtung dieses Actus, außer behöriger Verwahrung gegen künftige folgen, einem reformirten Geistlichen zu überlassen, indem eines theils nicht mit den Begriffen der Lutherischen Kirche zu vereinbaren seyn mögte, daß ein Prediger derselben einem Reformirten, welcher seines Orts mit gutem Gewissen aus jenes Händen mehr als er verlangt erhalten, und mit wahrer Andacht genießen kann, nach der Vorschrift unserer Kirche das H. Abendmal reichen, u. also wissentlich einem Menschen, der den erhabenen Begriff nicht hat, welchen unsere Kirche davon gefasset, gleichsam zur Verachtung des geseegneten Brod u. den gesegneten wein hingeben, u. von jenem beydes als bloßes Brod u. bloßen wein annehmen lassen könne, andertheils aber sehr hart wäre, der armen inquisitin den Genus des H. Abendmals, wofür sie nach H. Pfarrer Willemers Erklärung nicht unwürdig zu seyn scheint, gantz zu versagen, u. dadurch zu veranlassen, daß sie, wann sie ohnvermuthet oder durch die Gerechtigkeit das Leben verliren mögte, einen Zweifel an ihrer Seeligkeit mit in die Ewigkeit nehmen könnte, indeme wahrscheinlicher weise sie diese H. Handlung zu einem seel. Ende unumgängl. nöthig ansiehet, u. nicht die Stärke des sel. Dr. Luther besizet, welcher, wann hindernüsse, woran man nicht Schuld hat, den Genus nicht gestatten, als ein Christ, der sich in alle Umstände zu schicken wüßte, in diesem Fall die Entscheidung gegeben: crede et manducasti.[37]

37 Glaube, und Du hast es [das Abendmahl] empfangen.

2.) Bittet der Hr. defensor in seiner Vorstellung Lit. M. die inquisitin vorzulassen, indem sie dasjenige widerrufen wolle, was sie wegen der ihrem Kind durch die Scheere angebrachten Verletzung ad Protocollum bekennt hat. Es wird dises Gesuch nicht zu versagen, dabey aber nöthig u. der dexterité[38] und geschickten Einleitung des H. Examinatoris Ordinariis zu überlassen seyen, der inquisitin Aussagen so deutl. ad Protocollum zu nehmen, damit nicht außer dem, was Ihr würklich widerfaren noch mehrens daraus zu ihrer defension erzwungen werden könne, als sie selbsten gedenkt. Das Protocoll ist sodann, wenn nicht besonder Umstände eine vorherige Anfrage erheischen sollten, Dni. defensori[39] mitzutheilen, u. hiernächst mit der erfolgenden Vertheidigungs Schrift zum Bedenken zu geben. S. M. Ffurt den 3ten Nov. 1771.
Lanz.

Ich bin, in beyden stücken, mit vorstehendem bedencken gantz einverstanden. Ffurt d. 4. Nov. 1771.
Hofmann

Ich ebenfalls. Franckfurt d. 5. 9br. 1771.
Rumpel

Der erste Punct beruhet noch auf der Vorstellung des würdigen Evangelisch lutherischen Ministerii,[40] desentwegen iedoch, falls sie noch nicht eingekommen seyn sollte, die beförderung werden könnte.
In ansehung des zweyten Puncts wird alles dasjenige ohnbeschränkt dem Protoc. einzuverleiben seyn, was sie demselben zu inseriren verlangt, wann es auch gleich in wahrerem, als in der anzeige des Herrn Defensoris enthalten, bestehen sollte; welches hernachmals vorerst circuliren zu lassen rathsam seyn mögte.
Salv. mel. Ffr. d. 5. Nov. 1771
B.J. Schudt

38 Geschicklichkeit.
39 Domini Defensori: dem Herrn Verteidiger.
40 Predigerministerium. Siehe im Glossar.

Lectum in Senatu d. 7. Nov. 1771 et concl.: Ponatur der bericht löbl. Officii Examinatorii, wie auch das Protocollum Consistoriale ad acta, so dann ist nach dem Vorschlag löbl. Consistorii in Ansehung des Reformirten Geistlichen in allem andern aber nach dem Bedencken des Hrn. Syndici Lanz zu verfahren.

[Beilage N: Konsistoriumsbeschluß]

Actum in Consistorio Franckfurt am Mayn Donnerstag Nachmittags den 31. Oct. 1771
Praes. Dno. Scabino à Glauburg et reliquis in protocollo nominalis Dominis Assesoribus.[41]

Zeigte Tit. Herr Dr. und ven. Ministerio Senior Plitt an, es habe der Würdige Pfarrer Willemer löbl. Convent die Eröfnung gethan, wie er vor wenigen Tagen zur Inquisitae brandin auf den Catharinen Thurn geruffen worden, und als er da selbsten erschienen, ihm dieselbe zu Vernehmen gegeben, welchergestalten sie in betracht ihres gegenwärtigen Seelen Zustands, zum Genus des heiligen Abendmahls ein sehnliches Verlangen trüge. Weilen nun Inquisita der reformirten Religion zugethan seye, so habe er Pfarrer Willemer, was hierbey zuthun seye, bey löbl. Convent desfalls anfragen wollen.
Diesen Vorgang habe also Herr Dr. Plitt Einem hochlöbl. Consistorio vorzutragen für nöthig erachtet, dahinstellend, was hierauf von Consistorii wegen zu verfügen seye.
Nach beschehener Deliberation und Umfrage nun wurde resolvirt:
Ad Amplissimum Senatum mit dem gutächtlichen dafürhalten, daß, ob zwar nach der bisherigen Observanz dergleichen inquisiten von dem Thurn in ein benachbartes Hauß gebracht und ihnendaselbst das heilige Abendmahl gereichet worden, man gleichwolen zu behauptung der Gewißens Freyheit in Religions

---

41 Unter Vorsitz des Herrn (Praeside Domino) Schöffen von Glauburg und der übrigen namentlich im Protokoll erwähnten Herren Assessoren.

Sachen und ohne sich dadurch am wahren und gegründeten Rechten etwas zuvergeben, keinen Anstand fänden, daß zur Inquisitae brandin auf den Catharinen Thurn um derselbe das H. abendmahl zureichen, ein reformirter Geistlicher admittirt würde.

In fidem J. R. Gabler Act. Consii.[42]

Extractus Protocolli Consistorialis[43] de 31. oct. 1771
Inquisitam brandin betr.

Lectum in Senatu d. 7. Nov. 1771 et concl.: Ponatur das Protocollum consistoriale ad acta, so dann ist, nach dem Vorschlag löbl. Consistorii in Ansehung des Reformirten Geistlichen zu verfahren. Lit. N

[Beilage O: Ratsbeschluß]

Als ein nöthig befundene Anzeige des hochgelahrten Doctoris und advocati ordinarii hieselbsten Marcus Christoph Schaafs, qua Defensoris der in puncto infanticidii arretirten hiesigen Soldaten Tochter Susanna Margaretha Brandtin, die nochmalige Befragung der Inquisitin über innen vermeldete Umstände, betr. ingleichem ein Protocollum consistoriale de 31. elapsi[44] und ein Bericht löbl. officii Examinatorii ad hanc causam,[45] wie auch ein Bedencken derer Herrn Syndicorum verlesen worden: Ponatur das Protocollum consistoriale de 31. mensis elapsi[46] und der Bericht löblichen Examinatorii ad acta und kann nunmehro, nach dem Vorschlag löblichen Consistorii, zu der auf dem Catharinen Thurn befindlichen Inquisitin Brandtin zur administrirung des H. Abendmahls, als wornach dieselbe ein sehnliches Verlangen träget, ein reformirter Geistlicher, zugelaßen werden, und ist außerdeme die Inquisitin über die von ihrem Defensore ad acta gegebene Fragen annoch ad Protocol-

42 Schreiber des Konsistoriums.
43 Auszug aus dem Konsistorialprotokoll.
44 Vorigen [Monats].
45 In dieser Sache.
46 Vorigen Monats.

lum zu vernehmen und, wann dabey keine Bedenklichkeiten vorwalten, so sind gesamte acta dem Defensori der Brandtin zur verfertigung der Vertheidigungsschrifft hinwiederum zu behändigen.

Concl. in Senat. d. 7. Nov. 1771
Lit. O

* * *

Continuatum den 9. Nov. 1771
Coram Dno. Exconsule Senati Dr. Ruppel[47] et Dno.
Senatore Dr. Lindheimer Examin. ordinario.

Wurde zuforderst der von löbl. Consistorio vorgestern in Ampliss. Senatu übergebene Extractus protocolli Consistorialis de 31. octobris a. curr. die von der Inquisitin verlangte Reichung des Hl. Abendmahls durch einen reformirten Hrn. Geistlichen betreffend, cum inscripto Resoluto[48] Sub Lit. N und das eodem die weiters ergangene verehrliche Raths Conclusum Sub Lit. O ad acta registriret, und demnächst zu dessen befolgung der per milites vor Amt gebrachten Inquisitin bekannt gemacht:

160

Es seye einem HochEdlen Rath durch ihren Hrn. Defensorem hinterbracht worden, wie sie sehnlich verlange, das Hl. Abendmahl zu empfangen, auch sonsten kein Anliegen auf ihrem Hertzen habe, als daß der Umstandt mit der Scheer imgleichen, daß sie das Kind wie sie solches aus der Wasch Küche nach dem Stall getragen, noch einmahl mit dem Köpffgen wieder die Mauer geschlagen, von ihr aus Furcht

47 Ruppel war Siegners Vorgänger im Amt des Jüngeren Bürgermeisters („exconsule") und vertrat ihn in dieser Sitzung des Peinlichen Verhöramtes.
48 Mit beigefügtem Beschluß.

vor der Folter nicht richtig angegeben worden, und habe hierauff gedachter ein HochEdler Rath in Ansehung des ersteren die Veranstaltung treffen lassen, daß ihr das Hl. Abendmahl von einem Reformirten Herrn Geistlichen gereichet werden solle, wegen ihres übrigen Anliegen aber wolle man nunmehro ihre Erklährung gewärtigen, sie aber wohl meynend erinnert haben, da sie den Vorsatz habe, den Allwissenden Gott um Vergebung ihrer schwehren Sünde innbrünstig anzuflehen, und darauff das Hl. Abendmahl zur Stärckung ihres Glaubens und zu ihrer Seelen Heil zu geniesen, keine Unwahrheiten vor zu bringen, die in der Folge ihr Gewissen beunruhigen und ihr nachtheilig seyn könten?

Rp. Ihr Anliegen so sie wegen der Scheer ihrem Herrn Defensor angezeiget, verhielte sich allerdings so, daß sie nehmlich aus Furcht vor der Folter mehr gesaget, als sie wirklich gethan, indem sie bey Gott versichern könne, auch das Heilige Abendmahl drauff empfangen wolle, daß sie die Scheer gar nicht bey dem Kind gebraucht, und weder damit die Nabelschnur abgelöset, noch das Kind mit verletzet.

Es seye zwar wahr, daß sie die Scheer während der Geburt in der linken Hand gehabt, und Willens gewesen seye, die Nabelschnur damit abzulösen, wie aber das Kind von ihr auf die Erde geschossen, habe sie ihren Vorsatz geändert, und das Kind mit der rechten Hand gleich beym Kehlgen bekommen und mit der lincken Hand die Scheer wiederum in den Sack gestecket, und nachgehends das Kind losgerissen, und hierauff mit ihren Finger Nägeln gekratzt, auch an dem Fass starck beschädiget.

161

dictum ipsi

Warum sie sich dann vor der Folter gefürchtet, da man ihr damit nicht bedrohet, sondern nur zu Gemüthe geführet habe, wie ihr Anfangs und zwar Fol. 107 gethane Aussage, als ob nehmlich durch den vorgeblichen Fall des Kindes auf die Erde, dasselbe von der Nabelschnur abgerissen, und die Nachgeburt auch bald darauff von ihr gegangen, nicht wahrscheinlich seye, inmasen nach dem Sectionsbericht Lit. D, die Nabelschnur abgeschnitten, und keinesweges abgerissen angetroffen worden, welches letztern gar leicht zu bemercken gewesen?

Rp. Sie wisse selbst nicht warum, es verhielte sich so, wie sie eben ausgesaget.

162

Ob sie nicht viel mehr gestehen müsse, daß schon die bey Verschenckung der Scheer an die Schmidtin Fol. 108 gegebene Ursache, als man mögte sonst denken, daß sie ihrem Kind damit Leids gethan, und ihr Anfängliches Verschweigen und jetziges Vorgeben aus keinem andern Grund gethan, als weilen sie sich vor einer grösern Straffe fürchte, wann sie bey der Ermordung des Kindes ein Instrument gebraucht zu haben, aussage?

Rp. Ja. Sie hätte sich allerdings vor einer grösern Straffe gefürchtet, und deßhalb die Scheer der Schmidtin geschencket, damit solche nicht bey ihr angetroffen würde.

163

Dictum ipsi. Ihre Fol. 113 weitere gethane Aussage, daß sie das Kind mit der Scheer auch hier und da verletzet, daß es sich verbluten solle, käme auch mit dem Sectionsbericht in vielen Stücken überein; Wie sie also anjetzo ihr gantz freyes bekenntniß zu wieder ruffen sich in Sinn kommen lassen möge, und ob vielleicht jemand ihr da zu Rath und Anleitung gegeben habe?

Rp. Sie habe sehr gefehlet, daß sie in dem vorigen Verhör dergleichen vorgegeben, es wäre aber deme nicht so, sie habe die Scheer nicht an das Kind gebracht und habe ihr auch niemand Rath gegeben, daß sie ihre vorige Aussage wiederruffen solte, indem niemand zu ihr gelassen würde, und sie auch auser dem Hrn. Pfarrer niemand verlange.

164

Ob sie noch etwas weiters vor zu bringen habe?

Rp. Nein. Sie hätte weiter gar nichts mehr auf dem Hertzen als den Umstandt mit der Scheer den sie nunmehro der Wahrheit gemäß, widerruffen und erläutert habe.

Man hat hierauf der Inquisitin ihre vorige Aussagen von Fol 94 biß 131 inclus. von Wort zu Wort noch mahlen vorlesen lassen, und sie hierauff befragt, ob sie noch etwas dabey zu erinnern habe, worauff sie geantwortet:

Auser des heute von ihr anders angegebenen Umstandts, mit der Scheer, habe sie weiter gar nichts zu erinnern, und wolte nur gehorsamst gebeten haben, den Hrn. Pfarrer Willemer künfftig hin mehr zu ihr zu schicken.

Facta praelectione reducta, und hat man vor gut befunden, dem Herr Pfarrer Krafft von der Resolution Eines HochEdlen Raths durch den actuar. vicarium Nachricht zu geben, imgleichen auch den Herrn Pfarrer Willemer zu erinnern, die Inquisitin ferner hin zu besuchen.

Eodem: Referirte der Amts actuarius vic. daß er sich seines gehabten Auftrags bey dem Hrn. Pfarrer Krafft schuldigst entlediget, und von ihme zu vernehmen gehabt habe, daß er von wegen seiner Unpäßlichkeit den heiligen actum nicht selbst verrichten käme, er wolle aber Morgen seinem Hrn. Collegam den Hrn. Pfarrer Hilgenbach ersuchen, das heilige Werk zu verrichten, und würde dieser auch solches um so williger übernehmen, weilen er die Inquisitin in der Confirmation gehabt habe, auch zu Anfange der andern Wochen den Tag des zuverrichtenden actus auf löbl. Amt melden.

Imgleichen habe auch der Herr Pfarrer Willemer versichert die Inquisitin künfftig hin fleisig zu besuchen, und wolle er damit heute noch den Anfang machen.

Resolutum: Es können nunmehro diese acta dem Herrn Defensori wiederum zugestellet werden.

In fidem J. J. Rost actuar. vic. jur.

$$* \ * \ *$$

[Beilage P: Verteidigungsschrift]

Wohl- und HochEdelgebohrne Gestrenge, HochEdle Vest und HochGelahrte, wohlfürsichtige Hoch- und Wohlweiße.
Insonders Großgünstig Hochgebietend- und Hochgeehrteste Herren Reichs Stadt-Schultheiß Bürgermeistere Schöffen und Rath!

Da ich eben so wenig geneigt binn, dem Verbrechen das Wort zu reden, als wenig solches mein Amt mit sich bringet gleichwolen aber dasselbe von mir verlanget, daß ich alle, auch die geringste Umstände so der Inquisitin zur Entschuldigung dienen können, getreulich anzeige; so sehe ich die großen Schwierigkeiten, welche sich bey der mir aufgetragenen Vertheidigung der Susanna Margaretha Brandin, von allen Seiten darbieten, nur allzuwohl ein, wann ich hierbey nichts unter laßen, und dennoch in jenen Fehler nicht verfallen will.
Auf der einen Seite zeigt sich das Bekänntnüß eines großen Verbrechens, und wann ich dieses als zuverläßig annehmen will, so scheint fast alle Vertheidigung entberlich und nichts übrig zu seyn, als die allemal noch bedauerungswürdige Inquisitin der Gnade ihrer Richter zu empfelen.
Auf der andern Seite aber ergeben sich solche Umstände, welche dieses Bekäntnüß verdächtig machen, und wann mir dieses zum Leidfaden meiner Vertheidigung dienen soll; so fordert Pflicht und Gewißen, da Inquisitin als dann mehr unglücklich als Lasterhafft seyn möchte, alles aufzubieten, um Sie von der Ihr drohenden schweren Strafe zu befreien.

Um mich nicht dem Vorwurf auszusezzen, als suchte ich durch schnöde Künste die Gefangene der Strafe, und der Gerechtigkeit ein Opfer zu entziehen; so werde alles, was die Rechte und Vorliegenheit der Umstände zur Vertheidigung der Inqusitin an die Hand geben, mit Beziehung auf die Untersuchungs-Acten nur anführen, die nähere Bestimmung des Werths meiner Vertheidigungs-Gründe aber, dem weisen Ermeßen hoch erleuchteter Herrn Richter lediglich anheimstellen.

Dasjenige, was der Inquisitin vermöge derer Untersuchungs-Acten zur Last gelegt werden mag, begreifet sich kürzlich dahin, daß Sie I.) ihr Schwangerschafft verheelet, II.) heimlich niedergekommen, und endlich III.) Hand an Ihr Kind gelegt zu haben, eingestanden hat.

Diese 3 Vorwürf werden also die Haupt Gegenstände meiner Vertheidigung ausmachen. Ehe ich mich aber zu Ausführung derselben selbsten wende, glaube unschicklich nicht zu seyn, die Frage zu untersuchen,

Ob das von der Inquisitin abgelegte Bekäntnüß, nach dem von derselben geschehenem Wiederruf eines wichtigen Umstands, und da die übrigen Umstände mit demselben nicht völlig überein stimmen, Ihr dergestalt nachtheilig seyn könne, daß solches die gesetzliche Würckung des auf den KinderMord gesezten schweren Strafe nach sich ziehen müße?

Und gleichwie die Festsezung des Corporis Delicti bey jedem peinlichen Proceße ein wesentliches Stück ausmachet; als wird auch hiervon einiges vorhero noch zu bemercken, ebenfalls nicht außer acht zu laßen seyn.

Wann das Geständnüß einem Inquisiten nachtheilig seyn soll, so erfordern die Gesetze, daß solches frey, ohne Zwang, nur in der Wahrheit gegründet seye. Es ist dieses so gewiß, daß ein unter der Marter abgelegtes Bekänntnüß nur als dann erst Seine Gültigkeit erlanget, wann solches nachhero nochmals außer derselben wiederholet und bestätiget wird.

Leyser Medit. ad ff. Spec. DCXXXVIII. pag. 211.[49]

---

49 Schaaf bezieht sich hier auf Leyser, Augustin von, Erwägungen über einzelne Probleme aus den Pandekten (Meditationes ad Pandectas), Bd. 9, Leipzig 1748, Beispiel (Specimen) 638, S. 211.

Aus eben dieser Ursache pfleget auch in denen peinlichen Urteln die Strafe jederzeit nur unter der Bedingung bestimmet zu werden, wann Inquisit bey seinem gethanem Bekäntnüß vor geheegtem nothpeinlichem Hals Gerichte nochmals beharren würde.

Betrachtet man nun den Vorfall, daß Inquisitin ein Ihr höchstnachtheiliges Bekänntnüß aus Furcht vor der Folter irrig abgelegt: Beyl. Lit. M 16.

Wer ist uns Bürge davor, daß nicht eine gleiche Veranlaßung Sie bey ihren übrigen Aussagen geleitet, zumahlen, da verschiedentlich die Umstände mit ihren nachtheiligen Bekänntnüßen nicht übereinkommen. So sagt z. E. die Inquisitin 11. Fol. 102 a[50] und giebt solches als ein Kennzeichen ihrer Schwangerschafft an

„Sie habe sich wärend derselben zwey tage hintereinander übergeben, und der Wb. Bauerin weißgemacht, daß Sie ihren Magen am FischEssen verdorben."

Da doch diese hievon gar nichts wißen will, 7. Fol. 63 b ja vielmehr Fol. 63 a behauptet,

„Sie wäre die gantze Zeit über keine Stunde kranck geweßen, und habe sich über nichts, außer bisweilen über schwere Füße geklagt."

So sagt Inquisitin ferner 11. Fol. 108 a

„Sie habe ihre Scheere, als Sie ins Hospital gebracht worden der Wärterin Schmidtin gegeben, und dabey ausgesaget, Sie sollte die Scheere behalten, man mögte sonst dencken, daß Sie ihrem Kind damit Leid gethan."

Da doch die Wärterin in ihrem 15. Fol. 141 et Seqq. befindlichem Verhör die Sache gantz anders, und gar nicht zum Nachtheil der Inquisitin erzählet.

So sagt endlich dießelbe 12. Fol. 113 a et 119 a weiters aus,

„Sie habe Ihr Kind mit der Scheere verletzet, und solchem verschiedene Stiche gegeben", da diesem irrigem Vorgeben den-

---

50 Schaaf zitiert aus der Akte: „11" gibt die Zahl des Zehnerbündels an (siehe Editionsbemerkung im Anhang). Es folgt die Angabe des Blattes (Folio). Schaaf benutzt statt der Bezeichnungen „recto" (Vorderseite) und „verso" (Rückseite) die Buchstaben „a" und „b".

noch der Sections bericht Beyl. Lit. D. ofenbar wiederspricht. Dann dieser weiß von keinen an dem Kinde befindlich geweße- nen Stichen, sondern redet nur von Verletzungen und einer Verwundung in der Haut; Und da letztere rund und eines hal- ben Zoll groß im Durchschnitt angegeben wird, so zeigt schon der Augenschein der bey denen Acten Beyl. Lit. H. befindlichen Scheere, daß solches damit nicht habe geschehen können, son- dern durch eine andere zufällige Art, vielleicht durch das ver- schiedene Fallen des Kindes auf die Platten in der Wasch-Küche oder Steine des Hofes oder sonsten entstanden seyn müße.

Nimmermehr kann also dieses irrige Bekänntnüß der Inquisitin zum Nachtheil und einem Beweiße des vergrößerten Verbre- chens gereichen, da solches jene rechtliche Erforderniße nicht hat, aus Furcht, wann es auch gleich eine eingebildete geweßen, vor der Folter abgelegt, mit denen sich vorgefundenen Umstän- den nicht übereingekommen, und endlich von Ihr, nachdeme Sie in ihrem Gefängnüß sich von der Betäubung, worinnen der- gleichen schwache Weibs-Personen bey denen ersten Verhören, durch die Zuleuf des Volcks, die umgebende Wache, und den Anblick des Richters nur allzuleicht versezet werden, erholet hatte, in ihrem neuesten Verhör 16. Fol. 150. et Seqq. unter so heiligen Betheuerungen widerruffen worden, daß man diesen Wiederruff ohnmöglich den Beyfall versagen kann.

Wenn ich oben eroefnet, daß in Ansehung des Corporis Delicti einiges zu bemercken seyn möchte, so muß ich mich sogleich deutlicher erklären. Daß Inquisitin ein Kind zur Welt gebracht, daß ein todtes Kind gefunden worden, daß sich Gewaltthätig- keiten an demselben gezeigt; dieses sind Umstände, welche theils durch das Bekänntnüß der Inquisitin, theils sonsten bestättiget worden, und solches bezweifeln wollen, würde lächerlich, ja strafbar seyn. Insofern wäre also wegen des Cor- poris Delicti nichts zu erinnern. Alleine da zu völliger Sicher- stellung deßselben, in vorliegendem Fall die Recognition des gefundenen Kindes nötig war, und da der Umstand, ob das Kind gelebet, als es zur Welt gekommen, so unumstößlich gewiß nicht seyn möchte, so wird von beiden einiges zu berüren, not- wendig seyn. Gleichwie aber Letzteres weiter unten schiklicher wird geschehen können, als verspare solches, um nicht in unangenehme Wiederholungen zu verfallen, bis dahin, und rede gegenwärtig nur von ersterem.

Daß die Anerkennung des gefundenen Kindes von der Inquisitin nothwendig geweßen, brauche ich wohl nicht erst zu beweisen, da Ein HochEdler Rath die Nothwendigkeit hievon selbsten eingesehen, und solches durch den unterm 5. Aug. a.c. ergangenen sehr verehrliche Raths-Schluß Beyl. Lit. E. zu bewerkstelligen verordnet. Inquisitin hat auch das Ihr vorgezeigte Kind vor das ihrige erkennet, und es möchte also überflüßig scheinen, hirvon weiters was zu gedencken. Betrachtet man aber die der Recognition vorhergegangenen Umstände, so wird jeder unbefangen eingestehen müßen, daß Inquisitin hier ein Geständnüß abgelegt, welches Ihr zu thun, nach der Natur der Sache schlechterdings unmöglich war.

Das Kind ist den 1sten Aug. zur Welt gekommen, den 3ten völlig seciret, Beyl. Lit. D. hierauf begraben, den 5ten wieder ausgegraben, und der Inquisitin vorgeleget worden.

Dieses zerstuckte Kind, dieses schon in die Verweßung gegangene Kind nun erkennet demongeachtet Inquisitin vor das ihrige, ob sie gleich solches im dunckeln geboren 10. Fol. 97 et Seqq. und also vorhero gar nicht gesehen hatte. Ich glaube nicht zu viel zu sagen wenn ich behaupte, daß ich jeder Mutter ihr neugebohrnes Kind wegnehmen, solches unter 10 andere mengen, und wo nicht ein blindes Ongefehr ihre Wahl leitet, Sie gewiß das ihrige verfehlen werde. Vergeblich wird man sagen, die Stimme der Natur habe alles dieses bey der Inquisitin ersezen und bewürcken können, da diese Stimme nur allzu trüglich, und solches als dann auch, bey allen Müttern eintreffen müßte. Ein kürzlich öffentlich bekannt gemachtes Beyspiel, wo einer vornehmen Dame Ihr todtgebohrenes Kind gegen ein lebendes vertauscht, von derselben mit allen Zeichen der Mütterlichen Zärtlichkeit angenommen worden, und vieleicht biß auf diese Stunde noch vor das Ihrige gehalten wird, beweiset die Richtigkeit meiner Säze onwiedersprechlich. Von dieser Seite betrachtet möchte also der völligen Gewißheit in Ansehung des Corporis Delicti noch einiges abgehen; Und wann gleich solches durch die sonst hinzugekommene Umstände entbehrlich scheinen könnte, so zeiget doch jener Umstand, wie bereitwillig Inquisitin geweßen, dinge zu bekennen, welche Sie einzugestehen nicht vermogt, und wie behutsam folglich ihren Eingeständnißen Glauben beyzulegen seyn. Sie scheinet überhaupt unter diejenige Personen zu gehören, welche in Hoffnung einer dadurch zu erlangenden mildern Strafe, alles gestehen, worüber Sie gefragt werden. So loeblich nun zwar das Betragen eines Inquisiten ist, der die begangene That eingestehet, und durch halsstarriges Leugnen dem Richterlichen Amte die Untersuchung nicht erschweret, ja, so belonenswürdig dergleichen betragen ißt, daß berühmte Rechts-Lehrer solche Inquisiten mit einer gelinderen Straf belegt wißen wollen Farinao. Prax. Crim. P. 3. quaest. 81 Cap. V. n 180.[51] welches denn auch der unglücklichen Brandin zustatten kommen muß; So viele Vorsicht wird dennoch bey dergleichen Personen erfordert, nur nicht durch ihre Eingeständnüße, öffters nicht geschehener Dinge auf Irrwege verleitet zu werden.

Ich wende mich nunmehro näher zu denen oben angezeigten Gegenständen meiner Vertheidigung.

So viel nun

I.) den Vorwurf der verheelten Schwangerschafft anlangt, so kommt hier 2 erley zu untersuchen vor;

a.) ob Inquisitin davon die völlige Gewißheit gehabt,

b.) ob solche in strengem Verstande genommen, ihre Schwangerschafft verheimlichet?

So viel des erstern a.) betrifft, so scheint solches noch vielen zweifel unterworfen zu seyn. Inquisitin hatte nach erfolgtem Beyschlaf ihre Reinigung wiedererhalten 9. Fol. 83 a, Beyl. Lit. C. pag. 4. und solche aus Zorn, wegen eines gehabten Zancks verloren Fol. 83 b. Ihre Schwester Hechtelin konnte beym Visitiren kein Zeichen der Schwangerschafft an Ihr verspüren, ob Sie ihr gleich die Brüste und den Leib befühlet, und obgleich solches 14 Tage nach Ostern geschehen, da Inquisitin schon glaubte das Leben des Kindes zu verspüren 9. Fol. 84 a, 88 b

---

51 Schaaf bezieht sich auf Farinacci, Prospero, Praxis und Theorie des Strafrechts (Praxis et theoretica criminalis), Frankfurt am Main 1604, S. 3, Frage 81, Kap. V, Nr. 180.

In selbst zwey Herrn Doctores der Artzney Gelarheit getraueten sich wenige Woche vor ihrer Entbindung noch nicht, Sie vor schwanger auszugeben, sondern verordneten Ihr vielmehr Artzneyen und eine Aderlaß zu wiedererlangung ihrer ordinaire 2. Fol. 19b, 4. Fol. 37b, 7. Fol. 62a, 9. Fol. 89 et Seqq. Müßten nicht diese Umstände die Inquisitin in Ansehung ihrer Schwangerschafft ungewiß machen, zu mahlen, da Sie als ein ledige Dirne die eigentliche Kennzeichen der Schwangerschafft nicht wissen konte. Man wird zwar sagen, Sie habe das Leben des Kindes verspüret. Es ist wahr, Sie hat solches eingestanden, allein selbst die Art dieses Eingeständnüßes macht die Sache zweiffelhaft. Sie sagt 9. Fol. 84a „Sie habe das Leben des Kindes in ihrem Leib gespüret, und zwar so, als ob, ein Stein von einer Seite auf die andere gewältzt würde."

Noch nie hat wohl eine Mutter das Leben ihres Kindes auf diese Art, gleich dem Wältzen eines leblosen Steins, verspüret, und jene Außage, da Inquisitin in ihrem ersten Verhör Beyl. Lit. C. pag. 5. vorgegeben, Sie habe diese Bewegung vor verstopftes Geblut gehalten, war der Natur der Sache viel angemeßener. Da diesemnach die gewiße Überzeugung gemangelt zu haben scheinet, so mag auch die Verheimlichung, vor so sehr straffällig nicht gehalten werden. Eigentlich aber zu reden hat Sie so viel das andere b.) betrifft, ihre Schwangerschafft nicht einmal verheelet. Sie läßt sich von ihrer Schwester gutwillig auskleiden, besichtigen, Brüste und Leib betasten, und alle sonstige Untersuchung anstellen. 1. Fol. 3b, 2. Fol 14a, 4. Fol. 35b

Sie giebt derselben wenige Wochen vor ihrer Niederkunft auf Verlangen 2 mal onweigerlich ihr S.V. Urin zum besichtigen. 9. Fol. 89b Sie gehet auf Geheiß ihrer Brodherrin ohne alle Wiederrede zum Herr Doctor Metz, um sich examinieren zu laßen; Kurz, hat gleich Inquisitin ihre Schwangerschafft aus einer dem Weiblichen Geschlecht eigenen Schamhafftigkeit directe nicht anzeigt, so hat Sie doch indirecte alles gethan, um solche nicht zu verbergen, so daß es kaum begreiflich ist, wie nach so vielen angestellten Untersuchungen zweyer Kunstverständiger und der Hechtelin, als einer Frau, so 2 Kinder gehabt, es möglich geweßen, daß die vorhandene Schwangerschafft nicht entdecket, und dadurch dem nachher erfolgtem Unglück vorgebeugt worden.

Anlangend

II.) den Vorwurf der heimlichen Niederkunft, So erhält solcher schon aus vorstehendem einige Entschuldigung. Hat Inquisitin Ursache gehabt, denen sich ergebenen Umständen nach, ihre Schwangerschafft zu bezweiflen: Hat Sie als eine ledige Weibs-Person die Ausrechnung nicht verstanden noch verstehen können: 11. Fol. 103 a.

Ist endlich zu Folge ihres Angebens das Kind zu frühe gekommen, wie bald mit mehrerem gezeigt werden wird; So konte Sie die Zeit ihrer bevorstehenden Niederkunft nicht wißen, und ist sich nicht zu verwundern, daß Sie von derselben übereilt worden. Sie hatte sich wärend ihrer Schwangerschafft so wohl befunden, und ihre Arbeit ohne alle Hinderniße verrichtet, daß nicht einmal die Schwangerschafft, viel weniger die so baldige Niederkunfft zu vermuthen geweßen. 3. Fol. 63 a

Selbst an dem Tage der unglücklichen That, gehet Sie in ihren gewöhnlichen Verrichtungen, ohne allen andern Vorsatz, Asche nach der Waschküche zu tragen und im hingehen wird Sie von Leibreissen überfallen 10. Fol. 95 a

Sie gehet zurück und klagt der Wb. Baurin ihre Schmertzen, und so sehr diese vorher bemühet war, ihre Schwangerschafft auszuforschen, so wenig bekümmert sich solche nunmerho darum, glaubt vielmehr ihrer Sage, daß Sie die verlorene Reinigung wieder erhalten, giebt ihr Thee, und überläßt Sie übrigens ihrem Schicksal.

Die Schmertzen vermehren sich, die Wehen nehmen überhand, Sie nähert sich dem einer Sinnlosigkeit nicht unänlichem Zustande einer Gebärerin, verbirgt sich in die Waschküche, wohin sie vorhero schon mit der Asche zu gehen willens war, und verübt daselbsten auf Eingeben des Satans die unglückliche That, welche sie bald nach der Hand so sehr bereuet, und noch jetzt Tag und Nacht beseufzet. Man muß die unglückliche Situation, worinnen sich die Inquistin befunden, in ihrem völligen Umfang überdencken, um sich die leichte Möglichkeit ihres Verbrechens, welches nunmehro den

III.) und Haupt Gegenstand dieser Vertheidigung ausmacht, be-

greiflich zu machen. Von ihrer Brodherrin verstoßen 10. Fol.
126. et Seqq. in der äußersten Armuth, dann 30 x. machten
nebst sehr wenigen schlechten Kleidungs Stücken 10. Fol. 94 a,
Beyl. Lit. J. ihre gantze Habseeligkeit aus. Unwissend wer ihr
Schwängerer war, und außer Stande solchen auszukundschaff-
ten, um von ihm den Unterhalt des Kindes zu erlangen
9. Fol. 86 a
Unvermögend solches selbst zu ernähren. Der Schande und
Verachtung der Welt bloßgestellt. Allen diesen Besorgnüßen,
allem diesem Unglück glaubt die Inquisitin zu entgehen wann
Sie Hand an ihr Kind leget, und durch Wegräumung des
unglücklichen Zeugens ihrer Schande, solche in eine ewige Ver-
geßenheit zu begraben sich schmeichelt.
Hier wird nun der Schickliche Ort seyn, zu untersuchen, ob
und in wie fern das Leben des Kindes annoch vorhanden
geweßen, als solches zur Welt gekommen, und von der Inquisitin Hand an dasselbe geleget worden.
Die Herrn Aerzte und Wund-Aerzte behaupten zwar sehr zuverläßig das Leben des Kindes; doch gründen Sie ihre behauptung
hauptsechlich auf die Lungen Probe Beyl. Lit. D.
Wie trüglich aber diese seye, haben schon so viele berühmte
Lehrer der Arzneywißenschafft zur Genüge gezeiget, daß man
sich billig wundern muß, wie in unseren erleuchten Zeiten, dieses trügliche Kennzeichen des Lebens nur noch der geringsten
Achtung gewürdiget werden mag. Conf. Heister Diss. de fallaci
pulmonum infantis experimento, Joh. Joach. Schöpfer Diss. de
pulmone infantis natante vel Submergente.[52] Ziehet man in
Überlegung daß das Kind nach dem Angeben der Inquisitin
nicht ausgetragen geweßen, daß solches, als es auf die Welt
gekommen, nicht geschrien, daß es mit dem Kopf auf die
Platten geschoßen 10. Fol. 95 b et Seqq., 12. Fol. 117 b, Beyl.
Lit. C. p.b.

---

52 Schaaf erklärt, ein Nachweis (Confessione) seines Arguments finde sich
bei Heister, Abhandlung (Dissertatio) über das betrügerische Experi-
ment mit den Lungen des Kindes, und bei Johann Joachim Schöpffer,
Abhandlung über die schwimmende oder untergehende Lunge des
Kindes, Rostock 1705. Heisters Schrift konnte unter dem angegebenen
Titel nicht ermittelt werden.

So machen diese Umstände das Leben deßelben sehr verdächtig. Der Beyschlaf war 3 biß 4 Wochen vor Weihnachten geschehen 9. Fol. 81 b und den 1. Aug. die Niederkunfft erfolget. Dies macht einen Zeitraum von ongefehr 8 Monathen aus, mithin war das Kind nicht ausgetragen. Der Sections-Bericht wiederspricht zwar diesem Vorgeben, und hält das Kind vor ausgetragen; Allein da Inquisitin so vieles zu ihrem Nachtheil ausgesaget, So verdienet Sie billig, daß man ihr in diesem Punct Glauben beymißet, zu mahlen da solches von Ihr ohne alle übele Absicht, oder Vorhersehung eines daraus herzu leitenden Vertheidigungs Mittels angegeben worden.

Nun lehret die Erfahrung, daß dergleich 8 Monath Kinder selten lebend das Licht der Welt erblicken, oder wann solches geschiehet, dennoch gar bald wiederum ein Raub des Todes werden. Betrachtet man nun, daß das unausgetragene Kind der Inquisitin mit dem Kopf auf die steinerne Platten geschoßen, so ist es höchst wahrscheinlich, daß das Kind schon damalen nicht mehr gelebt haben könne, als Inquisitin Hand an daßelbe geleget, zumalen da solches bey der Niederkunfft, bey dem Schießen auf die Steine, keinen Laut von sich gegeben, nicht geschrien 12. Fol. 119 a

Schon unsere Vorfahren, die alten Teutschen, verlangten als ein sicheres Kennzeichen des Leben eines Kindes, daß solches die vier wände müßte beschrien haben, da ohne Schreien nicht leicht, wenigstens kein gesundes ausgetragenes Kind auf die Welt komt. Hat nun das Kind nicht gelebet, so hat Inquisitin auch keinen Mord an demselben begehen können. Hat aber auch das Kind nur noch schwach gelebet, welches aus vorbemeldten Umständen mit vieler Gewißheit zu vermuthen ist, auch durch die Inquisitin dadurch bestättiget wird, daß solche 10. Fol. 96 a und Beyl. Lit. C. pag. 6 ausgesaget „das Kind habe nur noch geroßelt",

So ist schon dieser einzige Umstand vermögend, eine mildere Strafe zu bewürcken. Dann nach der Meinung berühmter Rechts Lehrer verdienet diejenige Weibs Person, welche ein in denen letzten Zügen liegendes Kind vollends ertödtet, mit der ordentlichen durch die Gesetze bestimmten Strafe verschonet, und mit einer gelindern beleget zu werden Carpzov: Pract. rer. criminal. qu. 17. Kressius ad Art. 131. C.C.C. § 3.n.t.[53]

Um wie viel gewißer muß nun dieses der unglücklichen Brandin zustatten kommen, da so viele andere bey Ihr zusammentretende günstige Umstände Sie alles Mitleidens würdig machen. Sie war keine liederliche Dirne. Ihre Brodherrin giebt Ihr das beste zeugniß ihres Wohlverhaltens wegen 1. Fol. 3a, 14. Fol. 136a und die schwärheste Verläumdung untersteht sich nicht, Ihr was nachtheiliges Vorzurücken. Ihr Verführer war der erste und Letzte der über Ihre Tugend gesieget hatte. Und auch dieser mußte zu unerlaubten übernatürlichen Mitteln seine Zuflucht nehmen, um zu seinem verruchten Endzweck zu gelangen. Er bediente sich eines berauschenden Getränckes, des Weins; und da dieses allein Ihm nicht hinlänglich schiene, sein Verlangen zu erreichen, so that Er noch weiters wie Inquisitin darauf lebt und stirbt, ein betäubendes Mittel in denselben, um Sie dadurch völlig Sinnlos und unfähig zu machen, seinen geilen Begierden wiederstehen zu können.

Dieser Bösewicht ist die moralische Ursache alles des Unglücks, das die bejammernswürdige Inquisitin betrifft; Und so wie er seinem Schicksal und der Strafe der rächenden Gerechtigkeit gewiß nicht entgehen wird, So muß seine listige Verführung der Inquisitin, Ihr in gewißer maße zur Entschuldigung gereichen. Die Ihr geraubte Ehre, dieses schützbare Kleinod, welches billig dem Werth des Lebens gleich geachtet wird, die WiederErlangung derselben, oder eigentlicher zu reden, die Verbergung der Schande, war der Hauptbewegungs-Grund Ihres Verbrechens 12. Fol. 114a

Und wann gleich dieses Ihre That nicht Rechtfertigen kann, da auch die edelste Beweg Ursache nicht vermögend ist eine schlimme Handlung zu entschuldigen; so verdienet Sie den-

---

53 Schaaf zitiert aus Carpzov, Benedict, Neue sächsische Praxis in Kriminalfällen (Practica nova Saxonica rerum criminalium), Wittenberg 1635 (ein Nachdruck erschien 1996), Frage (quaestione) 17, und aus Kress[ius], Johann Paul, Anmerkung zum Strafgesetzbuch Karls V. (Commentatio in Constitutionem criminalem Caroli V.), Hannover 1736 (auch von diesem Werk erschien 1996 ein Nachdruck), zum Artikel 131 der Carolina (C.C.C.).

noch dadurch mit allem Recht unter diejenige Bedaurungswürdige Personen gezählet zu werden, welche nach der Meinung bewärtester Rechts Lehrer, dieses Bewegungs Grunds halben alles Mitleidens; alles Erbarmens, mithin auch einer mildern Strafe, als jene gottlose Creaturen, würdig seyen, welche aus andern weil strafbaren Absichten, ihre unschuldige Kinder dem Reiche der Lebendigen entziehen, Leyser. Med. ad ff. Spec. DCXI. pag. 698 Seqq.[54]

Ich kann bei dieser Gelegenheit unmöglich unterlaßen, den Wunsch zu äußern, daß die vielen Vorzüge, womit bereits unsere Stadt, sonderlich in Ansehung derer verschiedenen sehr Loeblichen Stifftungen pranget, auch noch durch Errichtung eines Findelhauses möchten vermehret werden. Als dann würde jede geschwächte Dirne, welche aus Furcht vor der Schande, oder auch aus Mangel der erforderlichen Erhaltungs Mittel, Hand an ihre Frucht zu legen sonst verleitet wird, einen sichern Zufluchts Ort finden, um beiden gleich traurigen Besorgnüßen glücklich entgehen zu können. Möchte doch der Himmel eine gutherzige Seele erwecken, welche durch ein ansehnliches Vermächtnüß den ersten Grund zu einem so nützlichen Werck legte; Vielleicht würden alsdann mehrere Personen, in beherzigung des gewißen Nutzens einer dergleichen Stiftung, bewogen werden, solches durch ihren Beystand zu unterstützen und zu seiner Vollkommenheit zu bringen. Und möchte die unglückliche Brandin die letzte seyn, welche um dem Verlust ihrer Ehre zu entgehen, sich der Gefahr eines größeren Verlusts aussezzet. Endlich muß auch noch der Inquisitin ihre freiwillige Zurückkunfft, verknüpft mit der aufrichtigsten Reue über Ihr Verbrechen zustatten kommen. Sie hatte bereits Maintz erreichet, und es würde ihr ein leichtes geweßen seyn, durch weitere Fortsezzung ihrer Flucht, sich dem Obrigkeitlichen Straf-Ambt zu entziehen. Die wahre Reue aber über ihr Vergehen, welche nur minder boßhafften eigen ist, die Beysorge für das Heil ihrer Seele, die dadurch entstandene Gewißens-Angst: dies waren die mächtigen Bewegungs-Gründe, welche die Inquisitin veranlaßten, freywillig zurückzukehren, und sich in die Arme

---

54 Schaaf bezieht sich abermals auf Leyser, siehe Anmerkung 49, S. 172.

Ihrer Richter zu werffen. Ihre Aufführung während der Gefangenschafft, das emsige Verlangen nach einem Herrn Geistlichen, die Sehnsuchtsvolle Begierde nach dem heiligen Abendmahl, der, wie äußerlich zu vernehmen geweßen, mit vieler Andacht geschehene Genuß deßelben, die noch immer fortdauernde ongeheuchelte Bereuung ihres Verbrechens, und das anhaltende Gebett zu Gott dem Allmächtigen um Vergebung ihrer schweren Sünden; Alles dieses sind untrügliche Kennzeichen, daß Inquisitin kein böses und verstocktes Hertz besitze, und bestättiget zugleich im Zusammenhang mit allen übrigen Umständen, den bereits oben gewagten Ausspruch nunmehro überzeugend, daß die Inquisitin mehr unglücklich als Lasterhafft zu nennen, und deswegen alles Mitleidens würdig seye.

Dies sind die Vertheidigungs-Gründe, welche nach Anleitung derer Untersuchungs-Acten, und Maasgabe der Rechte zum besten der Inquisitin sich vorgefunden. Sind solche gleich nicht vermögend die Gefangene von der Strafe zu befreyen, so schmeichele mir dennoch, daß solche nicht wenig zu Linderung derselben beytragen werden, zumalen wann die Gnade Ew. Wohl-und HochEdelgebohrne Gestrenge und Herrlichkeiten, wie auch wohlfürsichtige Hoch- und Wohlweißheiten, dasjenige ersezzen wird, was meinen Gründen an Stärcke abgehet. An diese wende mich also noch zuletzt, und da ich es nicht wage, die der Inquisitin gebürende Strafe zu bestimmen, um Hochdero Gnade keine Grentzen zu sezzen, So ergehet nur an Ew. Wohl- und HochEdelgebohrne, Gestrenge und Herrlichkeiten wie auch wohlfürsichtigen Hoch- und Wohlweißheiten, mein ganz gehorsamstes, und Nahmens der Gefangenen, demütigstes und flehentliches Bitten, Hochdieselben die unglückliche Brandin mit einer gnädigen Strafe zu belegen huldreichst geruhen wollen.

Ich überlaße es übrigens Ew. Wohl- und HochEdelgebohrnen Gestreng. und Herrl. eignen wahl, ob hochdieselben in dieser Sache selbsten entscheiden, oder solche dem Ausspruch auswärtiger Rechtsgelehrten unterwerffen wollen, in welchem letzteren Fall nur noch um beschleunigung gantz gehorsamst gebeten haben will, damit das Schicksal der unglücklichen Gefangenen bald entschieden, und Ihr Leiden durch längeres Sitzen nicht noch vermehrt werden möge.

Ich habe die Ehre mit Vollkommenster Ehrerbietung zu verharren.

Ew. Wohl- und HochEdelgeb. Gestreng. und Herrlichkeiten wie auch Wohl fürsichtige Hoch- und Wohlweißheiten

treugehorsamster M.C. Schaaf Dr. als Defensor der Brandin.

Praes. ad Officium Examin. d. 23. Nov. 1771[55]
Aufgetragene Rechtliche Vertheidigungs-Schrift
Mein M.C. Schaaff J.V.D. als Defensoris der Susanna Margaretha Brandin.

productum in Senat. d. 26. Nov. 1771 et concl.. ad acta et cum his ad Dominum Referentem[56]
Lit. P

$$* \ * \ *$$

Continuatum den 27. Nov. 1771
Coram Iisdem

Wurde die von dem Hrn. Defensore herbeygekommene bey Einem HochEdlen Rath verlesene Vertheidigungs Schrifft der Inquisitin brandin Sub Lit. P hierher registriret, und in Gemäsheit des derselben aufgeschriebenen verehrl. Rathschlusses de hesterno,[57] samt denen acten denen Titl. Hrn. Syndicis zugeschicket.

---

55 Dem Peinlichen Verhöramt vorgelegt am 23. Nov. 1771.
56 Den Akten beizufügen und zusammen mit diesen an den Herrn Referenten zu übergeben.
57 Vom gestrigen Tag.

3. Teil
Das Urteil

Mit der Verteidigungsschrift war der zweite Teil des Prozesses abgeschlossen. Üblicherweise wurden an diesem Punkt die Akten an eine auswärtige juristische Fakultät versendet, um dort Gutachten und eine Empfehlung zum Abfassen des Urteils einzuholen. Das Urteil wurde dann vom Rat gemäß den Gutachten gefällt. Im Fall der Susanna Margaretha Brandt verzichtete man auf auswärtige Gutachten und verwies diese Aufgabe an die Syndiker der Stadt.

Der Syndikus Lanz erklärte am 23. Dezember, daß der Tatbestand, den er in seinem ersten Gutachten festgestellt hatte, durch die Verteidigungsschrift in keiner Weise erschüttert werde. Das Geständnis der Brandtin, führte Lanz aus, habe volle Gültigkeit, denn sie habe dieses in ihrem letzten Verhör nochmals bekräftigt. Die Beschuldigte habe lediglich ihre Aussage widerrufen, sie habe mit der Schere auf das Kind eingestochen. Die Identifizierung des Leichnams, erklärte Lanz weiter, sei in diesem Falle nicht notwendig, da sich aus allen Umständen ergebe, daß es sich nur um das Kind der Beschuldigten handeln könne. In den übrigen Punkten wiederholte Lanz die Argumente aus seinem ersten Gutachten: Susanna M. Brandt habe von ihrer Schwangerschaft gewußt und diese geleugnet, sie habe die Geburt vorsätzlich verheimlicht und sie habe ein voll ausgetragenes, lebendiges Kind geboren. Das Neugeborene habe sie dann mit, wie Lanz betonte, „unmenschlicher Gewalt" getötet, so daß Umstände vorlägen, die eine Strafverschärfung rechtfertigen würden. Da die Delinquentin jedoch ein freimütiges Geständnis abgelegt und das Kind möglicherweise nur schwach gelebt habe, solle sie die mildeste und in Frankfurt in solchen Fällen übliche Todesstrafe, die Enthauptung durch das Schwert, ereilen.

Der Syndikus Hofmann schloß sich diesem Gutachten an. Auch er betonte, daß die Begehung der „abscheulichen That" durch die Brandtin durch ihr „Schauer verursachendes Geständnüß" hinlänglich bewiesen sei. Hofmann berief sich auf den angesehenen Juristen von Boehmer. Dieser merkte in seinen Meditationen über die Carolina zum Artikel 131 an, daß vier Voraussetzungen erfüllt sein müßten, damit über eine Kindsmörderin die Todesstrafe verhängt werden könne: 1. daß die Inquisitin wirklich ein Kind geboren habe; 2. daß es lebendig geboren sei; 3. daß die „boshafte Intention" der Mutter und 4. die wirkliche Vollbringung der Tat bewiesen seien. Hofmann sah diese vier Punkte als erwiesen an und räumte lediglich Zweifel an der Frage ein, ob das Kind bei seiner Geburt voll lebensfähig gewesen sei. Am 2. Januar schloß sich der dritte Syndikus Rumpel den Gutachten seiner Kollegen an. Er äußerte die Ansicht, daß die Inquisitin selbst, wenn sie von ihrer Schwangerschaft nichts gewußt hätte und von ihrer Niederkunft überrascht worden wäre, der vorsätzlichen Ermordung ihres unschuldigen Kindes überführt sei. Der älteste Syndikus, Schudt, merkte am 3. Januar an, daß im Grunde der Tatbestand erwiesen sei. Um jedoch die Kindsleiche zweifelsfrei zu identifizieren und in einer so wichtigen „Blutsache", wie Peinliche Verfahren auch genannt wurden, alle Möglichkeiten auszuschöpfen, könne man nochmals den Sergeanten Brandt vernehmen, der die Leiche gefunden habe. Auch die Krankenmutter aus dem Hl. Geist-Spital könne zu der Kindsleiche befragt werden, da sie diese ins Hospital getragen habe. Wenn dieser Punkt berichtigt worden sei, wäre er ebenfalls einverstanden, die Beschuldigte zum Tod durch das Schwert zu verurteilen.

Am 7. Januar 1772 wurden die Gutachten der Syndiker im Rat verlesen. Der Rat war der Ansicht, daß die Schuld der Angeklagten hinlänglich erwiesen sei, und faßte den Beschluß, daß Susanna M. Brandt mit dem Schwert vom Leben zum Tode gebracht werden solle. Der Ratsschreiber Claudi setzte den Urteilstext auf, der am 8. Januar dem Syndikus Lanz zur Begutachtung vorgelegt wurde. Lanz entwarf einen neuen Urteilstext, der auch der Inquisitin selbst verständlich sein werde, wie er anmerkte. Die Syndiker Hofmann und Rumpel schlugen zwei kleine Änderungen vor. In dieser Form wurde das Urteil am 9. Januar im Rat verlesen und bestätigt sowie die Anweisung erteilt, das Urteil zu „publicieren", also der Inquisitin bekanntzugeben.

Bereits am 7. Januar wurde der Urteilstext im Peinlichen Verhöramt durch den Jüngeren Bürgermeister Reuss, der Siegner inzwischen abgelöst hatte, und durch den Examinator ordinarius Textor, den Nachfolger Lindheimers, zu den Akten genommen. Am 10. Januar, nachdem der Rat das Urteil bestätigt hatte, wurde Susanna M. Brandt durch die Wache in den Römer gebracht. Der Verteidiger Schaaf war ebenfalls geladen. Die Herren Reuss und Textor gaben der Inquisitin und ihrem Verteidiger das Urteil bekannt. Susanna M. Brandt brach auf diesen Urteilsspruch hin zusammen und bat unter Tränen um Gnade. Ihr Defensor gab zu Protokoll, daß er keine weiteren Gründe zu ihrer Verteidigung anführen könne und die Verteidigung niederlegen müsse. Er bitte jedoch ebenfalls darum, daß der Rat Gnade walten lassen möge. Die Verurteilte wurde, da sie durch den Schreck über die Nachricht geschwächt war, in einem Tragsessel in den Katharinenturm zurückgebracht, das Protokoll des Verhöramtes mit ihrer und des Verteidigers Bitte um Gnade an den Rat weitergeleitet. Am 11. Januar fand eine außerordentliche Ratssitzung statt. Die Ratsherren stellten fest, daß keine Ursache zu einer Begnadigung gegeben und das Urteil wie beschlossen zu vollziehen sei. An diesem Tag wurde auch der Termin für die Hinrichtung anberaumt: Sie sollte am 14. Januar erfolgen.

[Gutachten der Syndiker vom 23. Dezember bis 3. Januar]

Meine bißherige noch anhaltende Unpäßlichkeit wird mir hochgeneigte Entschuldigung gewähren, daß erst ietzo nachdeme ich nach und nach das Nötige gelesen und erwogen habe, mein Bedencken wegen des Kinder Mords der unglücklichen Brandin vorlegen kan.

Damit Ein hochEdler Rath den eigentlichen Vorgang der betrübten That in dem Gedächtnis erheische, wird nötig seyn, mein voriges Bedencken vom 15. 8br laufenden Jahrs vom Anfang bis an die zwey Striche mit Röthel anietzo nochmalen abzulesen. Legatur.[1]

An diesem Facto hat sich zwar ein Umstand geändert, indeme Inquisitin Fol. 150 anzeigt, daß sie aus Furcht vor der Folter mehr gesagt als gethan, und daß sie die Scheere nicht bey dem Kind gebraucht, und damit weder die Nabelschnur abgelößt, noch das Kind verletzet, sondern die Schere zwar währender Geburt in der lincken Hand gehalten, in der Absicht, die Nabelschnur damit abzulösen, als aber das Kind von ihr auf die Erde geschoßen, ihren Vorsatz geändert, und das Kind gleich bei der Kehle bekommen habe.

Wie wenig dieser Umstand, dazumal der gedachte Wiederruff der Inquisitin mit allerlei zweifelhaften Ausdrücken begleitet ist, in der Haupt Sache eine Veränderung mache, ergibt sich sogleich von selbsten.

Es ist also dermahl nur zu erwägen, ob in der inzwischen eingekommenen Defensions-Schrifft solche Gründe enthalten, nach welchen, wie der Herr Defensor bittet, der Inquisitin eine gnädige Strafe zuerkannt werden möge.

---

1 Es wird vorgelesen. – Es wurde also an dieser Stelle im Rat das vorherige Gutachten des Syndikus Lanz verlesen, und zwar bis zu den Worten „daß also nichts weiter dermal als die Bestellung eines defensoris nöthig seyn wird", in der vorliegenden Edition S. 153.

Ich will nach der Ordnung der Schrifft die angebrachte Argumenta vorlegen, und zugleich bei iedem meine Gedanken darüber anfügen.

1.) Wird das Bekänntnus der Inquisitin, weil sie einen Theil deßelben wiederrufen, überhaupt als verdächtig angegeben, und daraus der Schluß gezogen, daß vielleicht auch das nicht Wiederrufene ebenfalls blos aus Furcht vor der Folter bekennet worden seyn möchte.

Alleine das gantze Bekänntnus der Inquisitin, welche nirgends mit der Folter bedrohet worden, hat alle erforderliche Eigenschaften eines die Verurtheilung nach sich ziehenden Bekäntnußes. Es ist klar, deutlich, nicht zweydeutig, sondern ganz unzweifelhaft, und allenthalben zeigt es die vorsezliche Absicht, das Kind umzubringen, und da nach Fol. 154 die Inquisitin, als ihr die Revocation[2] wegen der Schere und zugleich ihre vorherige Aussagen vorgelesen worden, in völliger Beruhigung geantwortet, daß sie nun nichts mehr auf dem Hertzen habe und alles übrige, außer dem Umstand mit der Scheer bekräfftiget, so ist nunmehro um so weniger an der Richtigkeit und Zuverläßigkeit ihres Bekänntnußes zu zweiffeln, es hindert auch gar nicht, wann sie würcklich aus Furcht vor der Folter zum Bekänntnus sollte bewogen worden seyn, womit ihr doch nicht bedrohet worden, cum Confessio etiam Subminatione tormentorum facta, ad condemnandum valeat, Arg. Art. 46. Const. crim. conf., Boehmer Ius crim. sect. 1. §.209.[3]

---

2 Widerruf.
3 Da auch ein unter Androhung der Folter abgelegtes Geständnis zur Verurteilung ausreicht. – Lanz bezieht sich auf Art. 46 der Carolina zum Geständnis (Argumentum Articulum 46 Constitutio criminalis confessionis) sowie Boehmer, Johann Samuel Friedrich von, Grundzüge des Strafrechts (Elementa iurisprudentiae criminalis), Halle 1774, Abschnitt (sectio) 1, § 209. In Art. 46 der Carolina heißt es: „Item so man dann den gefangen peinlich fragen will, [...] soll der selbig zuuor inn gegenwurtigkeit des Richters, zweyer des gerichts und des gerichtsschreibers fleissiglich zu rede gehalten werden [...], auch mit bedrohung der marter bespracht werden, ob er der beschultigten missethat bekentlich sei oder nit, vnnd was jm solcher mißthat halber bewüst sei, vnd was er alßdann bekent, oder verneint, soll auffgeschrieben werden."

2.) Werden einige Ausstellungen am Corpore Delicti gemacht, und besonders der Umstand starck erhoben, daß die Recognition des Kindes, so von der Inquisitin geschehen, ganz illegal seye, indeme sie ihr Kind im Dunckeln geboren, und es also nicht sehen, vielweniger nachher das ihr vorgelegte zerfleischte- und schon begraben gewesene Cadaver vor ihr Kind erkennen mögen.

Gleichwie aber, so nöthig und unumgängl, die von dem Richter vorzunehmende Inspectio & Sectio Cadaveris[4] ist, und das Corpus Delicti auser zweifel zu setzen, die Recognition des entleibten Cörpers durch den Inquisiten nirgends in den Gesetzen erfordert ist, sondern nur um mehrere Vorsicht willen zu geschehen pfleget, indeme, wann zuweilen dieselbe nach den Umständen ohnmöglich ist, z.E. wann ein entleibter Cörper von Schweinen gefreßen, oder in einen Fluß geworfen worden, und also an die Vorlegung zur Recognition[5] nicht zu dencken ist, deswegen die Inquisition und Condemnation caet. paribus[6] gleichwolen ihren Fortgang und Vollzug haben kan, wie dann schon mehrere Kinder Mörderinnen mit dem Tod bestrafft worden, welche sogar selbsten erst durch die Folter zu der Anzeige, wo sie mit dem ermordeten Kind hingekommen, vermöget werden mußten. Rothern Inquisit. Process C.V. §. 38 Heil. Proc. inquis. C.3. § 4. Leyser ad ff. Tom. 9. p. 412.[7]

Genug, daß in gegenwärtigem Fall das Corpus Delicti, welches nach Vorschrifft Art. 6. Constit. crim.[8] so viel möglich und nach

4 Besichtigung und Öffnung der Leiche.

5 Wiedererkennung, Identifizierung.

6 Untersuchung und Urteilsfindung.

7 Lanz zitiert aus drei Schriften: Rother, Johann Heinrich, Peinlich-processualischer Wegweiser, welcher ausweist, wie nach Vorschrift der rechtsgelehrten Kunst und Kaysers Caroli V. [...] Hals-Gerichts-Ordnung [...] Inquisitions-Anklag [...] auszuführen, Leipzig 1748, Kap. V, § 38; Heil, Christian Jakob, Der Richter und der Verteidiger im Inquisitionsprozeß, oder: Theoretisch-praktische Abhandlung zum Strafrecht (Iudex et defensor, in processu inquisitionis, seu tractatus criminalis theoretico-practicus [...]), Leipzig 1717, Kapitel 3, §4; Leyser, Meditationes, Bd. 9, S. 412 (siehe Anm. 49, S. 172 der vorliegenden Edition).

8 Artikel 6 der Carolina. Dort heißt es: „Darzu soll auch eyn jeder richter, inn disen grossen sachen vor der peinlichen frag, souil müglich vnd

Gestalt und Gelegenheit einer ieden Sache zu erforschen ist, ganz außer Zweifel vor Augen liegt. Die Certitudo Corporis Delicti est Scientia de delicto ipso per petrato alieno quam ex Deliquentis confessione hausta. Homel. Dissert. an e. quatenus Certitudo Corporis Delicti in Processu criminali necessaria sit §.3.[9] Nun hat sich in unserem Fall das Tode Kind unter all den Umständen und auf dem Platz gefunden, wo die Inquisitin nachhero in ihrer freywilligen Bekänntnis angegeben. Wird aber bei demselben nicht Mathematica sed moralis saltem et verisimilis certitudo[10] erfordert Leyser Tom. 8. p. 480. T. 9. p. 415[11] und ist es genug modo non contrarium, et quod delictum omnino non sit commissum, aperte constet. Homel l.c. §. 8;[12] so ist wohl in dem vorliegenden Fall an der Richtigkeit des Corporis Delicti nicht der mindeste rechtliche Zweifel.

3.) Will der Herr Defensor annoch in Zweifel ziehen ob Inquisitin ihre Schwangerschafft gewußt, weil sie angezeigt, sie habe gespührt, als ob ein Stein in ihrem Leib sich bewege. Der Herr Defensor schließt daraus, daß ihr also auch eine Verheimlichung ihrer Schwangerschafft nicht zur Last geleget werden könnte.

Alleine das Geständnis der Inquisitin ist allzu klar, sie bekennet, daß sie das leben ihres Kindes mehrmal gespürt, wobei nichts

nach gestalt vnd gelegenheyt eyner jeden sachen, beschehen kan, sich erkundigen, vnd fleissig nachfragens haben, ob die missethat darumb der angenommen berüchtiget vnnd verdacht, auch beschehen sei oder nit."

9 Die Gewißheit über den Gegenstand des Verbrechens ist eine Kenntnis vom Delikt, die sowohl aus fremden [Geständnissen] als auch aus dem Geständnis des Delinquenten geschöpft wurde. – Lanz bezieht sich auf Hommel, Ferdinand August, Abhandlung darüber, ob und wieweit im Strafprozeß Gewißheit über den Gegenstand des Verbrechens nötig ist, Leipzig 1737.

10 Mathematische, sondern moralische und wenigstens höchst wahrscheinliche Sicherheit.

11 Lanz zitiert abermals Leyser, Meditationes, Bd. 8, Leipzig 1746, S. 480 und Bd. 9, S. 415. Siehe Anm. 49, S. 172 der vorliegenden Edition.

12 Daß eindeutig feststeht, daß nicht etwa das Gegenteil vorliegt und das Verbrechen gar nicht begangen wurde. Hommel, am angegebenen Ort (loco citato), § 8. Siehe Anm. 9 auf dieser Seite.

hindert, daß ihr Anfangs diese Bewegung, als wie eines Steines geschienen. Sie gestehet, daß sie von der Zeit an sich vorgenommen, heiml. zu gebähren und das Kind umzubringen. Sie hat, blos um ihre Schwestern sicher zu machen, die ihr verordnete Pulver gebraucht, Sie hat sich bei der Visitation während eines schweren Gewitters höchst freventl. vermeßen, daß sie nicht schwanger seye, wovon sie doch des Gegentheils überzeuget war, und wer wird hiernach noch behaupten können, daß sie an ihrer Schwangerschafft habe zweiflen können, und daß sie nicht dieselben vorsezlich und in boßhafter Absicht verheimlicht habe.

4.) Glaubt der Herr Defensor, daß nicht einmahl die Geburt selbsten als heimlich anzusehen seye, weil Inquisitin vorberuheter maßen, daß sie schwanger seye nicht überzeugend gewußt habe.

Wie aber letzteres soeben seine Widerlegung gefunden, also bleibt auch die verheimlichte Geburth selbsten außer allem Zweifel, da Inquisitin deutl. bekennet, daß, als die Geburths-Schmerzen sie überfallen, sie die Thüre in der Wasch-Küche hinter sich zugemacht, und die würckl. geschehene Geburt noch immer geläugnet.

5.) Den grösten Trost sucht Hr. Defensor in dem vorgelegten Zweifel, ob das Kind, vor der an ihm geschehenen Gewalt, auch würkl. gelebet habe. Er verachtet zu diesem Ende die in dem Sections-Bericht angeführte Lungen-Probe, er behauptet, daß das Kind nicht ausgetragen gewesen, indeme es 3 oder 4 Wochen vor Weihnachten 1770, empfangen und den 1. Aug. L. Jahres geboren worden, mithin Partus octomestris[13] wäre, welcher nicht vitalis[14] seyn könne, wie dann auch das Kind, als es von der Inquisitin weggeschoßen nicht geschrien habe. Er gibt iedoch am Ende nach und meint, das Kind müße wenigstens nur schwach gelebet haben, mithin könne inquisitin mit der poena ordinaria[15] nicht beleget werden.

13 Achtmonatskind.
14 Lebensfähig.
15 Gewöhnlichen Strafe.

Will man aber auch in Ansehung, der allerdings zweifelhaften Lungen Probe, welche jedoch nicht gäntzl. zu verwerfen, vid. Respons. Facult. Med. Hallens. in casu 13. ad Alberti Iurisprud. medicinalem item Teichmeier Instit. med. Colaegae C.9.qu.10[16] sich nicht aufhalten, so ist doch nicht allein aus dem Sections Bericht ganz deutlich zu ersehen, daß das Kind völlig ausgetragen gewesen, und es scheint dahero daß Inquisitin in Ansehung der Zeit der Empfängnüs, welche sonsten durch nichts erwiesen ist, die Wahrheit nicht gesagt haben möge, obwolen, wann auch dieses wäre, die alte Meinung, als ob Partus octomestris nicht vitalis seyn könne, längst widerlegt und bekannt ist, daß von einer gesunden Person auch wohl nach 8 Monathen ein vollkommenes Kind geboren werden könne. Alleg. Autores.[17]

Gesezt auch, das Kind habe Beim Wegschießen aus der Mutter nicht geschrien, welchen Umstand jedoch die Inquisitin nicht positive behauptet, so ist genug, daß ihr Geständnis vorhanden ist, daß das Kind gelebet habe, daß sie es, damit es nicht schreyen, sondern ersticken möge, gleich bei der Kehle gefaßt, daß sie nach angethaner starcken Gewalt gleichwol gespüret, wie das Kind noch geroßelt habe. Daß es vielleicht nicht laut geschrien, ist leicht zu begreifen, indeme fast in einem Augenblick geschehen, daß das Kind von der Inquisitin geschoßen, sie nach ihm gegriffen – und es erdroßelt, und was wurde mit allem disem Inquisitin gewinnen, wann man ihr Geständnus zu vermeintlicher Defension in Zweifel ziehen wolte? Kan eine Mutter quae vitalitatem negat,[18] deswegen auf die Folter gebracht und bei erfolgendem Bekänntnis mit der Todesstrafe beleget wer-

16 Siehe Gutachten (vide Responsa) der medizinischen Fakultät Halle zu Fall 13 bei Alberti, Gerichtsmedizin. – Gemeint ist Alberti, Michael, Systema jurisprudentiae medicae, quo casus forenses a juridicis et medicis decidendi explicatur [...] in partem dogmaticam et practicam partitum [...], 6 Bde., Halle 1725–1747. Die zweite Schrift, auf die Lanz verweist, ist Teichmeier, Hermann Friedrich, Anweisung zur gerichtlichen Arzneygelehrtheit (Institutiones medicinae legalis vel forenses), Jena 1723, Kap. 9, Frage 10.
17 Allegati Autores: nachgewiesene Autoren.
18 Welche die Lebensfähigkeit bestreitet.

den? Art.131. Constit. crim;[19] so ist um so weniger zur Condemnation ein Anstand zunehmen, wann wie hier eine freiwillige Confession vorligt, welche mit allen Umständen und Gründen des Sections Berichts übereinstimmet. Und wann der Hr. Defensor darinn, daß das Kind nur schwach gelebt habe, seine Stütze sucht, so würde er weiter nichts damit erhalten können, als daß ex hac causa mitigandi nur poena Gladii[20] statt fände.

6.) Sucht der Herr Defensor darinn, daß Inquisitin freiwillig von ihrer Flucht zurückgekommen seye, eine gar starcke Rationem mitigandi,[21] und er richtet hiernach sein Petitum[22] auf eine gnädige Strafe, und überläßt Eines HochEdlen Raths Gutfinden Ledigl., ob in der Sache hier gesprochen oder die Acta zu verschicken beliebt werden wolle.

Wann man erwäget, daß Inquisitin noch nach der Geburt geläugnet, daß sie am Thor sich nicht gemeldet, sondern erkannt und ergriffen worden, daß sie sehr wahrscheinl. geglaubt, sie werde, weil sie einmal sich entfernet gehabt, wann sie nur in der Stille wieder in die Stadt kommen könnte, nicht mehr gesuchet werden, und Bei ihren Schwestern Hülfe finden; so wird schwerl. ihre Rückkunfft als freiwillig anzusehen und daraus ein Grund der Mäßigung ihrer Strafe gezogen werden können.

Außer diesem hat Inquisitin selbsten zu ihrer Defension angebracht, daß ihr gleichsam der Satan den Mund zugehalten habe, daß sie einmal Versuchung bekommen, sich von dem Speicher herunter zu stürzen und daß sie ganz verstockt gewesen.

Alles dieses aber befreyet sie nicht von der Schuld ihres Verbrechens, sie hätte ihren boshafften Eingebungen nicht folgen, sie hätte die Versuchung anzeigen und sich dadurch wider dieselbe sicher setzen sollen. Anstatt daß sie sich selbst überlaßen, ihren

---

19 Articulum 131 Constitutio criminalis: Artikel 131 der Carolina [über den Kindsmord].
20 Aus Milderungsgründen nur die Strafe der Enthauptung.
21 Milderungsgrund.
22 Gesuch.

gefaßten Vorsatz nachgehangen und ihn endl. auf eine so bos-
haffte Weise zum Vollzug gebracht hat.

Es bleibet also allemal richtig, daß Inquisitin ihr Schwangerschafft und Geburt verborgen und vorsetzlich verheimlichet, ihr
lebendig gebohrenes – und dafür überzeugend gehaltenes Kind
mit Ausübung unmenschlicher Gewalt umgebracht habe, und
daß sie daher die in der Carolina verordnete poenam ordinariam nicht nur verdienet, sondern auch diese Strafe noch zu
schärfen bewegende Ursachen vorliegen, Si enim crudeli modo
peractum crimen ex asperari poena ordinaria solet. Engau. Jur.
crim. Libro I. T.30. §. 387.[23] Weil aber doch dieselbe freywillig
ihre Böse That bekannt und dadurch die Untersuchung der
Sache sehr erleichtert, und weil vielleicht ratione vitalitatis[24]
einige Zweifel noch vorzuwalten scheinen möchte, und deswegen die Bekänntnus der Inquisitin nur dahin anzunehmen seyn
dürfte, daß, wie der Herr Defensor selbsten solche ausleget, das
Kind nur schwach gelebet habe; So wolte ich in diesem Betracht
dahin antragen, daß Inquisitin nur mit dem Schwerd vom
Leben zum Tod gebracht werde.
Salvo meliori p. Ffurt. den 23. Decbr. 1771.
Lanz.

So viele Mühe auch der H. Vertheydiger der, wegen Kinder-
Mords dermahlen endlich zu verurtheilenden, Susannen Margarethen brandin sich, in der, wohl verfaßten, Defensions-
Schrift gegeben, alle dieienige gründe zusammen zu suchen,
welche der Inquisitin zu einigem behuf und Vorstand gereichen
können; so bin ich doch ebenfalls vollkommen überzeugt, daß
er in iener seiner vertheydigung nichts ausgeführet, was er-
meldte, in ihren umständen übrigens bedauerungs würdige,

---

23 Wenn nämlich das Verbrechen in grausamer Weise begangen wurde,
   wird üblicherweise die gewöhnliche Strafe verschärft. Engau, Johann
   Rudolph, Grundzüge des deutschen und des der Constitutio Criminalis
   Carolina entsprechenden Strafrechts (Elementa Juris criminalis Germa-
   nico-Carolini), Jena 1738, Buch I, Titel 30.
24 Über die Lebensfähigkeit; über die Frage, ob das Kind gelebt hat.

Inquisitin von der wohl verdienten Straffe des Schwerds retten oder zu deren Ermilderung etwas beytragen könne.

Der H. Geheimde Rath von Boehmer erfordert in seinen Meditationibus[25] über die peinliche Halsgerichts-Ordnung und zwar deren Articulum 131, §. 3 auf den Fall, wenn gegen eine Kindermörderin die ordentl. Todtes Straffe statt finden soll, vier Hauptstücke:

1.) daß von der Inquisitin würckl. ein Kind gebohren worden, und

2.) solches lebendig auf die wellt gekommen, auch beydes ausser zweifel beruhe, zugleich aber

3.) die boshafte Intention der Mutter ihr Kind zu tödten, weniger nicht

4.) die würckliche Vollbringung der abscheulichen That hinlänglich erwießen seye.

Wenn mann nach dießen gesetzmäßigen Erfordernüssen gegenwärtigen Fall beurtheilet, auch acta et probata[26] darnach genau prüfet, so werden die von dem Hrn. Defensore erregte vermeinthl. zweifel von selbsten verschwinden.

Daß I) Inquisitin würcklich ein Kind gebohren, solches ist theils aus ihrem eigenen ohnumwundener bekändtnüß klar, theils aber aus denen umständen, da sie nehmlich ihre sichtbahre Schwangerschafft verheimlicht, der angegebene Ort und die Zeit der gebuhrt mit ihrem Geständnüß übereinkomt auch daselbsten noch die Nachgebuhrt und andere spuren von ihrer Schwester gefunden worden, gantz offenbahr und nicht dem mindesten Anstand unterworffen. Daß aber

II) das von der Inquisitin gebohrne Kind würcklich lebendig auf die wellt gebracht worden, solches ist in vorstehendem bedencken sub num. 3. et 5.[27] bereits dergestallt deutl. vor augen geleget worden, daß auch hier die Einwürffe des Hrn. defensoris in keinen betracht kommen können. Der umständliche Sections-bericht sub Lit. D. welcher bey dießer gelegenheit,

---

25 Boehmer, Johann Samuel Friedrich von, Betrachtungen zur Carolina (Meditationes in Constitutionem criminalem Carolinam), Halle 1774.

26 Die Akten und Beweise.

27 Unter Nr. 3 und 5.

da er noch nicht bey einem hochEdlen Rath vorgekommen, offentlich verleßen zu werden wohl verdienet, betzeuget daß das Kind ausgetragen und keine unzeitige gebuhrt geweßen, auch völlig athem geschöpfet, mithin vollkommen gelebet habe. Es ist also nach dem ausdruck des art. 131 Const. Carolinae ein lebendiges gliedmäßiges Kind geweßen dessen stärcke, und zeitigkeit ausser zweifel beruhet, vor welche noch ausser deme die leichte gebuhrt der Inquisitin, in welcher das Kind keinen zwang erlitten, das wort redet, da ohnehin die gesundheit der Mutter auch das bewegen des Kindes vor der gebuhrt dieses schon vermuthen lassen. Strüben rechtl. Bedencken Tom. 2. pag. 452. Harpprecht decis. crim. 48. num. 44.[28]

Wenn mann also auch hier der angestellten Lungen-Probe allein nicht trauen wollte, so concurriren doch mit selbiger so wichtige umständte, welche das leben des Kindes bestärcken, daß solche hier vor gantz betrüglich nicht zu achten ist.

Non enim peccant magistratus, qui experimento hoc, dum crimen infanticidii infestigant, utuntur. Ethi enim plene non probet addit saltem ceteris rationibus aliquod pondus. Leyser Spec. 611 med. 37.[29]

Da nun überdießes Inquisitin selbst, daß das Kind lebendig gebohren worden, nicht in abrede gestellet, sondern bekennet, daß dasselbe noch nach der demselben, durch Zerdrückung der Kehle zugefügten sehr starcken gewalt gerossellt habe, dießes rosseln aber ein noch übriges Leben ohnumgängl. vor-

---

28 Hofmann bezieht sich auf Strüben oder Strube, David Georg, Rechtliche Bedenken, Darmstadt 1788, Bd. 2, S. 452, sowie auf Harpprecht, Johann, Strafrechtliche Abhandlung [...] so manche Erklärung der Titel des Buches IV der Institutionen des göttlichen Kaisers Justinian enthaltend (Tractatus criminalis [...] aliquot titulorum libri IV institutionum iuris D.[ivi] Justiniani Imp[eratoris] explicationem complectens [...]), Frankfurt a. M. 1603, Entscheidungen strafrechtlicher Fälle (decisiones criminales) 48, Nr. 44.

29 Die Richter [wörtlich: der Magistrat] versündigen sich nämlich nicht, wenn sie sich dieses Experiments bedienen im Falle, daß sie einem Verbrechen des Kindsmordes nachspüren. Dieses liefert nämlich nicht vollen Beweis, sondern gibt nur anderen Erkenntnismitteln zusätzliches Gewicht. – Hofmann zitiert abermals Leyser, hier Meditation 37, Beispiel 611. Siehe Anm. 49, S. 172 der vorliegenden Edition.

aussetzet, so kann wohl ein vernunftiger zweifel, de vitalitate partus[30] vor erlittener gewallt, keineswegs entstehen, vielmehr muß daraus überzeugend erhellen, daß da das Kind sothane gewallt überstanden und nachhero noch zeichen des lebens von sich spühren lassen, selbiges anfängl. nicht schwach, sondern, wie von einem ausgetragenen und gesunden Kind zu vermuthen starck und vollkommen gelebet haben müsse. Gleichwie nun hierinnen die behauptung derer artispecitorum[31] und das bekändtnüß der Inquisitin mit andern umständten vollkommen übereinstimmet, und vitalitas partus allso keinem anstand unterworffen, so wird nunmehro auch

III.) noch zu untersuchen seyn, ob Inquisitin das boshafte vorhaben gehabt, ihr eigenes Kind zu ertödten. Hieran ist leyder nach demienigen, was dieselbe mit mehreren umständen einbekennet, daß sie nehmlich von der Zeit an da sie des Kindes leben verspüret, sich vorgenommen heimlich zu gebähren und das Kind umzubringen. So dann aber vorzugeben, sie habe ihre Reinigung wieder bekommen, wenn dieses mit dem Einsperren bey empfundenen geburths Schmertzen und der darauf vollbrachten unmenschlichen That zusammen gehallten wird, ebenfalls nicht im allermindesten zu zweiflen.

Die sorgfältige vorbereitung zu dießem abscheulichen unternehmen, die verbergung und hartnäckige Abläugnung der Schwangerschafft lassen genugsam und augenscheinlich wahrnehmen, daß Inquisitin ihrer sinnen völlig mächtig geweßen und nicht so wohl eine Verwirrung derselben als eine würckliche überlegung und boshafter vorsatz ihre Entschließung bestimmet habe, mörderische Hand an ihr eigenes Fleisch und blut zu legen. Mann kann dahero bey ihrem durch so viele concurrirende umständte unterstütztem freywilligen bekändtnüß, die sich nachhero in der That selbsten noch mehr ergeben abscheuliche gefährde und den strafbahrsten animum dolosum occidendi,[32] als vollkommen erwießen, ohnbedencklich mit zum grunde legen und es wird sich nach solchem

---

30 Daß das Kind gelebt hat.
31 Sachverständigen.
32 Tötungsvorsatz.

IV.) von selbsten aller zweifel entfernen , ob die Inquisitin den erschrecklichen Mord ihres Kindes verübet habe. Auch hierinnen ist ihr Schauer verursachendes, Geständnüß so klar, so ohnumwunden und mit denen, an dem cörper des Kindes sich ergebenen Zeichen der größten gewaltthätigkeit, mit dem bericht derer geschwohrnen Physicorum und chirurgorum wie mit allen wahr befundenen umständen, so übereinstimmend, so schließend, daß selbsten die würckliche vollbringung der abscheulichen That der Inquisitin, den größten grad der gewißheit erlanget und vor hinlänglich erwießen angenommen werden kann.

Posita enim de facto lethali medici renunciatione, cum confessione matris circumstantiali coniuncta, causa ita instruitur, ut de fide iuridica pro imponenda iusta poena non amplius dubitandum. De Boehmer l.c. § 14[33]

Bey allen diesen umständen und aus denen hier sowohl als denen in vorhergehendem Gutachten angeführten rechtlen. Gründen, von welch letzteren ich nur blos darinnen, daß, meiner Einsicht nach, vitalitas partus gantz ausser zweifel beruhet, abgehe, kann ich nicht anders, als auf poenam ordinariam gladii,[34] welche bey uns die stelle der in dem gesetz vorgeschriebenen Ertränckung vertritt, stimmen, mithin ebenfalls dahin antragen, daß Inquisitin, ihres begangenen schwehren verbrechens halben mit dem Schwerd vom Leben zum Todt zu bringen seye. S.m. Ffurt. d. 30. Xbris. 1771

Hofmann

Ich kan ebenfalls nicht absehen, wie die in dieser Sache eingekommen – sonst wohl gefaßte Defensions-Schrifft so viel zu erwürcken vermöge, daß Inquisita Brandin von der Todes-Strafe befreyet werden könnte. Denn 1.) beschräncket sich der Inqui-

---

33 Wenn nämlich durch den Arzt der eingetretene Tod bestätigt wurde und außerdem ein Geständnis der Mutter über die Todesumstände vorliegt, dann ist der Fall so gelagert, daß die zur Verhängung der gerechten Strafe notwendige juristische Gewißheit nicht weiter angezweifelt werden kann. Von Boehmer, am angegebenen Ort, §14. – Siehe Anm. 25, S. 198 der vorliegenden Edition.

34 Die gewöhnliche Strafe des Enthauptens.

sitin Geständnus-Widerruf blos auf die bey sich gehabte Scheere, als dasjenige Instrument, welches bey Ertödtung des Kindes nach der ersteren Aussage mit adhibiret[35] worden seyn solle, nicht aber auf die gewaltsame Ertödtung des Kindes an und vor sich selbsten, als welche vielmehr nach wie vor und zwar zu einer Zeit, da die eingebildet- und ungegründete Furcht der Folter cessiret,[36] eingestanden wird. Diese Eingeständnus hat alle ad condemnandum[37] erforderliche Requisita,[38] und ist auch besonders in dem Betracht mehr als probabiliter vera,[39] weil die in andere Wege, als die Scheere, dem Kind zugefügten Gewaltthätigkeiten sich durch das Visum repertum[40] nur allzugewiß bestärcken. Bey so bewanndten Umständen wird 2.) gantz vergeblich an der Vollständigkeit des vorhandenen Corporis delicti aus dem Grund nach gezweifelt, weil Inquisitin ihr im Dunckeln gebohren – nachmahlen durch die Section zerstückt – und der Verwesung nahe gewesenes Kind für das Ihrige, wie geschehen, nicht anerkennen können. Diese Recognition ist zwar an sich gut und räthlich, aber in soweit nicht unumgänglich nötig, daß anderer gestallt das Corpus delicti nicht zuverlässig constatiret werden könne. Ipsa veritas et existentia criminis[41] machet dasselbe schon aus, als welches sich ex inspectione oculari et Confessione Inquisitae[42] nur allzu überflüssig an den Tag geleget hat. Solchergestallt konnte Inquisitin ihr obgleich im Dunckeln gebohren nachmahlen zerstückt- und der Verwesung nahe gewesenes Kind allerdings für das Ihrige erkennen. Sie ware ja von ihrer heimlichen Niederkunfft und der gewaltthätigen Ermordung ihres Partus[43] überzeugt und konnte dahero wohl voraussehen, daß es per rerum natu-

35 Angewandt.
36 Schwand.
37 Zur Verurteilung.
38 Voraussetzungen.
39 Höchstwahrscheinlich zutreffend.
40 Was durch Augenschein offenbar wurde. – Gemeint ist die Untersuchung der Kindesleiche.
41 Das wahrhafte und wirkliche Geschehen des Verbrechens.
42 Durch Augenschein und durch das Geständnis der Beschuldigten.
43 Kindes.

ram[44] nicht möglich gewesen, ihr ein anderes Kind, als das Ihrige, ad recognoscendum vorzulegen. Ausser deme kommt es bey gegenwärtigem Vorfall eigentlich darauf gar nicht an, ob 3.) Inquisitin ihre Schwangerschafft gewußt und 4.) dieselbe mit der Geburt verheimlichet habe, oder nicht. Denn so viele ohnwidersprechliche Zeugnüsse auch deßfalls sich gegen die Inquisitin ausser der eigenen Geständnus ex Actis[45] hervorthun.

So wenig kan bey dem Umstand, da sie an ihr neugebohrnes Kind Hand geleget und dasselbe auf eine gewaltthätige Weise umgebracht hat, ihr zu statten kommen, daß sie ihre Schwangerschafft nicht gewußt – vielweniger dieselbe und ihre Geburt verheimlichet habe, indem die vorsetzliche Ermordung ihres zur Welt gebrachten unschuldigen Kindes eigentlich dasjenige ist, was ihr schon auch ohne Schwangerschaffts- und Geburts-Verheimlichung die Todtes-Strafe und zwar mit destomehrerem Rechts-Beystand zuziehet, als auch ich 5.) den allermindesten Zweifel dabey nicht finde, daß der Inquisitin Kind lebendig zur Welt gekommen- und dieses seines Lebens durch die an ihm verübte abscheuliche Gewaltthätigkeiten beraubet worden seye. Die ausser deme, daß sich dieses durch die eigene Geständnus der Inquisitin selbst, das Judicium Peritorum in arte[46] und die nicht gäntzlich zu verwerfende Lungen-Probe sattsam verificiret, ist ohnehin auch in solange, als das Gegentheil davon nicht erwiesen wird, pro vitalitate Partus die vermuthung zu fassen, Berlich. P. 4. Conclus. 7.n. 28.[47] und dieselbe wird auch noch in dem Betracht um so ansehnlicher, weil Inquisitin keine harte Geburt auszustehen gehabt hat. Alberti ad Art. 131 Const. crim. Carol. p. 269 et 270.[48]

44 Nach der Natur der Dinge.
45 Aus den Akten.
46 Urteil der wissenschaftlichen Sachverständigen.
47 Berlich, Matthias, Erörterungen für die Praxis, der Anordnung der Gesetze des göttlichen Kurfürsten August von Sachsen folgend (Conclusiones practicabiles, secundum ordinem constitutionem divi Augusti Electoris Saxoniae, discussae), 5 Bde., Leipzig 1670, hier Teil (Pars) 4, Schlußfolgerung (Conclusio) 7, Nr. 28.
48 Aus dem bereits zitierten Alberti (siehe Anm. 16, S. 195 der vorliegenden Edition) führt Rumpel dessen Bemerkungen zu Artikel 131 der Carolina, S. 269 und 270, an.

Bey allen diesen Umständen und da auch zugleich keine wahre Straf-Ermässigungs-Ursache vorhanden, die der Inquisitae zustatten kommen könnte, bin ich ebenfalls des rechtlichen Dafürhaltens, daß gedachter Inquisita des verübten gewaltsamen KinderMords halber die poenam gladii verwürcket habe und diese also, um der Göttlichen Gerechtigkeit ein Genügen zu leisten, an ihr ohnnachlässig zu vollziehen seye. Salv. Mel. Franckfurt d. 2. Jan. 1772.

Rumpel

Hält man den Sections-bericht derer Herrn Physicorum et Chirurgorum iuratorum sub Lit. D., und die klaare und deutliche freywillige geständnuß der Inquisitin in Prot. sub Lit. C. porto Fol. 81. biß Fol. 132. prot., item Fol. 150 biß Fol. 155, zusammen: So bleibt kein Zweifel übrig, daß die in crimine infanticidii[49] das corpus delicti constituirende – vier requisita [?], 1.) infantis editi, 2.) perfecti, 3.) occisio, 4.) dolosa, Kress ad Art. 131. C.C.C. § 1. nota 6.[50] in gegenwärtigem Fall leyder sich allesammt vorfinden, und davon genugsahm co[?]iert. In denen vorstehenden rechtlichen gutachten ist solches schon specialiter ex actis[51] an- und außgeführet-, und alles dergestallten erschöpfet-, auch die ohnerheblichkeit derer Defensionsgründe gezeiget worden, daß ich billig bedencken tragen muß, solches dahier weitläufig zu wiederholen; Vielmehr beziehe Ich mich, beliebter Kürze wegen, darauf, und ins besondere, ratione vitalitatis infantis necati,[52] auf das bedencken Tit. Herrn Synd. Hofmann.

Auf eine solche deutliche, gerichtliche, und mit Umständen, die in der Untersuchung wahr befunden worden, beschehene

---

49 Beim Verbrechen des Kindsmordes.

50 Voraussetzungen [hier folgt im Original ein unleserliches Wort], 1.) die Geburt eines Kindes, das 2.) voll entwickelt und lebendig war, 3.) dessen Tötung, und zwar 4.) mit Vorsatz. – Kress ad Articulum 131 Constitutionis Criminalis Carolinae (zu Artikel 131 der Carolina) bezieht sich auf den bereits zitierten Kress. Siehe Anm. 53, S. 181 der vorliegenden Edition.

51 Insbesondere anhand der Akten.

52 Hinsichtlich der Lebensfähigkeit des getöteten Kindes.

bekanntnuß, wie die Inquisitin von der vorsetzlichen gewallt, so sie ihrem kinde, das noch nach der starcken Zuhaltung der Kehle mit der rechten hand, und Zerkratzung im gesicht mit der lincken hand, geroßelt, abgelegt, ad protocollum gethan, und solche unterm 9ten Nov. nup.[53] auf beschener Vorleßung, nur den Umstand von der Scheer außgenommen, nochmahls bestättiget, und welche durch das in der hauptsache damit übereinstimmende visum repertum derer Verpflichteten Herrn Physicorum et chirurgorum sattsam bestärcket wird, kan in iudicando[54] vollkommen sicher gefußet werden.

Siquidem propria feminae confessio, se infanticidiam dolosam perpetrasse, clara, evidens ac seria, in iudicio, sub talibus circumstantiis, quae verae deprehendantur, atque conventi non facile innotuerunt, facta, plenam infanticidii dolosi probationem involvirt. Wolfart in Tractat. iurid. de Infanticidis doloso, eiusque speciebus, Sect. 1. §.29.[55]

Wogegen die von dem Herrn Defensore circa recognitionem infantis occisi erregte dubia[56] zwar um so weniger relediren,[57] als einestheils dergleichen Recognitatio an- und vor sich selbsten von gar keiner Nothwendigkeit ist, und eine Kinder-Mörderin, caeteris paribus, auch so gar in dem Fall, wann das cadaver des umgebrachten Kinds sich nicht mehr vorfindet, mit der Todesstrafe wohl belegt werden kan.

Ad irrogandam poenam capitalem requeritur, ut crimen plene probatum sit. L. 16. c. de Poen. quam vero infanticidium dolosum plene probatum dicatur, quando summa probabilitate constat, quod illud commissum fuerit, et quaenam femina idem

---

53 Nupe: neulich.
54 Bei der Urteilsfindung.
55 Wenn nämlich das Geständnis der Frau selbst, sie habe den Kindsmord vorsätzlich begangen, klar, deutlich und ernsthaft vor Gericht abgelegt wurde, unter solchen Umständen, die als aufrichtig anzusehen sind und dem Gericht nicht ohnehin leicht bekannt waren, dann kann man eingeschränkt einen vorsätzlichen Kindsmord annehmen. Wolfart in seiner juristischen Abhandlung über die vorsätzliche Kindstötung und ihre Erscheinungsformen, Abschnitt 1.
56 Über die Wiedererkennung des getöteten Kindes erregten Zweifel.
57 Schaden.

commiserit; illudque fieri possit, etiamsi cadaver infantali inte-
remti, sive quod à bestiis devoratum, sive flammis consumtum,
sive alio quocumque modo oculo honorarium subductem fuerit
non reperiatur; siquidem sola absentia cadaveris infantali occisi
non involvit defectam coporis Delicti, et perinde est, corpus
delicti investigetur sive ad sensum, sive ad intellectum; Engau in
Elem. iur. cr. l.c. §.70 et 80. sequitur ad dictandam poenam
infanticidii dolosi, quae capitalis est, quidem requiret infanticidium dum dolosum plene probatum sit, non tamen praecise ut
cadaver infantali occisi oculis Iudicis sub iuratur.[58]

Wolfart dicta Tractat. Sect. 1. §.33 ibique alleg. Harpprecht, Leyser et Mylius.[59]

Und andertheils in gegenwärtigem Vorfall, circa Identitatem[60]
des – von der Inquisitin in der Wasch-Küche des bauerischen
Hauses gebohren – und durch die bürgermeisterliche ordon-

---

58 Da die Handschrift Schudts nicht immer eindeutig zu entziffern ist,
   wurden hier einige unleserliche Stellen aus dem Zusammenhang des
   Textes rekonstruiert und damit auch eventuelle Schreibfehler korri-
   giert. Die Übersetzung lautet: Zur Auferlegung der Todesstrafe genügt
   es, daß das Verbrechen in vollem Umfang eingestanden wird. Gesetz 16 des Kapitels über die Strafen (Lex 16 capituli de Poenis)
   bestimmt, wann ein vorsätzlicher Kindsmord eindeutig anzunehmen
   ist, dann nämlich, wenn mit größter Wahrscheinlichkeit feststeht, daß
   er begangen wurde und welche Frau ihn begangen hat; das wäre selbst
   dann möglich, wenn die kindliche Leiche beseitigt, von wilden Tieren
   verschlungen oder von Flammen verzehrt worden wäre oder auch auf
   irgend eine andere Weise dem Auge der Amtsträger entzogen wurde
   und nicht auffindbar ist; weil ja allein die Abwesenheit der Leiche des
   ermordeten Kindes noch nicht das Fehlen des Gegenstands des Verbrechens einschließt, und folglich ist es so, daß der Gegenstand des
   Verbrechens aufgespürt ist, sowohl für die praktische Anschauung als
   auch für das Vorstellungsvermögen. Engau [siehe Anm. 23, S. 197 der
   vorliegenden Edition] folgert in seinen Grundzügen des Strafrechts,
   am angegebenen Ort § 70 und 80, hinsichtlich der zu verhängenden
   Strafe für vorsätzlichen Kindsmord, welche die Todesstrafe ist, daß nur
   das Vorliegen der vorsätzlichen Kindstötung voll erwiesen sein, daß
   aber nicht der Leichnam des getöteten Kindes den Richtern zur Beurteilung vorliegen muß.
59 Wolfart in der genannten Abhandlung, Abschnitt 1, § 33; dort werden
   auch Harpprecht, Leyser und Mylius zitiert.
60 Hinsichtlich der Identität.

nantz vid. Prot. Fol. 1 et 2 et Fol. 192. in dem Stall, an dem nemlichen Ort, den Sie nachhero angezeiget, gefundene – Zur Section in den Hospitahl gebrachte – Kinds, woran in der section die nemliche signia violentiae,[61] welche die Inquisitin demselben zugefüget zu haben umständl. angezeiget und eingestanden, würcklich angetroffen worden, kein vernünftiger Zweifel erregt werden kan. Doch, um in einer so wichtigen blut-Sache nichts unerschöpft zu laßen, was zu völliger aufklärung eines so beträchtlichen Umstands in facto, und zu gäntzlicher Wegräumung derer recognicionem infantis occisi[62] gemachter anständen des Herrn Defensoris, geruhen kan, mithin plenam probationem circa identitatem infantis[63] zu erzielen. So mögte hierzu dienlich und erforderlich seyn, daß so wohl der ordonnantz brand seine Fol. 1 et 2. und besonders Fol. 192 seq. Protoc. befindliche ausage, in gegenwart der Inquisitin eydlich annoch bestärcke als auch die Krancken-Mutter in dem Hospitahl, welche das Kind im Stall mit aufgehoben und zur Section in den Hospitahl getragen, hierüber ebenfalls annoch ad prot. vernommen-, und ihre Ausage, wann sie mit des ordonnantz brand seiner einstimmig ist auf gleiche weyse beschwohren-, und dieses Protocoll dem Defensori, um, wann er, dabey noch etwas zu erinnern fände, solches innerhalb 8 Tagen einzubringen communiciret werde. Wann nun dieser Punct vorerst also berichtiget worden, und nichts erhebliches dagegen weiters vom Herrn Defensore vorgebracht wird, als welches bishero noch zu circuliren hätte: So bin Ich in diesem Fall, in rechtlicher und gewissenhafter Erwägung alles Vorstehenden, ebenfalls damit einverstanden, daß die Inquisitin, Susanna Margaretha Brandtin, des begangenen Kinds Mords halber, iuxta[64] Art. 131. C.C.C. mit der Todes-Strafe zu belegen und nach hiesiger eingeführten gewohnheit, mit dem Schwerdt hinzurichten seye. Salv. mel: Franckf. d. 3. Januarii 1772
B. J. Schudt

61 Zeichen der Gewaltanwendung.
62 Wiedererkennung des getöteten Kindes.
63 Ein volles Geständnis hinsichtlich der Identität des Kindes.
64 Gemäß.

Lect. in Senat. d. 7. Januar 1772 et concl.: Solle man die Inquisitin, Susanna Brandtin, nach allem in actis befundenen und reichlich überlegten Umständen, wegen des vorsetzlich und böslicher weis begangenen Mords an ihrem neugebohrnen Knäblein, mit dem Schwerd vom leben zum Todt bringen, so fort hiernach das weitern ehebaldigst verfügen laßen.

[Beilage Q: Urteilsschluß im Rat]

In peinlichen Untersuchungssachen wider Susannen Margarethen Brandtin erkennen wir Bürgermeister und Rath der keyserl. freyen Reichs Statt Franckfurth am Mayn, auf vorgängige umständliche Erforschung und Untersuchung der Sache, geführte Vertheidigung, vorgelegte rechtliche Syndicats-Bedencken, und sorgfältige Erwägung aller Umständen vor recht, daß gedachte Brandtin des an ihrem lebendig zur Welt gebrachten Kinde, nach eigener wiederholter Erkänntnis, vorsätzlich und boshafter weise verübten Mords halber nach Vorschrift der göttl. und weltlichen Gesetzen und zwar ihr zur wohlverdienten Strafe und andern zum abscheulichen Exempel mit dem Schwerd vom Leben zum Tod zu bringen, und dieses Urthel fordersamst zu vollziehen seye.
Concl. in Sen. d. 7. Jan. 1772.
Lect. in Senat. d. 9. Jan. 1772 et concl.: Placet und solle man solches nunmehro fördersamst gewöhnlichermaßen publiciren.

* * *

Continuatum den 7. Jan. 1772
Coram Dno. Cons. Jun. Sen. Reuss et Dno. Sen. Dr. Textor
Exam. Ordinario. [65]

Wurde das auf Verlesung des von dem Titl. Hrn. Syndicis in peinlicher Untersuchungs Sache contra Sus. Margar. Bran-

---

[65] Vor dem Herrn Jüngeren Bürgermeister und Ratsherrn Reuss und Herrn Ratsherrn Dr. Textor, Examinator ordinarius.

din abgestatteten bedenkens ergangene vener.[66] Raths Conclusum Sub Lit. Q ad acta registriret.

[Prüfen des Urteilsspruchs durch die Syndiker am 7. und 8. Januar 1772]

Hr. Rathschreiber Claudi hat mir heute gesagt, daß das Urthel so wie er es abgefaßt, dem hißigen Stilo gemäs, und nach dem Beyspiel der gegen ander Kinder Möderinnen, besonders die Fröhligen, erfolgten Erkäntnissen begriffen seye. Da mir aber doch daßelbe zum Bedencken zugeschickt worden, und ich gleichwol die Gelegenheit jetzo nicht habe, ältere Acten nachzusehen, so habe vorstehendes Urthel entworfen, welches dem allgemeinen Stilo und dem Vorgang der Sache gemäs auch vor die Inquisitin selbst verständlich ist, u. also meines Erachtens derselben dergestalten eröfnet werden könnte. S.M. Ffurt. d. 8. Jan. 1772. Lanz.

Ich bin mit vorstehendem aufsatz der urthel gantz einverstanden, stelle aber anheim, ob nicht post verbum:[67] vorgelegte rechtliche inserirt werden wolle: Syndicats bedencken. S.m. Ffurt d. 8. Jan. 1772.
Hofmann.

Ich habe bey der Urtheil und dem Monito auch nichts weiter zu erinnern, als daß ich dahinstellen, ob nicht lin. 15 post[68] Gesetzen die Worte und zwar ihr eingerücket werden wolle. S.m. Frf. d. 8. Jan. 1772.
Rumpel.

Ich bin mit vorstehenden Gutachten ganz einverstanden. Frf. d. 8. Jan. 1772.
B.J. Schudt.

66 Ehrwürdige.
67 Nach dem Wort.
68 In Zeile (linea) 15 nach.

In peinlichen Undersuchungs-Sachen wieder Susanna[69] Margaretha Brandtin erkennen Wir Bürgermeistern und Rath der Kayserl. freyen Reichs-Stadt Franckfurt am Mayn, auf vorgängige Umständliche Erforschung und Untersuchung der Sache, geführte Vertheidigung, vorgelegte rechtl. Syndicats-Bedencken, und sorgfältige Erwägung aller Umständen, vor Recht, daß gedachte Brandtin des an ihrem lebendig zur Welt gebrachten Kinde, nach eigener wiederholtem Bekänntnis vorsetzlich und boshaffter weiße verübten Mords halber nach vorschrifft der göttlich und weltlichen Gesezen und zwar ihr zuwohlverdienten Strafe und andern zum abscheulichen Exempel mit dem Schwerd vom Leben zum todt zu bringen und dieses Urthel fordersamst zu vollziehen seye.
Geschlossen bey Rath dienstags den 7. Jan. 1772.
Lectum in Senatu donnerstags den 9. Januar 1772 et concl.: Placet, und solle man solches nun mehro fördersamst gewöhnlicher maßen publiciren.

* * *

Continuatum den 10ten Jan. 1772
Coram Iisdem

Nachdeme Inhalts des gestrigen Tages ergangenen verehrlichen Raths Conclusi dem Amt der Auftrag geschehen, daß die in peinlicher Untersuchungs Sache contra Sus. Margarethen Brandin auf das von den Titl. Hrn. Syndicis erstattete rechtliche Gutachten unter dem 7. Jan. a. c. bey E. HochEdl. Rath abgefaßte Urthel der Inquisitin in Gegenwart ihres Hrn. Defens. publicieret werden solle. Als hat man zu dessen gehorsamsten befolgung die Inquisitin brandin anheute p. milites vor Amt bringen lassen, und derselben in Gegenwart ihres Hrn. Defensoris des Hochgelahrten Hrn. Dr Marc. Christoph Schaaff erwehnte Urthel nachstehenden Innhalts bekannt gemacht.

In peinlichen Untersuchungs Sachen wieder Susannen[69] Margarethen Brandtin erkennen wir Bürgermeistern und Rath der Kayserlichen Freyen Reichs Stadt Frankfurth am Mayn auf vorgängige Umständtliche Erforschung und Untersuchung, der Sache geführte Vertheydigung, vorgelegte rechtliche Syndicats Bedencken, und sorgfältige Erwägung aller Umstände vor Recht:

Daß gedachte Brandin des an ihrem lebendig zur Welt gebrachten Kinds nach eigener wiederholter Bekäntniß vorsetzlich und boshaffter Weise verübten Mords halber, nach Vorschrift der göttlich und Weltlichen Gesetzen halber und zwar ihr zu wohlverdienten Straffe, und anderen zum abscheulichen Exempel, mit dem Schwerd vom Leben zum Todt zu bringen und dieses Urthel fordersamst zu vollziehen seye.

Geschlossen bey Rath Dienstags den 7. Januar 1772

Nach beschehener Publication des Urthels, fiele die Inquisitin in eine hefftige Ohnmacht, und nachdem sie sich wieder erholet hatte, bathe sie unter Vergiesung vieler Thränen auch heftigem Hände ringen:

Daß ein HochEdler Rath geruhen mögte Gnade vor sie zu haben – und ihr in Rücksicht ihrer jungen Jahren das Leben zu schenken.

Worauf der zu gegenstehende Herr Defensor sich dahin erklährte:

Er wolle zwar eben falls wünschen, daß es Einem HochEdlen Rath möglich seyn mögte, die unglückliche brandin zu

---

69 Hier ist im Original ein Zwischenblatt eingebunden, auf dem vermerkt ist: „Continuatio protocolli de 9. Nov. 1771. Lect. in Senat. extraord. d. 11. Jan. 1772 vid. das anliegende besonder Conclusum de eodem." – Dieses Protokoll wurde also am 11. Januar in einer außerordentlichen Ratssitzung verlesen und daraufhin der unter Beilage R folgende Beschluß gefaßt.

begnadigen, als warum er unterthänigst gehorsamst gebeten haben wolle. Gleichwie er aber in seiner Vertheidigungs Schrifft bereits alles was der Inquisitin nach Vorliegenheit der Umständen, und Maasgabe derer Acten, zur Vertheydigung gereichen können angeführet, und weitere und neue Vertheydigungs Gründe bey zu bringen nicht im Stande seye; Als sehe er sich obhabender Pflichten halber in die traurige Nothwendigkeit versetzet, von einer weitern Vertheydigung zu abstrahiren, und müsse nunmehro unter nochmahliger Wiederholung seines obigen unterthänigst gehorsamsten Bittens der Gerechtigkeit ihren Lauff lassen.

Hierauff hat man die Inquisitin, nachdeme sie sie sich von der sie befallenen Ohnmacht wiederum so ziemlich erholet, durch ein Port Chaise ad locum unde[70] zurück bringen und den Herrn Pfarrer Willemer von Amts wegen ersuchen lassen, sich also gleich zu ihr zu verfügen, und ihr Trost zuzusprechen. Im übrigen soll dieses protocoll zu weiterer Grosgünstigen Verfügung bey Einem HochEdlen Rath verlesen werden.

In fidem J. J. Rost actuar. vic. jur.

[Beilage R: Ratsbeschluß]

Als man bey gegenwärtigem in Gegenwart derer Herrn Syndicorum, gehaltenen außerordentlichen Raths-Sitz im Protocollum löbl. Officii Examinatorii de hesterno verlesen, nach welchem der puncto infanticidii verhafteten Inquisitin Brandin das gefällte Todes-Urthel gewöhnlichermaßen in Person und Beystand deren Defensoris des hochgelahrten Iuris Doctoris Marcus Augustus[71] Schaaf, publiciret, von derselben aber, unter Vergiesung vieler Thränen, um Milderung der Strafe und

---

70 An den Ort, von dem man sie geholt hatte.
71 Der zweite Vorname Schaafs lautete Christof. Augustus ist hier irrtümlich angegeben.

Schenckung des Lebens demüthigst gebetten, von besagtem Defensori auch einer weitern Vertheidigung entsaget worden ist:

Solle man, nachdeme nicht die geringste Ursache einer begnadigung vorhanden ist, das gegen sie ausgesprochene Urthel fördersamst vollziehen und ihr hiervon weitern ungesäumte Nachricht ertheilen.

Concl. in Senat. extraord. d. 11. Jan. 1772.[72]

Lit. R.

---

[72] Beschlossen auf der außerordentlichen Ratssitzung vom 11. Januar 1772.

4. Teil
Die Hinrichtung

Die Hinrichtung der Susanna M. Brandt sollte am 14. Januar stattfinden. Die Vorbereitungen begannen unmittelbar nach der Bestätigung des Urteils im Rat am 9. Januar 1772. Auf dem Peinlichen Verhöramt erschien an diesem Tag der Frankfurter Scharfrichter Hoffmann. Die Herren Reuss und Textor eröffneten ihm, daß die Inquisitin mit dem Schwert enthauptet werden solle. Der Scharfrichter wurde gefragt, ob er sich zutraue, die Hinrichtung in einem Streich zu vollziehen. Hoffmann bejahte dies und erklärte, er habe bereits mehrere solcher Hinrichtungen glücklich vollzogen. Das Protokoll der Befragung wurde am selben Tag im Rat verlesen und anschließend im Peinlichen Verhöramt zu den Akten genommen. Anderntags ließ der Scharfrichter durch den Advokaten Hieronymus Peter Schlosser ein Gesuch aufsetzen, in dem er bat, man möge die Hinrichtung seinem 25 Jahre alten Sohn übertragen. Dieser war Wasenmeister in Groß-Gerau bei Mainz. Die Exekution der Susanna M. Brandt sollte ihm, wie der Vater formulierte, zu seinem weiteren Fortkommen nützlich sein. Das Gesuch wurde am 11. Januar im Rat verlesen und genehmigt. Am 13. Januar wurde der Sohn des Scharfrichters seinerseits auf dem Peinlichen Verhöramt befragt und ermahnt, sich genau zu prüfen, damit ihm die Hinrichtung nicht mißlinge und er schwere Verantwortung und Strafe tragen müsse. Im Protokoll wird angemerkt, daß Hoffmann groß und stark und daher anzunehmen sei, daß er die Hinrichtung wohl verrichten werde. Das Protokoll sollte im Schöffenrat verlesen werden. Erst nach der Hinrichtung, am 16. Januar, wurde es dann dem gesamten Rat vorgelegt. Am 17. Januar mußte die Schwester der Enthaupteten, Maria Ursula König, im Peinlichen Verhöramt den Empfang der nachgelassen Habseligkeiten der Delinquentin bestätigen. Alle bis hierhin genannten Protokolle wurden am 18. Januar im Peinlichen Verhöramt zu den Akten genommen.

Der Rat hatte außerdem von allen beteiligten Ämtern sowie vom Ratsschreiber, vom Oberstrichter und vom Seelsorger der Delinquentin Berichte erbeten, die über die Vorbereitungen der Exekution und über die letzten Tage und Stunden der Susanna M. Brandt Aufschluß geben sollten. Das erste dieser Dokumente ist ein Protokoll des Kriegszeugamtes vom 11. Januar. Es schildert die militärischen Sicherheitsmaßnahmen, die für den Tag der Exekution ergriffen wurden. In der ganzen Stadt sollten Soldaten patrouillieren, die Mannschaft der Hauptwache sollte verdoppelt, der Hinrichtungszug von 30 Grenadieren begleitet und der Scharfrichter von sechs Soldaten und einem Unteroffizier geschützt werden. Es schließt sich ein Protokoll des Bauamtes vom 15. Januar an. Darin wird berichtet, daß der Baumeister am 11. Januar vom Rat den Auftrag erhalten habe, ein Schafott errichten zu lassen. Am Tag vor der Hinrichtung wurde es von allen Zimmermeistern und deren Gesellen gemeinsam auf dem Richtplatz, vor dem Röhrenbrunnen an der Hauptwache, aufgestellt. Unter dem Schafott wurde Sand verstreut; außerdem wurde mit Sand ein Gang vom Katharinenturm bis zum Schafott markiert, auf dem der Hinrichtungszug entlangschritt. Der Stadtbrunnenmeister hatte mit einigen Leuten den Röhrenbrunnen vor der Hauptwache zu bewachen; der Laterneninspektor sollte die Laternen auf dem Weg zwischen Katharinenturm und Hauptwache abnehmen und der Stadtgärtner die Lindenbäume auf dem Paradeplatz schützen. Die Hinrichtung war ein herausragendes Ereignis, zu dem eine riesige Menge von Schaulustigen erwartet wurde. Damit die Menge nicht zu groß wurde, wurden die Stadttore am Morgen der Hinrichtung verschlossen gehalten, denn bei Hinrichtungen kam es häufig zu Tumulten.

Am 14. Januar verfaßte der Ratsschreiber Claudi einen ausführlichen Bericht über die letzten Tage vor der Hinrichtung und vor allem über den Morgen des 14. Januar selbst. Hinzu kamen ein Bericht des Oberstrichters, der für die Durchführung der Exekution zuständig war, und eine Schilderung des Pfarrers Johann Carl Zeitmann, der die Verurteilte seelsorgerisch betreute.

Bereits früh am Morgen des Hinrichtungstages, zwischen 5 und 6 Uhr, fanden sich der Oberstrichter, zwei lutherische Pfarrer und zwei lutherische Kandidaten, zwei Gemeine Weltliche Richter, der Scharfrichter und seine beiden Söhne, einige Soldaten sowie der Ratsschreiber Claudi im Katharinenturm ein. Letzterer verkündete Susanna M. Brandt, die ganz in Weiß gekleidet war, mit weißem Halstuch, weißer Haube und weißen Handschuhen, in den Händen eine Zitrone haltend als Symbol der armen Sünderin, abermals das Urteil des Rats. Der Oberstrichter, feierlich in Schwarz gekleidet mit einem roten Mantel, auf dem das Wappen der Reichsstadt prangte, brach nun über der Delinquentin einen kleinen roten Stab, den er ihr vor die Füße warf, und übergab sie dem Scharfrichter. Diese Sitte des Stabbrechens findet sich in Artikel 96 der Carolina beschrieben und war bis ins 19. Jahrhundert hinein in allen deutschen Regionen verbreitet.

Nach der Urteilsverkündung wurden der Scharfrichter und seine Söhne zu ihrer Sicherheit zunächst von Soldaten nach Hause geleitet und erst kurz vor der Hinrichtung zum Schafott geführt, denn im Falle von Tumulten entlud sich der Zorn der Menge oft gegen den Scharfrichter. Susanna M. Brandt wurde ins Arme-Sünder-Stübchen gebracht, wo die Geistlichen mit ihr beteten. Inzwischen wurden Speisen und Getränke serviert und an die städtischen Bediensteten und Soldaten verteilt. Um neun Uhr schlug zum ersten Mal die Glocke, ein zweites Mal um viertel nach neun, ein drittes Mal um halb zehn. Nun wurde die Verurteilte aus dem Arme-Sünder-Stübchen geführt. Oberhalb der Treppe band ihr der Stöcker die Arme auf den Rücken, worauf sie nach unten geleitet wurde. Auf der Gasse machte ein Kommando von 30 Grenadieren den Weg für den Hinrichtungszug frei. Der Oberstrichter, ein Zepter tragend, das wahrscheinlich das Zepter der göttlichen Gnade und Barmherzigkeit symbolisierte, ritt dem Zug zusammen mit den beiden Einspännigern in ihren roten

Uniformen voran. Es folgten die Geistlichen mit der Delinquen-
tin, die mit ihr sangen und beteten. Gegen 10 Uhr langte der Zug
an der Hinrichtungsstätte bei der Hauptwache an, die nur
wenige hundert Meter vom Katharinenturm entfernt lag. Zwei
Kompanien Soldaten hatten einen Kreis um das Gerüst gebildet,
die restliche Garnison hatte auf dem Paradeplatz vor der Haupt-
wache Aufstellung genommen. Endlich wurde durch den Sohn
des Scharfrichters die Enthauptung Susanna M. Brandts, wie
der Oberstrichter schrieb, „durch einen Hieb glücklich und wohl
vollzogen". Der Oberstrichter entlastete den Scharfrichter mit den
Worten: „Er hat sein Amt wohl verricht und gethan was Gott
und die Obrigkeit befohlen hat."

Anschließend wurden der Scharfrichter und seine Söhne von
Soldaten nach Hause begleitet, der Oberstrichter aber erstattete
im Römer dem Rat mündlich Bericht. Die befürchteten Tumulte
waren ausgeblieben, die Hinrichtung ohne Zwischenfälle vollzo-
gen worden, was auch der Tatsache zu verdanken war, daß die
Enthauptung mit einem Streich gelang. Der Leichnam der hin-
gerichteten Brandtin wurde in einen Sarg gelegt, der auf dem
Karren des Scharfrichters, durch Soldaten bewacht, zum Gut-
leuthof außerhalb der Stadt gebracht wurde. Dort wurde
Susanna M. Brandt durch die Knechte des Scharfrichters beer-
digt. Erst hier kam es zu Ereignissen, die nicht dem geplanten
Ablauf entsprachen. Nach der Hinrichtung, am 16. Januar, ver-
hörte der Oberstrichter deshalb die vier Knechte des Scharfrich-
ters. Sie sollten unterwegs den Sarg geöffnet und gegen Bezah-
lung die sterblichen Überreste der Hingerichteten hergezeigt
haben, was sie freilich abstritten. Sie behaupteten, sie hätten den
Sarg erst auf dem Gutleuthof geöffnet, dort jedoch seien einige
Personen über die Mauer gestiegen. Ob die Knechte nun schul-
dig waren oder nicht – einige Bewohnerinnen und Bewohner der
Stadt hatten offenbar versucht, den Leichnam der Hingerichte-
ten zu sehen, zu berühren, vielleicht sogar einen Fetzen des Lei-
chengewands zu erhaschen. Denn in der Vorstellung vieler Men-

schen jener Zeit besaß das Blut der Hingerichteten magische Heilkräfte.

14 Tage nach der Hinrichtung, am 1. Februar 1772, schickte der Verteidiger der Susanna M. Brandt seine Rechnung an das Peinliche Verhöramt. Dort wurde beschlossen, das Untersuchungsprotokoll samt der Rechnung erst in Umlauf zu geben, nachdem die Berichte über die Exekution abgeliefert worden seien. Am 2. April beschlossen die Herren Textor und Reuss, die Akte in Umlauf zu geben, obwohl die Berichte immer noch ausstanden, damit die Rechnung des Dr. Schaaff endlich beglichen werden könne. Der Syndikus Lanz wies den Jüngeren Bürgermeister nach Prüfung der Akte an, die ausstehenden Berichte nachdrücklich einzufordern. Die Rechnung des Verteidigers aber sollte an den Rat weitergeleitet werden. Die übrigen Syndiker schlossen sich dieser Anweisung am 6. und 8. April an. Am 14. April waren endlich alle ausstehenden Berichte abgeliefert worden. Nun wurde das Bedenken der Syndiker im Rat verlesen und beschlossen, das Rechenei-Amt solle den Verteidiger auszahlen. Am 15. April nahmen der Jüngere Bürgermeister und der Examinator ordinarius den Beschluß des Senats und die restlichen Berichte als Beilagen zu den Akten. Damit schließt das Protokoll der Untersuchung gegen die als Kindsmörderin verurteilte und hingerichtete Dienstmagd Susanna Margaretha Brandt.

Continuatum den 18. Jan. 1772
Coram Iisdem

Anheute wurde der verehrliche Raths Schluß de 11. curr. Sub Lit. R das Amts protocoll vom 9ten ejusdem,[1] welches die Erklährung des Nachrichter Hoffmann in sich enthält, Sub Lit. S die unterthänigste Vorstellung des Nachrichters Sub Lit. T das weitern Amtsprotocoll vom 13. d.m. Sub Lit. U die von der Königin über die erhaltene Kleidungs Stücke der decollirten[2] brandin unter dem gestrigen dato ausgestelte Quittung aber Sub Lit. V ad acta registriret.

[Beilage S: Unterrichtung des Scharfrichters im Peinlichen Verhöramt]

Actum Franckfurth den 9. Jan. 1772
Coram Dno. Cons. Jun. Senatore Reuss et Dno. Senatore Dr. Textor Examinatore Ordin.

Zu schuldiger gehorsamster Befolgung des diesen Morgend ergangenen verehrlichen Raths Conclusi, hat man alsogleich den Scharff Richter Hoffmann vor Amt kommen lassen, und ihm bey seinem Erscheinen bekannt gemacht: wie daß die Inquisitin Brandin nächster Tagen mit dem Schwerdt vom Leben zum Todt gebracht werden solle, man wolle dahero von ihme vernehmen, ob er diese Hinrichtung zu vollstrecken sich getraue, und ihn ernstlich erinnert haben, sich deßfalls wohl zu prüfen, damit ihme nicht groses Nachtheil zu wachsen möge, wann sothane Hinrichtung nicht in einem Streich vollzogen werden würde.
Hierauf erklärte der Scharff Richter Hoffmann: wie daß aus

---

1 Desselben [Monats].
2 Enthaupteten.

denen bey seiner Annahme von Marburg überbrachten attestatis ersichtlich seyn würde, daß er mehrere der gleichen Hinrichtungen glücklich und in einem Streich verrichtet habe, und er getraue sich auch die vorstehende Execution so zu verrichten, daß ihme hieraus kein Nachtheil oder Verantwortung zuwachsen solle. Nur wolle er gehorsamst gebeten haben, ihm den eigentlichen Tag der Hinrichtung so bald möglich bekannt zu machen, damit er sich in Treffung der deßfalls nöthigen Anstalten darnach richten könne.

Dimmissus et Resolutum
Ad Amplissimum Senatum.
Lect. in Senat. d. 9. Jan. 1772 et concl.: Beruhet auf sich
Protocollum Officii Examinatorii de 9. Jan. 1772
Die Inquisitin brandtin, inspecie[3] die Erklärung des Nachrichter Hoffmanns über die Frage, ob er die bevorstehende Hinrichtung der brandin glücklich zu verrichten sich getraue, betr. Lit. S.

[Beilage T: Gesuch des Scharfrichters an den Rat]

Wohl- auch HochEdelgeborne, HochEdelgestrenge, Veste, hochgelahrte, Wohlfürsichtige wie auch Hoch- und Wohlweise, Hochgebietende, hochzuehrende Herrn Bürgermeistere, Schöffen und des Raths!

Da nunmehr die in Inquisition befangene Kindermörderin durch Urtheil und Recht zum Tod verurteilt worden ist, so unterstehe Ewr. hochedelgestrengen Herrlichkeiten, auch Fürsichtigen Hoch- und Wohlweißheitens ich euch in tieffer Untertänigkeit zu bitten, daß Höchstdieselbe meinen Söhnen die gnädigste Erlaubniß zu ertheilen geruhen mögten, statt meiner die Exhequution zu verrichten.

Mein ältester Sohn ist bereits sechsundzwantzig Jahre alt, und stehet schon selbst am Amt, wo ihm eine Verrichtung dieser Art zu seinem weitern Fortkommen ebenso vortheilhaft seye, als der Verurteilten ihre Strafe durch einen starcken, jungen,

3 Insonderheit.

geschickten Arm erleichtert werden würde. Und mein anderer Sohn hat ebenfalls sein zwantzigstes Jahr passirt.

Wir haben hier Beispiele von Exhequutionen, die durch weit jüngere Leute wohl ausgeführt worden sind, und meiner Frauen bruder Lindemayer selbst hat hier schon in seinem sechzehenden Jahr, erst am Hochgericht eine, und zwei Jahre hernach, also in seinem 18ten eine andere mit dem Schwerd auf dem Echaffaut[4] verrichtet, so daß destoweniger bei meinem Sohn der bereits so viel älter, stärcker, sicherer und gesetzter ist, zu befürchten seye, vielmehr das Laiden der Unglücklichen durch ihn schneller und besser beendigt werden wird.

In untertänigster Hofnung einer gnädigen Willfahrung erstirbt Ewr. Hochedelgestr. Herrl. auch Fürsichtigen, Hoch- und Wohl-weißheiten

untertänigster Johann Anton Hoffmann Scharfrichter.[5]

Praes. d. 10. Jan. 1772
Untertänigste Vorstellung und Bitte die bevorstehende Exhe-quution der verurteilten Kindermörderin durch meine 2 respee im 26ten und 21ten Jahr stehende Söhne verrichten zu lassen mein des Nachrichter Anton Hofmanns hieselbst.
Lect. in Senat. d. 11. Januar 1772 et concl.:
Solle man dem Nachrichter pro resolutione ertheilen daß er die execution durch seinen ältern Sohn verrichten lassen könnte.
Lit. T

[Beilage U: Befragung des Scharfrichtersohnes im Peinlichen Verhöramt]

Actum. Franckfurth den 13. Jan. 1772.
Coram Dno. Cons. Jun. Senatore Reuss et Dno. Senat. Dr. Tex-tor Examin. Ordin.

Nachdeme durch das vorgestrigen Tages auf die bittschrifft des Scharff-Richter Hoffmanns ergangene verehrliche Raths Con-

4 Schafott.
5 Am Rand ergänzt: H. P. Schlosser Dr.

clusum so man Sub Lit. [T] ad acta genommen, die Hinrichtung der Inquisitin Brandin dem ältesten Hoffmännischen Sohn aufgetragen worden; So hat man von Amts wegen vor nöthig erachtet, denselben anheute vor Amt kommen zu lassen, und ihn zu befragen:

Wie er heisse, wo er wohne, und wie alt er seye?
Rp. Johann Heinrich Hoffmann zu Gros Gerau wohnhafft, 25 Jahr alt.

Ob er schon mehrere Arme Sünder mit dem Schwerd hingerichtet habe?
Rp. Nein.

Ob er sich dann getraue, die Arme Sünderin brandin mit einem eintzigen Schwerd Streich hin zu richten?
Rp. Ja. Mit der Hülffe Gottes.

Hierauff hat man ihn von Amts wegen ernstlich erinnert, sich wohl zu prüfen die ihme auf Ansuchung seines Vatters von Einem HochEdlen Rath aufgetragene Hinrichtung der Brandin so zu vollstrecken, wie es die peinliche Rechte und Gesetze erforderten, damit nicht, wann dieselbe wieder alles Hoffen und Vermuthen mißlingen solte, ihme schwehre Verantwortung und Straffe zu Theil werden mögte. Im übrigen ist sothaner Hoffmann von groser statur, starcken Gliedmasen, und bezeigt eine große Munterkeit, so daß man sich von ihm versprechen kann, es werde von demselben die Hinrichtung der brandin glücklich und wohl verrichtet werden.
Dimissus et Resolutum: Es soll dieses protocoll bey Titl. Hrn. Schultheiß und Schöffen verlesen werden.

Protocollum Officii Examinatorii d. 13. Jan. 1772
Die Vernehmlassung des Scharffrichters zu Gros Gerau Johann Heinrich Hoffmann betreffend.
Lect. in Senat. d. 16. Januar 1772 et concl.: Ponatur ad acta.
Lit. U

[Beilage Y: Bericht des Kriegszeugamtes über die Sicherheitsmaßnahmen während der Hinrichtung]

Nachdeme anheute Ein HochEdler und Hochweißer Rath beschloßen, daß die Enthauptung der Kinder-Mörderin Susanna Margaretha Brandin auf nächst kommenden dienstag den 14. hujus vollstrecket werden solle: Als hat Herr obrist und Commendant Bauer von Eiseneck, außer deme, was zu deren Bewachung bereits verfüget worden, so viel das Militare betrift, auf den Tag der Execution, annoch folgendes zu veranstalten:

1.) soll morgens um 5 Uhr 1 Unterofficier mit 12 Mann den Catharinen-Thurn besetzen, welche nebst denen bereits an die Thüre des Thurns gestellten 2 Mann und 1 Unterofficier das zudringende Volck abzuhalten haben.

2.) soll an eben diesem Tag die Hauptwacht mit Mannschaft verdoppelt werden.

3.) Wird Ein Unterofficier mit 2 Mann vor das Gefängnüs des Hrn. arrestati Senckenbergs gestellt – und eher nicht abgedanckt, bis die Execution vorbey- und alles gantz ruhig ist.

4.) wird zur Convoy der Inquisitin ein Commando von 30 Mann Grenadiers, unter anführung eines Lieutenant bestellt, welches sich morgens um 9 Uhr vor dem Thurn einfinden muß.

5.) Sollen 6 Mann mit Springstöcken zum abhalten des zulaufenden Volcks vor den Auszug zur Gerichtsstätte beordert werden.

6.) Zu früher Tages Zeit müßen durch alle Straßen der Stadt und deren Sicherheit Patrouillen ausgeschickt und in so lange darmit continuiret werden, bis die Execution vollzogen worden, und hierauff alles wieder ruhig seyn wird.

7.) Muß ein Unter Officier mit 6 Mann morgens um 6 Uhr an des Scharfrichters Wohnung geschickt werden so denselben nebst denen seinigen abhohlet und zur Bedeckung auf den Catharinen Thurn auch nach vollzogener Execution wieder nach Haus begleitet.

8.) Zwey Compagnien, unter dem Commando des Hrn. Majors, sollen auf dem Gerichtsplatz den Creyß formiren, das zudringende Volck abhalten und niemand, als diejenige so zur Begleitung der Inquisitin zur Gerichtstatt gehören, in den Creyß laßen.

9.) der Rest der übrigen Garnisons Mannschaft, wozu alle und jede, so nicht expresse zu dieser Execution commandiret werden oder sonsten im dienst stehen, exclusive derer Ober-Officiers, soll bewafnet, auf deme Parade Platz[6] beordert und bis zur Abdanckung daselbst verbleiben.

10.) wird ein Unterofficier mit 2 Mann auf die Gerichtstatt vor die Stiege des Chaffots postirt, welche niemanden als die Inquisitin mit denen Hrn. Geistlichen und den Scharfrichter mit seinen Leuthen hinauf passiren laßen sollen.

Franckfurth den 11. Jan. 1772
Kriegs-Zeug-Amt.

qu.: Ob alle und jede, dieser Execution halber commandirte Mannschaft scharf laden sollen.

Rsol: quod non.[7]

p.n.[8] Die artillerie Compagnie Mannschaft wird, außer was auf der wacht ist, auf den wall der Stadt und denen Bollwerke commandirt.

Auf künftige dergleichen Vorfälle, wird nöthig seyn, diejenige Mannschaft, welche den executirten Cörper zur Begräbnus nachen Guten leuthen begleiten, zu instruiren, wie sie sich verhalten solle, wann des Scharfrichters Knechte den Leichen-Sarg unterwegs oder an der Grabstätte öfnen solten.

Kriegs-Zeug-Amts Ordre an den Hrn. Obrist und Commendanten Bauer von Eiseneck, die Anstallten vor das hiesige Militare, auf den Executions-Tag der den 14. Januarii 1772. Decollirten Kinder-Mörderin betr.

Product. in Senat. d. 14. April 1772 et concl.: Ponatur ad acta[9]
Lit. Y

6 Vor der Hauptwache.
7 Resolutio: Beschluß, daß [dies] nicht [geschehen soll].
8 Pro notitia: als Anmerkung; wohlgemerkt.
9 Zu den Akten zu nehmen. – Der Bericht wurde, wie die folgenden Beilagen, erst am 14. April im Rat verlesen und anschließend im Peinlichen Verhöramt zu den Akten genommen.

[Beilage Z: Bericht des Bauamtes über die Vorbereitungen zur Hinrichtung]

Actum Bau Amt den 15ten Jan. 1772.
Praes. Do. Dre. Senat. et Excons. Jun.[10] und Herr Gernhardt des Raths.

Nachdeme mann bey der vorseyenden Hinrichtung der Brandin nachgesehen, wie es mit Errichtung des Echavots und sonsten in Ao. 1745 bey der Execution der Jüdin Freydel gehalten worden, und sich denn gefunden, daß damalen ein besonderes Echavot von dem Zimmerhandwerck gefertiget, und von sämtlichen Gesellen auf dem Roßmarckt aufgeschlagen, solches aber nachhero dem Nachrichter und seinen Leuthen überlaßen, und von ihnen abgebrochen worden; so hat Dnus. Deputatus[11] solchen Vorgang in Ampliss. Scab.[12] angezeiget, und den Auftrag erhalten, auf eben diese weiße in der Sache zu verfahren, den Ort der Execution aber Ein HochEdler Rath zu überlassen. Als ein per Concl. Ampliss. Sen. de 11ten Jan.[13] der Platz vor dem Röhr-Brunnen an der Haupt-Wacht hierzu bestimmet wurde, und bereits dem Bau-Meister committiret gewesen, ein Echavot in die Arbeit zu nehmen, solches auch 22 Schuh lang und breit 6½ Schuh hoch[14] auf dem Bauhof würcklich verfertiget, so wurde solches den tag vor der Hinrichtung der Delinquentin auf zwey Eintzler-Wägen[15] geladen, unter Vortrettung derer sämtl. Zimmer Meister und Gesellen von dem Graben gebracht und aufgeschlagen, wofür jedem Gesellen, derer [Angabe fehlt] waren 30 xr. wie in Ao. 1745 bezahlet wurden.

10 Unter dem Vorsitz des Herrn Dr., Ratsherrn und früheren Jüngeren Bürgermeisters.
11 Der Herr Deputierte [des Bauamtes].
12 Ehrwürdigem Schöffenrat.
13 Durch Beschluß des ehrwürdigen Rates vom 11. Januar.
14 Das Schafott nahm also eine Fläche von etwa 7 mal 7 Metern ein und war etwa 2 Meter hoch.
15 Eintzler: Fuhrmann, der nur ein Pferd einspannen durfte.

Der Nachrichter Hoffmann, deme solches überlaßen worden, ließe es abends nach der Betstunde durch seine Knechte abbrechen, und nach Haus führen u. zu bemerckung des Platzes, wo es gestanden, hat mann 4 Steine in das Pflaster setzen laßen, in welche ein E gehauen worden. Ansonsten wurde annoch verordnet, daß alle Plancken an der Röhre, der Kirche, und an dem Hauß zu denen 3 Königen ausgehoben, unter das Echavot einige Fuhren Sand gebreitet, und bis an den thurn, wo die Delinquentin hergeführet, ein Gang gestreuet worden.

Dem Stadt-Brunnen Meister wurde anbefohlen, mit seinen Leuthen sich an den Röhr-Brunnen zu stellen, und zu sorgen, daß an solchem kein Schade und Unfug geschehe.

Anbei wurde verfuget, daß kein Eintzler, noch Gutscher auf den Platz fahren, und solcher überhaupt mit nichts versperret würde. Dem Laternen-Inspector wurde aufgegeben, die Laternen auf denen Stöcken daselbst abzuheben, und dem Stadt-Gärtner anbefohlen, auf die Linden-Bäume daselbst acht zu geben, daß solche keinen Schaden nehmen.

Endlich wurde zur Vorsorge von rauhen dielen ein trag-stuhl verfertiget, die Deliquentin allenfalls wegen ohnkräfften darauf tragen zu laßen, welcher aber, da er nicht gebraucht worden, auf der Modellen Stube verwahret wurde.

Product. in Senat. d. 14. April 1772 et concl.: Ponatur ad acta. Lit. Z

[Beilage AA: Aufzeichnung der für die Hinrichtung gelieferten Naturalien]

Anno 1772, ist bey Enthauptung der brandin folgendes, auf schriftlichen befehl Dom. cons. Jun. a.c. AErarii[16] verwendet worden:
Vom 11ten biß 14ten Jan. dieselbe mittags und abends zu speißen samt wein.

16 Des Herrn Jüngeren Bürgermeisters im laufenden Jahr aus der Stadtkasse.

Bey der Execution, das Tractament,[17] auf dem Thurn bestellt, für die Herrn Prediger mit:

10 ℔ Rindfleisch.

12 ℔ Kalbsbraden gespickt.

3 ℔ Bratwürst, nebst gemüß.

6 ℔ gebackene Karpffen.

30 milch brod.

Vorstehendes ist von dem gastwirth im Ritter, nebst dem zu liefernden Tisch geräth, und sonsten nöthigen Sachen, bey der mahlzeit, veraccordirt worden vor:

pr. zwaey laib brod zur mahlzeit.

pr. Biscuit

Ein flaschen keller mit wein, aus dem vorraths Keller à 6½ Maas,[18] worunter eine Maas, vor den Richter befindlich.

Wann vor der Execution abgespeiset, so verzehren die Richter das übrig gebliebene, nach der Execution, und bekommen noch zwey laib brod.

Der Scharfrichter hat tags vorhero abholen laßen

6 ℔ Rindfleisch nebst Topff,

1 Kalbs braten nebst bradpfan und 4 xr. bratgeld.

2 Maas wein.

4 Maas bier.

5 laib brod.

für die wacht 3 ℔ käß 12 Maas bier, 7 laib brod.

pr. ein Stück gemangtouch,[19] zu dem Sterbeklaid

pr. 12 Römergläser

Product. in Senat. d. 14. April 1772 et concl.: Ponatur ad acta. Lit. A.A.

17 Mahlzeit.
18 Eine Maß umfaßte rund 1,6 Liter.
19 Stoff für das Gewand, das Susanna M. Brandt bei der Hinrichtung trug.

[Beilage BB: Bericht des Ratsschreibers Claudi über die Hinrichtung]

Wann unterzeichneter, wie von Einem HochEdlen und Hochweisen Rath ihme, wegen der sich bey keinen criminal Acten vorfinden wollenden schrifftlichen Relation, wie es nemlich bey dem Vollzug einer Todtes-Urthel in Ansehung aller vorkommender Solennien[20] gehalten zu werden pflege, anbefohlen worden, eine umständliche Relation von dem weiteren Erfolg der Kinder-Mördern und hiesigen Soldaten Tochter Susanna Margaretha Brandtin, so reformirter Religion, bey Löblichem Officio Examinatorio in Gegenwart Tit. des jüngern Herrn Bürgermeisters Senatoris Reus und Herrn Doctoris Senatoris Textors wohlgeborene, Herrn Doctoris Schaafs, als Defensoris und der Delinquentin selbsten, durch den actuarium vicarium Rost den 10ten curr. publicirten Todtes Urthel, darauf ad Protocollum beschehenen Erklärung des Herrn Defensoris und der Brandtin gebettenen Gnade um Milderung der Straffe, wie auch den 11. ejusdem[21] bey ausserordentlichem Raths-Sitz in praesentia derer Herrn Syndicorum verlesenen Protocoll Löbl. Officii examinatorii, gantz gehorsamst erstatten soll, so habe zugleich mit anführen wollen, wie des Titl. jüngern Herrn Bürgermeisters wohlgebohrnen, weilen die Delinquentin bey der den 10ten curr. vorgewesenen Publication des Todtes-Urthels mit einer schweren Ohnmacht befallen worden, und bey dem Wiedererhohlen von derselben gantz trostlos sich bezeiget, dem Herrn Pfarrer Willemer, als ordentlichen Wachen-Prediger der Hospital Kirche und dem das Besuchen dergleichen mitleydens würdigen armen Gefangenen besonders oblieget, nachdeme sie vorhero hinwiederum auf den Catharinen-Thurn, als dem Ort ihres Gefängnüsses, gebracht worden, sogleich zu besuchen und ihr Trost zu zu sprechen, anbefohlen, worinnen Herr Pfarrer Willemer dann auch sich gar nicht säumig, finden laßen, vielmehr diesem an ihn erlaßenen Befehl annoch, dem Vernehmen nach, vor Tisch nachgekommen, wobey zugleich löbli-

20 Feierlichkeiten.
21 Desselben [Monats].

ches Officium Examinatorium löbl. Hospital, neben der schon eine zeitlang der Delinquentin verabreichten warmen Kost, auch annoch etwas wein mit zu übersenden, requiriret.

Samstags den 11ten curr. vormittags.

Als das den 10ten curr. bey der Publication des Todtes Urthels der Delinquentin Brandtin bey Löbl. officio examinatorio geführte Protocoll bey außerordentlich versamleten HochEdlen Rath im Beyseyn derer Herren Syndicorum wegen des Gnaden-Gesuchs der maleficantin[22] verlesen; es bey dem derselben allbereits eröfneten Todtes-Urthel, vorliegenden wohlerwogenen Umständen nach, lediglich zu belaßen, zu dem Ende und wegen deßen auf künftigen dienstag Vormittag beliebter Vollstreckung das weitere zu besorgen in eben dieser extra-session,[23] so ich gewünschet, daß alle in Vortrag gekommene Puncten wären in das Raths Protocoll niedergeschrieben worden, resolviret und ad Amplissimo Senatu mir, den eodem gefaßten Rath-Schluß der maleficantin demselben Nachmittag, wann vorhero Herr Pfarrer Willemer sie dazu weiter praepariret habe, annoch bekannt zu machen, anbefohlen worden, so hat des Titl. jüngern Herr Bürgermeisters wohlgeb. dem Herrn Doctor und Senior Ministerii Plitt die dermahlen nöthige Vorkehrung in Bestellung zweyer hiesigen evangelisch lutherischen Herrn Geistlichen, so die Delinquentin, durch fleißiges Besuchen, zum Todte bereiten solten, annoch heute, als den 11ten curr., zutreffen durch den Stadt-Cantzley Botten Rode ersuchen, dem Herrn Pfarrer Willemer aber durch ersagten Cantzley-Botten wißen laßen, sich denselbigen Mittag gegen 2 Uhr zu der Maleficantin zu begeben und derselben immer näher den nächster Tagen bevorstehenden schon bekannten Todt zu erkennen zugeben.

Beyde Herrn Geistliche haben, deme nachzukommen, rückantwortlich wißen laßen.

Ich bin also den 11ten curr. Nachmittags gegen 3 Uhr zu der Delinquentin auf den Catharinen Thurn gegangen und habe

22 Übeltäterin.
23 Außerordentlichen Sitzung.

dieselbe in des gemeinen Weltlichen Richter Weines ordentlicher Wohn-Stube, für welcher und in derselben ein Unter Officier und 4 Gemeine Soldaten die Wacht habend gestanden,
und bey ihr Herrn Pfarrer Willemer, und mehrere Personen
angetroffen.

Dieser Herr Geistliche hat der Delinquentin sehr tröstlich zugeredet und, nachdeme ich alle in der Stube zugegen gewesenen
Personen, biß auf Herrn Pfarrer Willemer einen Abtritt zu nehmen, ersuchet, und abgetretten gewesen, hat mehr besagter
Herr Pfarrer die Maleficantin Brandtin, unter einigem weiteren
geistlichen Zuspruch, nochmahlen befragt: „Sie könnte, wie sie
ihme schon mehrmahlen gestanden, nicht leugnen, daß sie ihr
lebendiges Kind, unter all denen ihr am besten bekanndten
Umständen, mishandelt und umgebracht habe?" Worauf Delinquentin antwortete: „Ja."

Hierauf ersuchte ich Herrn Pfarrer Willemer mit weiterem
Reden in etwas einzuhalten und machte der Maleficantin den
weiteren auf ihr Gnaden-Gesuch den 11ten currentis gefasseten
Rath-Schluß, als der vorhandenen sehr schicklichen Gelegenheit, mündlich bekanndt, in verbis:[24] Ihr habt gestern als den
10. curr., bey der auf löbl. Officio Examinatorio euch beschehenen Eröfnung der Todtes-Urthel um Gnade angesucht. Dieses darüber gefaßte Protocoll ist anheute bey Einem HochEdlen
und Hochweisen ausserordentlich versammlet gewesenen Rath
offentlich verlesen, aber auch zugleich, weiter wohlerwogenen
euch allzuwohl bekanndten und rechtlichen Ursachen nach,
daß es lediglich bey deme euch schon eröffnet – und also wißen-
den Todtes-Urthel sein Verbleiben haben solle, beschlossen
worden.

Delinquentin erschrack hierüber, entfärbte sich in etwas und
sagte, wiederum sich erhohlend: Sie beklage ihr junges Leben
und bate sich

1 mo[25] einen weißen Habit für den Tag ihres Todtes aus, sodann
2 do[26] daß, von ihren annoch vorräthigen Kleidungs-Stücken

---

24 Wörtlich; mit folgenden Worten.
25 Primo: erstens.
26 Secundo: zweitens.

und Mantel, die inzwischen arme Waysen gewordene Schuhmacher Wetzelische Kinder, deren Vatter sie 3 fl. für Schuh schuldig verblieben, bezahlet werden mögten und
3 tio[27] ein reformirter Geistlicher ihr annoch das heilige Nachtmahl reiche.

Beyde erstern Anliegen habe ich zu besorgen versprochen, und, was den Empfang des heiligen Abendmahls anbelanget, ist Delinquentin nachhero selbsten wiederum davon abgegangen, weilen ihr Herr Pfarrer Willemer zu vernehmen gegeben: es seye noch nicht lange, daß sie dasselbe empfangen, jedoch komme es auf sie an: der Glaube an Jesum Christum und an deßen verdienst, seye das allerbeste. Worauf Delinquentin nachmahlen sich erklärte: das Heilige Nachtmahl nicht zu empfangen, ich aber ginge sodann wieder weg.

Inzwischen hat Titl. der jüngere Herr Bürgermeister die weitern zur execution der Urthel gehörige Veranstaltungen vermittelst erlassenen Requisitionen

a.) an Löbliches Kriegs-Zeug-Amt, damit an dem executions-Tag morgens früh 5 Uhr (1.) ein Unter Officier mit 12 Mann den Catharinen Thurn annoch stärcker besetzen und, nebst denen bereits an die Thüre des Thurns bestellten 2 Mann das Andringen des Volcks abhalte (2.) die Haupt-Wacht verdoppelt, (3.) zur Begleitung der Maleficantin nach dem Gerichts-Platz, ein commando von 30 Mann Grenadiers mit einem Lieutenant, so sich gegen 9 Uhr an dem Catharinen Thurn ein zufinden und parat zuhalten habe, ferner (4.) 6 Mann mit Spring-Stöcken, so das vor dem Zug hin und wieder zu laufende Volck abhalten, weiter (5.) die patrouillen in allen, besonders entlegenen Straßen der Stadt fleißig herumgehen, ingleichem (6.) ein Unter Officier mit 6 Mann zur Bedeckung des Nachrichters, so sich gegen 6 Uhr morgens auf dem Catharinen Thurn einzufinden von mir durch den Herrn Obrist-Richter Raab befehliget gewesen, zum Abhohlen und wieder nach Hauß zubringen, beordert; (7.) zwey Compagnien unter dem commando des Herrn majors um den Gerichts-Platz, das

27 Tertio: drittens.

zudringen der Leuten abzuwenden und niemand in den Creyß einzulaßen, (8.) der Rest der übrigen garnison, wozu alle und jede exclusive derer Herrn Ober-Officiers so nicht expresse hierzu commandiret worden, auf dem Parade-Platz erscheinen und daselbsten, biß zum Abdancken Eines Löbl. Kriegs-Zeug Amts verbleiben nachweiter (9.) ein Unter Officier mit 12 Mann zur Bedeckung des durch des Nachrichters Leuthen in einem Sarg liegenden executirten Cörpers vorzunehmen, den transport und begraben zu Guten Leuten, und dann (10.) ein Unter Officier mit 2 Mann vor die Stiege des Echaffaud, so niemanden, als die Geistlichen mit der Maleficantin und den Nachrichter mit seinen Leuten, hinauf laßen sollen, der Befehl ertheilt werden möchte, ersuchet.

In eben solcher Absicht ist eine Requisition
b.) an Löblich Bau-Amt (1.) wegen zeitiger Erbauung des vor dem an dem Parade Platz stehenden Röhr Bronnens zu errichtenden Executions Echaffauts, (2.) des Stuhls für die Maleficantin, auf welchem dieselbe executiret werden soll, und (3.) auf den Fall, wann dieselbe nach dem Gerichts-Platz, Schwachheit halber, nicht mehr gehen könne, ein Trag-Sessel oder Stuhl, zur Helffte offen, verfertiget werden möchte, erlaßen worden.

Weilen nun annoch
c.) löbl. Hospital-Amt (1.) für die in solchen betrübten Fällen auf den executions Tag gewöhnliche Mahlzeit und Getränk, (2.) die Kleidung der Maleficantin und (3.) den Sarg zubesorgen hat, so ist auch dieses Löbl. Amt den 11. curr. behörig requiriret worden.

Eodem wurde von dem Titl. jüngern Herrn Bürgermeister, dem Herrn Obrist-Richter und dem Nachrichter, was ihr Amt und Stand mit sich bringe, zu verichten der Befehl ertheilt.

An eben diesem Tag erkundigte ich mich annoch bey dem Hrn. Hospital-Meister Sauer: wie die Kleidung der Delinquentin auf den Tag der execution beschaffen und weilen mir derselbe die Antwort ertheilte: daß albereits weises Leinwand zum Jack und Rock gekaufft worden, und von der auf dem Catharinen Thurn sitzenden, gewesenen dienst Magd des arrestirten Raths-Verwandten Herrn Senckenberg Catharina Schmalbachin, genehet und der Jack mit einigen Schwarzen baendern und Schlüpfen, wie bey der executirten Frölichin besetzet würde, so liese dieses der Maleficantin zu einiger Beruhigung wißen.

Vom 11. curr. biß den 14. sind beständig wechselsweiß die bestimmte Herren Geistliche und einige hiesige evangelisch Lutherische Candidaten bey derselben gewesen und haben ihr mit Trost zugesprochen und zwar vom 13ten des nachts auf den 14. sind letztere bey der Delinquentin verblieben.

Hierbey muß annoch bewegen, daß Montags den 13. curr. Mittags gegen $\frac{1}{3}$ nach 3 Uhr der Grenadier Reul zu mir in die Stadt-Cantzley gekommen und auf Befehl des Wacht habenden Hrn. Hauptmanns von Wunderer wißen laßen, daß die Maleficantin annoch das Heilige Abendmahl haben wolle, womit ich ihn an den Herrn Bürgermeister gewiesen.

Eodem Nachmittags kamen alle hiesige Zimmermeistern mit ihren gesamten nachgetrettenen Gesellen von des Stadt-Baumeisters Herrn Liebhardts Wohnung in Gliedern zu 3 Mann in einem ordentlichen Zug durch die Bornheimer ehemalige Pforte über die Zeil nach dem Gerichts Platz und und hinter ihnen drey wagen mit dem erforderlichen zubereit gewesenen Gehöltz zum Echaffaud so von ihnen gleich aufgeschlagen nachhero aber biß auf den executions Tag von Soldaten bewachet worden.

vid.: Nota Relationis in fine so anhero gehöret.[28]

Den 14. curr., als dem Tage, an welchem das Todes Urthel an der Susanna Margaretha Brandtin vollzogen werden sollte, ist vor erst Herr Pfarrer Zeitmann, als jüngster Prediger, sodann Herr Pfarrer Willemer, jeder besonders in einer Stadt-Kutsche 5 Uhr morgens, wobey vor dieses mahl, weilen der Ordonantz Brandt mit der Delinquentin verwandt gewesen, der Ordonnantz Walther zu einiger Bedeckung gewesen, gegen halb sechs Herrn Obrist-Richter Raab in seinem Hauß in eben einer Stadt-Gutsche und mit der Ordonantz, und dann endlich ich eben also gegen 6. Uhr morgens abgeholet und zu der Maleficantin nach dem Catharinen Thurn gefahren.

---

28 Claudi verweist auf den genaueren Bericht des Bauamtes.

An der Catharinen Thurn Thüre und auch an dem Zimmer des Gemeinen Weltl. Richter Weines habe die Wachte nach dem Befehl Löbl. Kriegszeug-Amts, in der Stube selbsten aber die beyde Herrn Geistliche Willemer und Zeitmann, Herrn Obrist Richter in seiner völligen executions-Kleidung, eines schwartzen Kleids, mit Stieflen und Sporn, den rothen Mandel mit dem darauf geheffteten grosen Stadt-Wappen von silber, den weisen Adler, und, wie ich besonders angemerckt, in einem goldenen Feld, umhabend und den zum Verbrechen bereit gewesenen kleinen rothen Staab, woran ein gleich ähnlicher hierbeyliegt, verborgen haltend, ferner die beyde aelteste Candidaten Hrn. Raab und Samm, die Delinquentin in ihrem völligen Todten-Kleid der weißen Haube, des weißen Halstuchs, des weißen Leinenen Jacks mit schwarzen Schlüpfen, weißen dergleichen Rocks, weiße Handschuh anhabend, in den Händen ein zusammen gefaltenes weißes Sacktuch und eine grose Citrone haltend, und den Nachrichter samt seinen beyden Söhnen vor der Stuben-Thür stehend, als welche in dessen von einem Unter Officier mit 6 Mann Bedeckung vor 6 Uhr morgens, dahin gebracht worden, angetroffen und haben die Herrn Geistliche beständig mit der Malificantin gebettet, ihr Trost zugesprochen und gesungen.

Biß hieher schiene dieselbe ziemlich unerschrocken zuseyn; als ich aber gleich nach 6. Uhr den Nachrichter Hofmann mit seynen bey sich gehabten beyden Söhnen durch den Befehl des Herrn Obrist Richters Raab in die Stube tretten- und auf Befehl Eines HochEdlen und Hochweisen Raths der maleficantin das ihr schon bey Löbl. Officio Examinatorio publicirte hier nachfolgende Todes Urthel de 7. curr., in Gegenwart vorbesagter und anderer Personen,

In peinlichen Untersuchungs-Sachen, wieder Susanna Margaretha Brandtin, erkennen wir Bürgermeistere und Rath der Kayserlichen freyen Reichs Stadt Franckfurth am Mayn, auf vorgängige umständtliche Erforschung und Untersuchung der Sache, geführte Vertheidigung, vorgelegte rechtliche Syndicats-Bedencken und sorgfälltige Erwägung aller Umständen, vor Recht:

daß gedachte Brandtin des an ihrem lebendig zur Welt gebrachten Kinde, nach eigener wiederholter Bekänntnüs vorsetzlich und boshaffter weise verübten Mords halber, nach Vorschrifft der göttlich und weltlichen Gesetzen, und zwar ihr zu wohlverdienten Strafe und andern zum abscheulichen Exempel, mit dem Schwerdt vom Leben zum Todt zu bringen, und dieses Urthel fördersamst zu vollziehen seye.

Geschloßen bey Rath dienstags den 7. Jan. 1772.

langsam und deutlich vorgelesen, und als ich die Worte: geschloßen bey Rath dienstags den 7. Jan. 1772. kaum ausgesprochen, und dadurch dem Herrn Obrist-Richter die Maleficantin überlaßen auch damit meine gantze Amts Verrichtungen sich geendiget hatten, hat der Herr Obrist-Richter den kleinen rothen Staab unter dem Mantel, mit dem Worten hervorgezogen:

Auf Befehl Eines HochEdlen Raths breche ich, euch Brandtin, also hiermit den Staab und übergebe euch dem Nachrichter Hofmann, daß er das Urthel auf vorgeschriebene Art, vollziehen möge,

sogleich den kleinen rothen Staab gebrochen, und solchen der Maleficantin vor die Füße geworffen, den der Richter Kolb aufgehoben und dem Herrn Obristrichter dem Vernehmen nach behändiget haben soll, wobey Maleficantin dergestallten erschrocken, daß ihr einige Minuten alle Glieder gezittert, und sie hierauf dem hinter den Ofen gestandenen Nachrichter übergeben, welcher dann hervorgetretten sie an der Hand gegriffen und zu ihr einige Worte in aller Stille und welche nicht zu verstehen gewesen, gesprochen darauf aber wieder gehen laßen.

Nachdeme ich nun in der schrifftlichen Relation des Herrn Obristrichters ein und ander notabilia[29] nicht aufgezeichnet befunden, so füge annoch bey, daß der Nachrichter hierauf mit seinen beyden Söhnen durch das ihn gebrachte commando wieder nach Hauß geführet, die Maleficantin aber in ein anderes Zimmer auf dem Thurn, so näher an der Steg liegt und das

---

29 Bemerkenswerte Dinge.

arme Sünder Stübgen genannt zu werden pfleget, durch die beyden Herrn Prediger begleitet worden, woselbst sie, biß zum wegführen nach dem Gerichts-Platz, geblieben.

Nach einigem Verweilen sind die beyde aelteste Herrn Candidaten Raab und Samm eben in dieses Zimmer gegangen, haben die Herrn Geistliche abgelöset, und inzwischen der Maleficantin weiter Trost zugesprochen.

Hierauf wurde ein Tisch in dem Haupt Zimmer gedeckt, und das durch Löbl. Hospital-Amt besorgte Essen und Wein aufgetragen.

Dieses hat, wie ich höre, dem alten Herkommen nach bestanden 1.) in einer guten Gersten Supp, 2.) in einer Schüssel blau Kraut, 3.) einer Schüssel Bratwürst von 3 Pfundt, 4.) 10 Pfundt Rindfleisch, 5.) 6 Pfundt gebackene Carpen, 6.) 12 Pfundt gespickten Kalbs-Braten, 7.) einer Schüssel confect, 8.) 30 Milchbrodt, 9.) 2 Schwartze Hospital Leib brodt und 10.) 8½ Maas 1748r Wein.

Am Tisch haben Persohnen gesessen, unterzeichneter, Herr Pfarrer Willemer und Hr. Obrist-Richter, rechter Hand, Herr Pfarrer Zeitmann und die beyde Einspänniger Göring und Glöckler, lincker Hand; dabey hat serviret der Bender Löblichen Hospitals, Meister Freinsheim, deßen Knecht und der Hospital Becker.

Ich habe nichts gegeßen, dahingegen der Herr Pfarrer Willemer Herr Pfarrer Zeitmann und Herr Obrist-Richter Raab etwas wenigs, die beyde Einspänniger aber von allem gegessen.

Ich habe der Maleficantin von allen Speisen anerbieten laßen, die sie aber ausgeschlagen und dagegen ein Glaß puren waßers gefordert und solches auch getrunken.

Denen beyden herrn Candidaten, weilen es herkommlich, habe jedem einen Schoppen Wein und zwey Milchbrodt verabreichen laßen. Zwischen der zeit bekamen die Gem. Weltl. Richter ein Maas Wein und einen Schwartzen Hospital Leibbrodt, die des Nachts die Wacht gehabte Soldaten aber drey Pfund Edammer Käß 7 schwartze Hospital Leibbrodt und 12 Maas Bier.

Wie nun an dem Tisch wenig gegessen und getrunken worden, so wurde der gantze Rest des Essen den Gem. Weltl. Richtern übergeben.

Nach 9 Uhr, als bey dem Gebett des Vatter Unsers p. in der Kirche die ansonsten nur den freytag geläutete Glocke, wie in solchem executions-Fall gebräuchlich – und dem Kirchen-diener Hager befohlen gewesen, gezogen wurde, schlug das erstemahl der Stöcker 3 mahl an so genannte Meß-Glocke, und wiederhohlete ein solches, wie ihme durch Herrn Obrist Richter befohlen worden $\frac{1}{4}$ Stunde darnach mit 3 Schlägen und $\frac{1}{4}$ Stunde weiter mit nochmahlen 3 Schlägen und in dessen rückte Herr Lieutenant Geiler mit einem Commando von 30 Grenadier vor den Thurn.

So bald der Stöcker dieses verrichtet hatte, zeigte er gegen $\frac{1}{2}$10 Uhr es dem Hrn. Obrist-Richter auf dem Catharinen Thurn an und hierauf brachten die beyde Herrn Geistliche die Maleficantin aus dem so genannten Armen Sünder-Stübgen unter nachtrettung der beyden aeltesten Candidaten an die Steg, bey welcher zu linken Hand der Stöcker und sein Knecht gestanden, diese banden derselbe oben auf der Steg, wofür sie sich allezeit sehr gefürchtet hatte, die Hände und wurfen den Strick um beyde Arme, woran sie auf dem Rücken etwas unter den Schulter-Blättern vom Stöcker gehalten und der Steg hinunter geführet wurde.

Hierauf folgte Herr Obrist-Richter und die beyde Einspänniger. Unten an der Thurn Thüre stiegen diese, als Herr Obristrichter in seinem eben gemeldeter Habit mit dem grosen Scepter in der Hand und die Einspänniger, in ihren rothen Röcken, zu Pferdt, das bereit gewesene Commando von Herrn Lieutenant Geiler mit 30 Grenadier umgaben die Geistliche Personen, Candidaten und executandin mit des Nachrichters Knechten, Herr Obrist-Richter aber, nachdeme ihme ein kleines commando Soldaten aller Orten Platz gemacht hätte, ritte mit seinem in der Hand habenden Scepter voraus, hinter ihm die Beyde Einspänniger und sodann folgte der zug nach dem Richt-Platz durch die Catharinen Pfordt unter beständigen singen beten, und zuruffen der Hrn. Geistlichen.

Diesem füge annoch bey, daß in aller Stille indeßen der Nachrichter samt seinen beyden Söhnen, wie auch dessen andern Knechte mit 2 Commando, jedes von 6 Mann und einem Unter Officier gleich nach 9 Uhr Morgens auf den Richt-Platz an das

Gerüste der execution zur Sicherheit gebracht worden. Der Zug ginge also mit der Maleficantin, bey denen beständig gesperreten Stadt Toren biß auf das Affen- und Neue Thorn, an welchen die gewöhnliche Pforten Schliesser zu dem allenfallsigen Eröfnen für angesehene Herrschafften bereit gewesen, in Ruhe fort. An dem Gerichts-Platz, um welchen nach der Catharinen Kirche zu alle Plancken und die Latternen von den Stöcken abgenommen worden, befand sich der Herr Major zu Pferd mit 2 Compagnien, welche einen Creyß um das Gerüst allbereits gemacht hatten, die Garnison war mit ihren Herrn Ober Officier auf dem Parade Platz unter den Waffen versammlet, die Hauptwacht verdoppelt und gegen 10 Uhr war die Maleficantin langsam, unter immer anhaltendem singen und bethen, auf dem Echaffaud angelangt.

Die Herren Pfarrer segneten sie auf dem Gerüste ein, der Nachrichter führte sie mit der Hand nach dem Stuhl, setzte sie darauf nieder, band sie an zweyen Ort am Stuhl fest, entblösete den Hals und Kopf und unter beständigen zurufen der Herrn Geistlichen wurde ihr durch des Nachrichters Hofmanns ältesten zu Großen Gerau, als Wasen-Meister, stehenden – 26 Jahr alten Sohn, vermöge per Conclusum Senatus de 11. curr. dazu besonders erhaltener Erlaubnuß, durch einen Streich der Kopf glücklich abgesetzt, dem Herrn Obristrichter Nahmens Eines HochEdlen Raths, mit dem Executions Schwerdt von dem executanten ein compliment, vermittelst vor sich beugung der Spitze des Schwerdts gemacht und gefragt worden: ob er das ihme befohlene ausgerichtet habe? worauf Herr Obristrichter Antwortete: Er hat sein Amt wohl verricht und gethan was Gott und die Obrigkeit befohlen hat.

Nach einigem Verweilen und weilen sich die Leute indeßen verlauffen, der Cörper in einem parat gehabten Holtzenen ohngehobelten Sarg, auf welchem ein schwartzes Creutz von Strich, ohn ausgefüllt gemacht gewesen, gelegt sodann auf den mit neuen Schippen versehenen Schinders Karn unbedeckt gestellet und mit einem commando nach gut-Leuten zur Beerdigung dem Bockenheimer Thor hinaus gebracht.

Nachdem nun also die execution vollzogen gewesen haben sich beyde Herrn Pfarrer in die bey denen porte chaisen gestandene

Stadt Kutsche nebst den Herrn Obrist-Richter gesetzet, welche nach dem Römer um einsweilige mündliche Relation abzustatten, die Herrn Geistliche aber nach Hauß gefahren, hierauf alle besondere commandirt gewesene entlaßen, und der Nachrichter Hofmann mit den Seinen durch ein commando Soldaten von einen Unterofficier und 6 Mann nach Hauß begleithet worden.

So viel ich mit zuverlässigkeit vernommen, hat der Nachrichter 10 Pfundt Rindfleisch und 12 Pfundt Kalbsbraten, ehedem gekocht und letzteres gebraten mit samt der Fleisch- und Braten-Brühe, Topf und Brat-Pfanne, dieses mahl aber alles roh aus Löbl. Hospital empfangen, und gegen Abend durch seine Knechte das ihme heimgefallene executions Gerüst abbrechen und nach Hauß führen laßen.

Welches alles auf specialen Befehl hiermit berichten sollen.

Sogeschehen dienstags den 14. Jan. 1772.

M.A. Claudy J.U.L.[30] und Rathschreiber vertatur.

Den 24. Januar 1772 habe annoch erfahren, daß den Tag vor der Execution der jüngere Herr Bürgermeister durch einen der G.W. Richter, so seinen rothen Habit anhaben muß, dem Pfarrthurner der Befehl zugehen laße, den andern Tag bey gutter Zeit die Thüre zur Sturm-Glocke zu eröfnen, damit der Stöcker zu der demselben befehligten Zeit gegen 9 Uhr Morgens an diese Glocke anschlagen könne.

Anbefohlene umständliche Relation de 11. und 14. Januar 1772. Mein Lti. und Rathsschreibers Claudy ad caam.[31] der durch das Schwerdt executirten Kinder Mördern Susanna Margaretha Brandtin von hier

Lect. in Senat. d. 14. April 1772 et concl.: Ponatur ad acta. Lit. B.B.

---

30 Juris Utriusque Licentiatus: Licentiat beider Rechte [des weltlichen und des geistlichen].
31 Ad causam: in Sachen.

[Beilage CC: Bericht des Oberstrichters über die Hinrichtung]

Nachdem durch das verehrliche Raths Conclusum vom 7ten dieses die verordnung geschehen, daß die Susanna Maria[32] Brandin, wegen des an ihrem neugebohrnen Kind ausgeübten vorsetzlichen Mordes, mit dem Schwerdt vom Leben zum Tode zu bringen, und der heutige Tag zu deßen vollziehung bestimmet worden: So wurde Morgens um halb sechs Uhr, durch eine Stadt-Kutsche auf den Catharinen Thurn abgeholet, woselbst ich die beyde Herren Geistliche Willemer und Zeitmann in der Wohnstube des Richters betend mit der Maleficantin antraf; Nach einer kleinen Verweilung erschiene ebenfalls Herr Rathschreiber Dr. Claudi, da dann gedachter Brandin das Todes-Urteil durch ersagten Herrn Rathschreiber in meiner und des Nachrichter Hofmann nebst seiner Söhne Gegenwart gleich nach 6 Uhr laut und deutlich vorgelesen – so dann der Staab von mir mit folgenden Worten gebrochen worden: Auf befehl Eines HochEdlen Raths, breche ich euch Brandin, also hiermit den Staab, und übergebe euch dem Nachrichter Hofmann, daß er das Urteil auf die vorgeschriebene Art vollziehen möge, wobey dieselbe sich gantz gelaßen bezeigte. Darauf begaben sich beede Herren Geistliche mit der Maleficantin in das so genannte arme Sünder Stübgen, nachdem solches geschehen wurde gegen 8 Uhr der Tisch gedeckt, und die zubereitete Speisen aufgetragen, von welchen Herr Rathschreiber, die beede Herren Geistliche, ich, so dann der Trompetter Göring und Einspänniger Glöckler, jeder soviel ihm beliebte genoßen, da mitler Zeit die beyde älteste Candidaten die arme Sünderin, welche das zu verschiedenen mahlen ihr angebotene Eßen jedesmal abgeschlagen, im Gebet unterhielten.

Um halb zehen Uhr erschiene der Stöcker, und zeigte an, daß währendem Läuten der Vater-Unser-Glock in der Barfüßer Kirche, die Sturm Glocke zum ersten – eine viertel Stunde hernach zum zweyten – und abermal nach Verlauf einer viertel Stunde

---

32 Der zweite Vorname ist irrtümlich falsch angegeben.

zum dritten mal durch ihn angeschlagen worden, auf welche anzeige dann alles zum ausführen veranstaltet – und der armen Sünderin beym austritt aus dem Stübgen an der Stiege die Hände durch den Stöcker und seinen Knecht gebunden – und solche vom Thurn herunter gebracht wurde, worauf mich in begleitung der beeden Einspänniger zu Pferd setzte, hinter uns folgte aber die arme Sünderin, welche von denen beeden Herren Geistlichen und 2 ältesten Candidaten unter beständigem bäten und Singen, bis auf das gegen der Catharinen Kirch über aufgeschlagene Gerüste begleitet wurde, woselbst so dann, während eifrigen Gebät das Todes Urtel durch des Nachrichter Hofmann ältesten Sohn von großen gera, durch einen Hieb glücklich und wohl vollzogen – der Cörper hingegen, nachdem sich das Volck ein wenig verlaufen in einem Sarg durch des Nachrichters Knechte auf dem Karn, nach guten Leuten abgeführet und daselbst begraben worden. So geschehen Franckfurt den 14ten Januarii 1772.

Johannes Raab
Obr. Richter und Fisc.

Relatio des Obrist-Richters vom 14ten Januarii 1772.
Die durch das Schwerdt vom Leben zum Tod gebrachte Kindermörderin Susanna Maria[33] Brandtin betr.
Lect. in Senat. d. 14. April 1772 et concl.: Ponatur ad acta.
Lit. C.C.

[Beilage DD: Verhör des Scharfrichters und seiner Knechte]

Actum donnerstags den 16. Januar 1772 vor dem Obrist-Richter.

Erschiene praevia Citatione der Nachrichter Anton Hofmann und wurde befragt:

Welche von seinen Knechten den Cörper der enthaupteten Brandin nach dem Gutleuthof gebracht:
Rp. Alle vier, als Michel Fuchs, Philipp Nord, Peter Nord, und Joseph Stetimfeld.

33 Ergänzt: Margaretha.

Es sey die Anzeige geschehen, daß die Knechte unterwegs den Sarg geöfnet – und den Cörper um Geld sehen laßen, wie sich solches verantworten ließe, und wer ihnen dazu die Erlaubnus gegeben?

Rp. Er wüßte von der Sache nichts habe auch seinen Knechten keine Erlaubnus gegeben, sondern ausdrücklich befohlen, sie solten alles ruhig und still, wie es gewöhnlich verrichten, glaubte daß die Eröfnung des Sargs auf dem Gutleuthof geschehen, um den Cörper vor der Einscharrung wieder ordentlich zu legen.

Hierauf wurden die beede Knechte des Nachrichters Fuchs und Stehtimfeld vorgelaßen und befragt: wie sie zu verantworten getrauten, daß sie den Sarg der brandin unterwegs eröfnet?

Rp. Unter wegs sey der Sarg nicht eröfnet worden, sondern blos vor der Einscharrung, sey, wie gewöhnlich die Eröfnung geschehen, blos um den Cörper wieder in die ordnung zu legen.

Ob sie von den Zuschauern Geld bey solcher Gelegenheit gegeben worden?

Rp. Einige ansehnliche Leute, welche bey dieser Gelegenheit mit in den Hof eingedrungen hätten ihnen sechs batzen hingeworfen, welche sie hernach mit einander vertruncken, viele waren aber von außen auf die Mauer gestiegen, und hätten es mit angesehen.

Ob sie nicht gesehen daß einem – oder dem andern vom Commando Geld gegeben worden?

Rp. Das könten sie mit gutem Gewißen nicht sagen. Die Wacht habe keinen Menschen in den Hof gelaßen, viel mehr wären die wenige zuschauer von außen über die Mauer gestiegen.

Eodem
Erschienen die beede andere Knechte des Nachrichters Philipp und Peter Nord, und wurden ebenfalls wie ihr 2 andere Cameraden befragt:

Wie sie zu verantworten getrauten, daß sie unterwegs den Sarg der Brandin eröfnet?

Rp. Es würde ihnen kein Mensch mit bestand der Warheit solches darthun können. Der Sarg wäre nicht eher eröfnet worden, als vor dem Einscharren, indem der Meister Hofmann ihnen befohlen, den Cörper wieder in die Ordnung zu legen.

Ob sie nicht von den Zuschauern bey dieser Gelegenheit Geld bekommen?

Rp. Es seyen verschiedene Leute über die Mauer gestiegen, welche ihnen ohne ihr begehren einiges Geld, mögten etwa 6 batzen gewesen seyn, zu geworfen, wovon sie nachgehends bier mit einander getruncken die Wacht hätte niemand hinein – und zu diesem Ende einige Mann vor dem Thor stehen gelaßen um das Eindringen zu verhindern.

Ob sie nicht geschen, daß einem- oder andern von denen commandirten Geld gegeben worden?

Rp. Das könten sie mit gutem Gewißen nicht sagen, seyen blos mit Machung des Lochs, zurechtlegung des Cörpers und deßen Zuscharrung beschäfftigt gewesen.

Lect. in Senat. d. 21. Jan. 1772 et concl.:
Ponatur ad acta. Lit. D.D.

[Beilage EE: Bericht des Pfarrers Zeitmann]

Auf ausdrückliches Ersuchen S.T. Herrn Rath-Schreibers D. Claudi, habe in Absicht des Vorganges, des bey der enthäupteten Brandin abgelegten Besuches Herrn Pfarrer Craffts, folgenden Bericht abstatten wollen.

Als ich Montags Nachmittag zur Maleficantin Brandin kam, war das ihr erstes Wort: Sie verlange noch einmahl das Heil. Abendmahl zu empfangen. Da ich nun hierüber einige Verwunderung mercken ließ, weilen sie erst früh Morgens mir bezeuget, wie sie gantz getrost wäre, und weiter im geringsten kein Anliegen mehr hätte, so bezeugte sie: wie sie nicht an das Heil. Abendmahl weiter würde gedacht haben, wenn nicht der noch bey ihr gegenwärtige und ohngeruffen erschienene Hr. Candidat Caspari sie daran erinnert und auf eine nicht genug überlegte Weise darum befraget hätte. Ich konte mich nicht endhalten ermeldeten Hrn. Candidaten zu fragen, wer ihm hierzu die Vollmacht ertheilet hätte, erhielte auch zur Antwort es geschehe auf ordre Hrn. Rath-Schreibers D. Claudi.

So bald Herr Collega Willemer kam und diesen Vorgang mit Verwunderung vernahm, so fragten wir die Maleficantin noch einmahl in Gegenwart aller Anwesenden, ob sie ein besonders Verlangen nach dem Heil. Abendmahl trüge, und etwa besondere Freudigkeit zum Todt dadurch zu erlangen glaube? Sie bezeugte aber nochmahls, wie sie eben kein solch Vertrauen darauf setze, sondern es auf die Vorstellung Herrn Cand. Caspari zu empfangen verlanget habe. Sie wolle es aber dabey bewenden laßen, und zu frieden seyn.

Ich fing also meine Unterredung mit ihr an, und suchte sie durch Zueignung der Crafft des Todtes und der Auferstehung Jesu, getrost zu machen.

Während meines Vortrages kam Herr Pfarrer Crafft und bezeugte mit Verwunderung, wie er auf Befehl des Wohl regierenden Herrn Bürgermeisters käme, um der Maleficantin das Heil. Abendmahl zu reichen. Ein Grenadier von der Haupt Wache, fragte dabey wo er das Brod und den Wein holen solte. Allein als Herr Pfarrer Crafft den wahren Verlauff der Sache hörte, die Maleficantin auch selbst vernahm daß sie ohne das Heil. Abendmahl nochmahls zu empfangen, dennoch ruhig und getrost sterben wolle, abstrahierte Er zwar gar gerne von Reichung des Heil. Abendmahls, fing aber, in unserer Gegenwart an, auf eine sehr nachdrückliche Weise, die Maleficantin auf die Erkentnüß ihrer Sünden zu führen.

So gut auch dieser Vortrag war, so geschahe er doch zur unrechten Zeit, indem wir diß längst ihr vorgetragen und mit sichern Merckmahlen den Seegen daran an ihrem armen Hertzen verspüret hatten. Daher kam es aber, daß nun aller Trost den ich ihr aus dem süßen Evangelio Jesu zu eignen wolte, durch diesen Vortrag in etwas gehindert wurde. Ich bezeugte also Herrn Pfarrer Crafft, wie wir ihr diß längst mit Nutzen vorgetragen hätten, und jetzo unsere Betrachtungen auf das Evangelium zu richten im Begriffe stünden, darauf er sich dann auch, mit aller einem Geistlichen anständigen Bescheidenheit entfernte.

Daß nun alles wie oben gemeldet sich so verhalten, solches habe

nicht nur eigenhändig berichten und unterschreiben, sondern auch mit meinem gewöhnlichen Siegel bekräfftigen wollen.
Franckfurt d. 20. Jan. 1772.
Johann Carl Zeitmann Pfarrer

Productum in Senat. d. 14. April 1772 et concl.:
Ponatur ad acta. Lit. E.E.

[Beilage V: Übergabe des Nachlasses an die Schwester der Susanna M. Brandt]

Daß mir die von meiner unglücklichen Schwester Susanna bran-din zurückgelassenen – in der apud acta[34] befindlichen beylage Sub Lit. J bemerckte Kleidungs Stücke samt Kiste von Einem Löbl. Officio Examinatorio extradieret[35] worden. Ein solches wird hierdurch mit unter thänigstem danck bescheinigt.
Franckfurth den 17. Jan. 1772
p. Catharina Königin
XXX[36]
Lit. V

[Beilage W: Rechnung des Verteidigers]

Design. Deserviti et Expens.[37] die aufgetragene Vertheidigung der Inquisitin Susanna Margaretha Brandin betr.
1771
Octob. 26. Die gewöhnliche Pflichten zu leisten

		rth.	1.–
″ 30	zur Inquisitin auf den Catharinen Thurn begeben, und mit derselben zu sprechen		1.–

---

34 Bei den Akten.
35 Übergeben.
36 Der Vorname der Königin ist irrtümlich als Catharina angegeben. Sie hat in der Tat mit drei Kreuzen unterzeichnet und konnte demnach nicht schreiben.
37 Designati Deserviti et Expensarum: Angabe der erbrachten Dienstleistungen und der Ausgaben.

" 31	p. Nötig befundene Anzeige	
	ad ampl. Senat.	2.–
	p. Copia[38]	–. 16
Nov. 1	Auf Verlangen der Inquisitin mich	
	abermals zu ihr begeben	1.–
" 23	p. Rechtliche Vertheidigungs	
	Schrifft 14. Bogen	14.–
	p. Copia	1.22
1772		
Jan. 10	der Publication der Urthel beyzuwohnen	1.–
	Rrthl.	21.38

Extrahirt Franckfurt d. 1. Febr. 1772
M.C. Schaaff Dr.
Lit. W

* * *

Continuatum den 1. Febr. 1772
Coram Iisdem

Als an jetzo der Herr Dr. Schaaff qua verordnet gewesener Defensor der den 14. Jan. hingerichteten brandin seine Deserviten und expensen Rechnung 21 rT. 38 xr betragend, dem Amt einhändigen liesse. So wurde resolviret, sothane Rechnung einstweilen Sub Lit. W ad acta zu nehmen, demenächst aber diese sobald die noch abgängige berichte, welche Anstalten bey der den 14. Jan. a.c. an der brandtin vollstreckten Hinrichtung getroffen worden, auf das Amt gelieffert, und diese verordneter maasen dem Untersuchungsprotocoll beygefügt werden, abermahlen gewöhnlichermaasen in den Circul zu geben.

Continuatum den 2. Aprill 1772
Coram Iisdem

Nachdeme die über die, bey Hinrichtung der brandin getroffenen Anstalten, respective erstattete und annoch zu erstattende berichte, noch nicht dem Amt überliefert worden, so hat man, damit in Ansehung der von dem verordnet gewesenen Herrn Defensore bereits vor 2 Monathe eingereichten deserviten und expensen Rechnung, ein Rath Schluß abgefaßt werden könne, das gesamte Untersuchungs protocoll abermahls gewöhnlicher maasen in den Circul zu geben, vor nöthig erachtet.
In fidem J.J. Rost actuarium.

[Stellungnahmen der Syndiker zur Rechnung des Verteidigers]

Es sind mir heute von löbl. Officio examinatorio die acta, die pto. infanticidii hingerichtete Brandin betr., zugeschickt worden, u. ich finde in dem Protocollo de hodierno, daß die Berichte über die bey der execution gemachte Anstalten noch nicht ad acta gekommen, auch der Hr. defensor die Anweisung seiner Rechnung noch nicht erhalten.
Was den ersten Punct anbelangt, wird den jüngern wohlregirenden H. Bürgermeister aufzutragen seyn, daß er die Überweisung ged. Berichte nachdrückl erinnere, damit sie endl. nicht gar vergessen werden.
In Ansehung der deserviti des H. defensoris muß ich erinnern, daß in den beyden von ihme gefertigten exhibitis[39] die erforderte Zeilen-Zahl nicht zu finden seye, u. es könnte daher deßen Rechnung Lit. W. auf 20 rthler. moderirt, u. hirnach ihme diße Summe von löbl. Rechney geg. Quittung bezahlt werden. S.M. Ffurt d. 2ten April 1772.
Lanz

39 Aufstellungen.

Ich bin mit vorstehendtem einverstandten. Ffurt d. 2ten April 1772. J. Ch. Jan

Similiter,[40] Ffurth d. 6. April 1772. Hofmann

Ich ebenfalls. Frf. d. 8. April 1772. Rumpel

Ich finde dabey nichts zu erinnern. Ffth. d. 8. Apr. 1772. B.J. Schudt

Lect. in Senat. d. 14. April 1772 et concl.: es könne die rechnung nach der moderation bezahlt werden.

[Beilage X: Ratsbeschluß]

Als anjetzo die von dem hochgelahrten Doctore und Advocato ordinario Marcus Christoph Schaaff, qua Defensore der enthäupteten Kinder-Mördern Susanna Margretha Brandtin, übergebene Deserviten- und Expensen-Rechnung vorgekommen und zugleich mit ein desfallsiges Bedencken derer Herrn Syndicorum verlesen worden:
Solle man diese Rechnung auf zwantzig Reichsthaler moderiren und löbl. Recheney-Amt committiren dieselbe gegen quittung zu bezahlen.
Concl. in Senat. d. 14. April 1772
Lit. X

* * *

Continuatum den 15ten Aprill 1772
Coram Iisdem

Wurde das die bezahlung der deserviten Rechnung des bestelt gewesenen Herrn Defensoris der decollirten brandin betreffende verehrliche Raths Conclusum Sub Lit. X ad acta genommen.

---

40 Desgleichen.

Und nachdeme die vom löbl. Kriegs Zeug- Löb. bau- und Hospital Pfleg Amt, wie auch Herrn Rath Schreiber, und Obrist Richter erstattete berichte, was vor Anstalten bey hinrichtung der brandin getroffen worden, und was ein jedes dieser löblichen Ämter dabey zu besorgen gehabt, auch warum löbliches Hospital Pfleg-Amt bey dieser Gelegenheit zu requiriren, zu gleicher Zeit auf das Amt gekommen; als hat man diese berichte Sub Lit. Y, Z, A.A., B.B., C.C. – endlich aber das protocoll des Obrist Richters die Abhörung der Knechte des Nachrichters betreffend Sub Lit. D.D. und schließlichen den schrifftlichen bericht des Herrn pfarrer Zeitmanns in Absicht des Vorgangs des bey der enthaupteten brandin von dem Reformirten prediger herrn Krafft abgelegten besuchs, Sub Lit. E.E. annoch zum protocoll genommen.

Anhang

Über die Edition

Erstmals wird hier die vollständige Akte aus dem Prozeß gegen Susanna Margaretha Brandt für ein breites Publikum veröffentlicht. Ein Ziel der Edition ist es, heutigen Leserinnen und Lesern den Ablauf eines Strafprozesses Ende des 18. Jahrhunderts detailliert und unmittelbar vor Augen zu führen. Dazu mußte die Reihenfolge der Protokolle verändert werden, denn die Originalakte ist nach der Verwaltungslogik des 18. Jahrhunderts organisiert und folgt nicht der Chronologie der Ereignisse. Im Original sind zunächst sämtliche Protokolle des Peinlichen Verhöramtes hintereinander abgelegt. Daran schließen, in der Reihenfolge ihrer alphabetischen Numerierung, die Beilagen an. Dies sind Dokumente, die außerhalb des Peinlichen Verhöramtes angelegt und anschließend von diesem Amt zu den Akten genommen wurden. Am Ende der Akte befinden sich außerdem die Gutachten der Syndiker, die nicht weiter gekennzeichnet wurden. Aus dieser Ordnung ergibt sich, daß im Original etwa die Verhöre der Susanna M. Brandt durch den Ratsschreiber Claudi vom 4. und 5. August 1771 erst nach ihren späteren Verhören im Oktober zu lesen sind. Es war also notwendig, die Reihenfolge der einzelnen Dokumente, die in der Originalakte vorgegeben ist, für die Edition zu verändern. Außerdem wurde der Prozeß, um das Verständnis für dessen Ablauf zu erleichtern, in vier Teile untergliedert. Jedem dieser Teile wurde ein kurzer Zwischentext vorangestellt, der einige Umstände näher erläutert. Die Transkription selbst folgt jedoch bis in die Orthographie und Interpunktion dem Original.

Um den Leserinnen und Lesern die Orientierung im Dschungel der verschiedenen Texte zu erleichtern, wurden unterschiedliche Schrifttypen und -größen verwendet. Die Zwischentexte, die den einzelnen Teilen vorangestellt wurden, sind kursiv gesetzt. Die Protokolle des Peinlichen Verhöramtes sind in der Grundschrift wiedergegeben, während die Beilagen und die Gutachten der Syndiker in einer etwas kleineren Schrift gesetzt sind. Außerdem wurden den Beilagen und Gutachten Überschriften, gekennzeichnet durch eckige Klammern, vorangestellt. Sie sind in der Originalakte nicht enthalten, sondern von den Herausgeberinnen eingefügt worden. Im Originaltext kommen außerdem häufig lateinische Wörter und Sätze vor. Sie sind in Fußnoten knapp und sinngemäß übersetzt. Schließlich sind für das Verständnis des Prozesses wichtige Begriffe (Institutionen, Funktionsträger, gesellschaftliche Gruppen, Orte) in einem Glossar erläutert. Die am Prozeß beteiligten Personen werden in kurzen biographischen Notizen vorgestellt. Die Beschreibungen im Glossar und in den biographischen Notizen sind knapp gehalten und eng an das Geschehen im Prozeß angelehnt. Die hierfür verwendete Literatur ist in den Anmerkungen zum Vorwort aufgeführt.

Die Edition beginnt mit einem Blatt aus der Akte, auf dem die Worte „Protokoll des Peinlichen Verhöramtes vom 3. August 1771. Die wegen Kindsmordes beschuldigte und entwichene hiesige Soldaten Tochter Susanna Brandtin betr." vermerkt und die angehängten Beilagen aufgezählt sind. Dieses Blatt findet sich als Folio 10 im Originalprotokoll. Jedes weitere zehnte Blatt enthält lediglich den Vermerk „Continuatio Protocolli", Fortsetzung der Protokolle, mit Datumsangabe und einer fortlaufenden Numerierung. Auf diese Weise ist die Akte in Abschnitte von jeweils zehn Blättern gegliedert. Die einzelnen Blätter sind fortlaufend durchnumeriert, wobei zwischen Vorderseite (verso: „v") und Rückseite (recto: „r") des Blattes unterschieden wird. Die Akte umfaßt insgesamt 334 Blatt. Mitunter zitierten die am Prozeß beteiligten Juristen aus der Akte. So heißt es etwa in der Verteidigungsschrift, die Inquisitin habe „11. Fol. 102 a" eine bestimmte Aussage abgegeben. Die Zahl 11 bezieht sich auf das elfte Zehnerbündel, dann folgt die genaue Seitenangabe – Folio 102 a. (Der Verteidiger bezeichnet hier die Vorderseite des Blattes statt mit „v" mit „a".) Damit Leserinnen und Leser die angegebenen Stellen auch in der Edition nachschlagen können, wurde eine Konkordanz erstellt, aus der ersichtlich ist, welche Blätter des Originals auf welchen Seiten der Edition zu finden sind.

Zum Schluß danken wir allen, die uns während der Arbeit an dieser Edition mit Rat und Tat unterstützt haben. Anja Johann hat die Protokolle aufs Sorgfältigste transkribiert und einige wichtige Informationen beigesteuert. Die Übersetzungen des Juristenlateins besorgte Herr Dr. Christoph Bergfeld vom Max-Planck-Institut für Europäische Rechtsgeschichte, das Ärztelatein im Sektionsbericht übersetzte und erläuterte Herr Dr. Georg Jakob. Dank gebührt auch den Mitarbeiterinnen und Mitarbeitern im Lesesaal und der Bibliothek des Frankfurter Instituts für Stadtgeschichte (IfSG) sowie Herrn Bernhard Reichel, Leiter der Abteilung „Altes Archiv" am IfSG.

Konkordanz

Glossar

*Mit Sternchen versehene Begriffe und Namen werden im Glossar
bzw. in den biographischen Notizen erläutert.*

Adel: In Frankfurt gab es zwei adelige Häuser oder Gesellschaften, die Alten-Limburger und die Frauensteiner. Diese Gesellschaften waren Zusammenschlüsse mehrerer adeliger Familien. Eine Familie, die Mitglied in einer dieser Gesellschaften werden wollte, mußte die Aufnahme beantragen und die Zugehörigkeit zum A. über mehrere Generationen nachweisen. Die jeweiligen Familienmitglieder mußten außerdem ihrem adeligen Stande gemäß leben, durften also weder in Handel noch Handwerk tätig sein. Das Haus Alten-Limburg umfaßte 11 Familien, die meisten gehörten zu sehr alten Frankfurter Geschlechtern. Viele seiner Mitglieder bekleideten hohe militärische Ränge und städtische Ämter. Das Haus Frauenstein bestand aus 12 Familien und war weniger mächtig als die Gesellschaft der Alten-Limburger. Beide Gesellschaften besaßen besondere, vom Kaiser verliehene Privilegien. Die Alten-Limburger hatten das Recht, durch bis zu 16 Mitglieder auf den ersten beiden Ratsbänken repräsentiert zu sein, die Frauensteiner konnten bis zu sechs Angehörige ihres Hauses in den Rat wählen lassen. Die adligen Familien blieben auch Ende des 18. Jahrhunderts weitgehend unter sich. Nur wenige stadtbürgerliche Familien hatten Zugang zu den gesellschaftlichen Zirkeln, in denen der A. verkehrte, und nur vereinzelt heirateten Angehörige der Frauensteiner im 18. Jahrhundert auch in die vermögenden Schichten des Stadtbürgertums ein, während die Alten-Limburger sich bei Eheschließungen fast völlig auf adelige Familien beschränkten.

Advokat: Wer in Frankfurt den Beruf des A.en ausüben wollte, mußte Doktor oder Lizentiat der Rechte sein, den Bürgereid geleistet haben und sich als A. einschreiben. Da vor Gericht nur von A.en verfaßte Schriftstücke zugelassen waren, bestand eine der wichtigsten beruflichen Tätigkeiten der A.en im Aufsetzen von Anfragen, Bitt- und Gnadengesuchen und anderen juristischen Schriftstücken. In den 1770er Jahren waren rund 50 A.en in Frankfurt niedergelassen, die wenigsten unter ihnen verdienten freilich ihren Lebensunterhalt als Anwalt. Vor allem die Patrizier, die eine juristische Ausbildung absolviert und sich als A.en niedergelassen hatten, übten den Beruf nie oder nur in sehr geringem Umfang aus. Die Niederlassung als A. war der erste Schritt zur Erlangung eines juristischen Amtes, sei es in städtischen, fürstlichen oder kaiserlichen Diensten. Viele A.en, wie etwa der Ratsschreiber* Claudi*, suchten in städtischen Diensten unterzukommen oder strebten, wie der Anwalt Schaaf*, eine Ratsstelle an. Im Frankfurter Rat* waren 1770 und 1780 jeweils neun der 28 Ratsherren auf den ersten beiden Bänken A.en, womit sie die zweitgrößte Gruppe nach den Adeligen ohne Berufsangabe stellten. Siehe auch unter Defensor.

Aktuar: Schreiber. Als Actuarius ordinarius des Peinlichen Verhöramtes* wurde der Ratsschreiber* bezeichnet. Der Actuarius vicarius war der Gehilfe des Ratsschreibers im Peinlichen Verhöramt und führte die Vernehmungsprotokolle. Außerdem erscheint in den Akten der Schreiber des Konsistoriums*, der etwa denselben Rang einnahm wie der Actuarius vicarius. Beide erhielten ein Jahresgehalt von 250 fl. Die Schreiberstellen waren angesehene und einträgliche Ämter und ermöglichten durchaus einen gesellschaftlichen Aufstieg. So wurde der Sohn des Konsistoriumsschreibers Gabler* Theologieprofessor. Die Schreiber besaßen in der Regel keine juristische Ausbildung – bis auf den Stadtschreiber und den Ratsschreiber –; eine gehobene Schulbildung war jedoch unabdingbare Voraussetzung. Bei Amtsantritt mußten sie eine Kaution stellen, die sie nach Bewährung im Amt zurückerhielten. Diese Kaution lag etwa für den Musterschreiber des Kriegszeugamtes* bei 1000 fl.

Austrommelung: Wurde eine Person einer Straftat dringend

verdächtigt und befand sich bereits auf der Flucht, war der Jüngere Bürgermeister* verpflichtet, diese Person austrommeln zu lassen. Dabei wurde ein schriftlicher Steckbrief erstellt und durch den Musterschreiber des Kriegszeugamtes* an alle Torwachen der Stadt verteilt. Dort verlas er den Steckbrief unter Trommelschlägen.

Bauamt: Das B. unterstand wie alle städtischen Ämter dem Rat* und wurde von je einem Ratsmitglied jeder der drei Bänke geleitet. Hinzu kamen zwei Mitglieder des Bürgerkollegiums* der 51er sowie ein bürgerlicher Gegenschreiber. In architektonischen und künstlerischen Fragen wurde der Stadtbaumeister hinzugezogen. Das B. führte die Aufsicht über das gesamte öffentliche Stadtbauwesen, über die Reinlichkeit und Freihaltung der Straßen und über das Stadtlaternenwesen. Es hatte Rechtsprechungskompetenz bei Baustreitigkeiten zwischen Privatpersonen und bei Streitigkeiten zwischen Besitzern benachbarter Grundstücke. Es entschied über den Abbruch oder Bau jedes Gebäudes in der Stadt, wobei diese Entscheidung der Zustimmung des Rates* und der 51er bedurfte. Das B. war bei der Hinrichtung der Susanna M. Brandt* für die Errichtung des Schafotts* und für die Sicherung der Laternen auf dem Richtplatz zuständig.

Beisassen: Die Beisassen waren jene christlichen Einwohnerinnen und Einwohner Frankfurts, die nur ein minderes Bürgerrecht besaßen. Sie leisteten bei ihrer Aufnahme den Beieid, der sie zum Gehorsam gegen den Rat* verpflichtete, und zahlten eine einmalige Abgabe. Die B. entrichteten den doppelten Steuersatz der Bürger*. Sie hatten keinerlei Anteil an der politischen Macht, das heißt sie konnten weder in den Rat* oder die Bürgerkollegien* gewählt werden noch selber wählen. Dafür genossen sie den städtischen Schutz und erhielten das Recht, beschränkt Handel und Gewerbe zu treiben.

Bockenheim: Das Dorf B. lag außerhalb der Frankfurter Stadtmauern im Westen und gehörte zur Grafschaft Hanau. Hier besaßen die Reformierten eine Kirche und richteten den Gottesdienst aus. Die Angehörigen der reformierten Gemeinde in Frankfurt mußten sich zum Gottesdienst nach B. begeben.

Brunnenmeister: Wasser war in den Städten der Frühen Neuzeit ein kostbares Gut. Frankfurt zeichnete sich durch reichhaltige Wasservorkommen und daher ebenso zahlreiche private Brunnen aus. Der Stadt gehörten (neben drei Springbrunnen) vier öffentliche Röhrenbrunnen. Das Wasser wurde aus dem Nordosten des Frankfurter Gebiets durch hölzerne, seit Ende des 18. Jahrhunderts durch eiserne Röhren in die Stadt geleitet. Die Aufsicht über die städtischen Brunnen führte der B. Er hielt die Anlage instand und sorgte für die Reinhaltung des Wassers. Viele Krankheiten und Epidemien waren auf verunreinigtes Wasser zurückzuführen – der B. sorgte also für die Gesundheit der Stadtbewohner und bekleidete ein lebenswichtiges Amt. Während der Hinrichtung der Susanna M. Brandt* hatte er den Röhrenbrunnen an der Hauptwache vor Beschädigungen und Verunreinigungen durch Schaulustige zu schützen.

Bürger: Der Status des B.s wurde auf Antrag durch den Rat* gewährt. Wurde einer Person das Bürgerrecht gewährt, mußte sie den Bürgereid leisten, in dem sie Gehorsam und Treue gegen Kaiser und Rat* schwor. Außerdem mußte ein Aufnahmegeld entrichtet werden, das für „geborene Bürger", also Frankfurter Bürgersöhne, freilich sehr viel geringer war als für Fremde. Fremde erlangten das Bürgerrecht nur, wenn sie einer protestantischen Konfession* angehörten, wenn in ihrer Heimat Frankfurter als B. grundsätzlich aufgenommen wurden, wenn sie wohlhabend waren und sich überdies verpflichteten, eine Frankfurter Bürgertochter oder Witwe zu ehelichen. Allein die männlichen B. lutherischer Konfession* waren im Besitz aller politischen Rechte. Nur sie konnten in den Rat* und in städtische Ämter gewählt werden. Außerdem durften nur B. Häuser im Stadtgebiet besitzen. Schließlich waren die B. die einzigen, denen uneingeschränkt „bürgerliche Nahrung" gewährt wurde, das Recht auf die Ausübung eines Handels- oder Handwerksberufes oder eines anderen bürgerlichen Erwerbs.

Bürgerkollegien: Sie wurden Anfang des 18. Jahrhunderts eingerichtet, als der Rat* nach Eingaben der Bürgerschaft beim Kaiser von diesem verpflichtet wurde, sich in finanziellen Angelegenheiten mit der Bürgerschaft abzustimmen. Dieser Maßnahme gingen Jahrzehnte währende Streitigkeiten zwischen dem von Adel* und Gelehrten dominierten Rat* und den bürgerlichen Kaufleuten und Handwerkern* der Stadt voraus. Zuerst wurde 1717 das Kollegium der 9er eingerichtet. Dieses prüfte alle Rechnungen des Rechenei-Amtes*. Unregelmäßigkeiten oder unnötige Ausgaben oder Erhebungen wurden dem Rat* angezeigt. 1732 wurde das Kollegium der 51er ins Leben gerufen. Die 9er erstatteten fortan den 51ern regelmäßig Bericht. Das Kollegium der 51er bestand vorrangig aus wohlhabenden mittleren Kaufleuten und Großhändlern, darunter viele Reformierte und Katholiken, die nicht ratsfähig waren. Der Senior des Kollegiums erhielt ein Gehalt von 1000 fl. Bei allen städtischen Ausgaben und neuen oder außerordentlichen Erhebungen war die Zustimmung der 51er erforderlich. Sie beaufsichtigten die städtische Verwaltung in allen finanziellen Fragen und deputierten Mitglieder und Gegenschreiber in alle Ämter, die Gelder verwalteten. Die 51er tagten einmal im Monat und prüften die Berichte der 9er. Später wurde das Kollegium der 28er eingerichtet, das den Prüfbericht der 9er kontrollierte und seinerseits den 51ern berichtete. Schließlich gab es noch das Kollegium der 3er, das die Schöffen-, Rats- und Ämterwahlen überwachte und ebenfalls den 51ern Bericht erstattete.

Bürgermeister: Die beiden B., die nach dem Schultheißen* höchsten städtischen Beamten, leiteten die Stadtverwaltung. Sie wurden jedes Jahr neu gewählt. Der Rat* wählte aus den sieben ältesten Schöffen und den sieben ältesten Ratsherren der zweiten Bank je drei Kandidaten, unter denen dann die Schöffen den Älteren, die Ratsmitglieder der zweiten Bank den Jüngeren B. wählten. Eine Wiederwahl war möglich, wie etwa das Beispiel von Hieronymus Peter Schlosser* belegt, der 1786 und 1789 Jüngerer B. war, jedoch nicht für das unmittelbar folgende Jahr. Nach Ende der Amtszeit nahmen beide B. ihre Ratssitze wieder ein und führten den Titel „ex-

consul senior" bzw. „junior". Der Ältere B. erhielt 1700 fl.,
der Jüngere B. 1300 fl. Gehalt. Der Ältere B., bei seiner Verhinderung der Jüngere B., legte die Tagesordnungen der
Ratssitzungen fest und führte den Vorsitz. Ferner hielten
beide B. wochentags zusammen mit je zwei beratenden Assessoren die „Bürgermeister-Audienzen" ab, in denen sie
Streitigkeiten schlichteten und in verschiedenen Rechtssa-
chen, die nicht in die Zuständigkeit des Schöffengerichts*
oder des Peinlichen Verhöramtes* fielen, Urteile fällten.
Auch konnten beide B. Verhaftungen veranlassen. Gegen
ihre Entscheidungen konnte beim Rat* Einspruch erhoben
werden.

Candidat s. Kandidat

Carolina: Die C. war die 1532 von Kaiser Karl V. erlassene Peinliche Gerichtsordnung des Heiligen Römischen Reiches
Deutscher Nation. Sie gilt als wichtigstes Gesetzgebungswerk
der Frühen Neuzeit. Sie sollte die jeweiligen Landesrechte
und regionalen Gewohnheitsrechte nicht ersetzen, sondern
ergänzen. So galt auch in Frankfurt neben der C. die Frankfurter Reformation von 1578, die jedoch wenig Bestimmungen zum peinlichen Strafrecht enthielt.
Die C. unterschied zwischen drei Arten von Straftaten. Es
gab solche, die nur „bürgerlicher" Strafe, also an den Ver-
letzten zu zahlender Privatstrafe, unterlagen. Hinzu kamen
Straftaten, die zwar staatlich gestraft wurden, aber nicht
peinlich. Als „Peinliche Sachen" schließlich wurden Tatbe-
stände bezeichnet, deren Begehung eine „öffentliche"
Strafe, also eine Leibes-, Lebens- oder Ehrenstrafe, nach sich
zog. Bei Kindsmord sah die C. vor, die Täterin lebendig zu
begraben oder zu pfählen. Diese Strafe konnte durch die
mildere Strafe des Ertränkens ersetzt werden, was im übrigen generell für zum Tode verurteilte Frauen galt. Susanna
M. Brandt* wurde zur Enthauptung durch das Schwert verurteilt, was eine weitere Milderung darstellte. Das Schwert
galt als „ehrliche" Todesart, während der Tod am Galgen ein
ehrloser Tod war. Außer den Todesstrafen sah die C. für
viele Verbrechen Leibesstrafen vor, von Pranger und Prü-
gelstrafe bis zu verstümmelnden Leibesstrafen, etwa dem

Abhauen oder Abschneiden von Körperteilen. Letztere Strafen wurden im Laufe des 17. Jahrhunderts immer weniger, im 18. Jahrhundert gar nicht mehr angewendet; Prügelstrafen gab es jedoch in einigen Ländern noch bis in die zweite Hälfte des 19. Jahrhunderts hinein.

Catharinenturm s. Katharinenturm

Chirurg: Die C.en, auch Wundärzte oder Barbiere genannt, waren keine approbierten Mediziner und standen daher im Rang unter den studierten Ärzten. Ihr Beruf war aus den Badern und Barbieren der Frühen Neuzeit entstanden, die medizinische Kenntnisse und Fertigkeiten ausbildeten. Sie zogen Zähne, öffneten Abszesse und führten etwa ab der Mitte des 15. Jahrhunderts kleinere chirurgische Eingriffe durch. Ein „geschworener" C. (Chirurgus juratus) war ein Wundarzt, der vor dem Rat* einen Eid auf die Medicinal-Ordnung geschworen hatte und im Dienst der Stadt stand. In der Frankfurter Medicinal-Ordnung von 1668 hieß es über die Barbiere, es solle keiner sein Becken aushängen, der nicht sein Meisterstück gemacht habe. Das Recht zur Ausübung des Chirurgenberufs war demnach an ähnliche Bedingungen geknüpft wie das Recht zur Ausübung eines Handwerks. Die Medicinal-Ordnung steckte überdies den Kompetenzbereich der C.en genau ab. Sie sollten Wunden, Geschwüre, ausgerenkte Gelenke und Arm- und Beinbrüche behandeln sowie Aderlässe und Amputationen durchführen. Die C.en standen unter der Aufsicht eines Stadtphysikus*.

Consistorium s. Konsistorium

Convent s. Predigerministerium

Defensor: Verteidiger. In Peinlichen Sachen, die eine Leibesoder die Todesstrafe nach sich ziehen konnten, wurde vom Peinlichen Verhöramt* stets ein Verteidiger unter den eingeschriebenen Advokaten* der Stadt bestellt – so auch im Falle der Susanna M. Brandt*. Während der Zeugenvernehmungen und der Verhöre der Angeklagten durch das Peinliche Verhöramt* war der D. nicht anwesend. Er wurde erst nach Abschluß der Untersuchung bestellt. Daher bestand seine Aufgabe im wesentlichen im Verfassen der Verteidigungsschrift. Er konnte jedoch vor dem Erstellen der Verteidigungsschrift neue Beweismittel oder Umstände geltend machen, die eine Fortführung der Untersuchung erforderten. So gab der D. der Susanna M. Brandt* an, die Inquisitin habe aus Angst vor der Folter ein falsches Geständnis abgelegt, worauf sie erneut verhört wurde. Der D. konnte schließlich bei der Urteilsverkündung, während der er anwesend zu sein hatte, auf der Grundlage neuer Beweise oder Erkenntnisse ein milderes Urteil beantragen. Der Verteidiger der Susanna M. Brandt* bat zwar um ein milderes Urteil, da er jedoch keine neuen Beweise oder Argumente vorzubringen vermochte, wurde die Bitte abschlägig beschieden. Die grundsätzliche Bestellung eines D.s wurde im Frankfurter Inquisitionsprozeß* erst 1727 eingeführt.

Echaffaud s. Schafott

Einspänniger: Städtische Unterbeamte, die den beiden Bürgermeistern* zur ständigen Bedienung beigegeben waren. Es gab zwei E., von denen jeder ein Jahresgehalt von 200 fl. erhielt. Sie standen damit ihrem Gehalt nach auf einer Stufe mit dem Oberstrichter*, jedoch etwas unterhalb der Schreiber im Peinlichen Verhöramt* und im Konsistorium*. Die E. mußten „bewährte" Männer sein, das heißt sie waren mit Rüstung und Waffen ausgestattet und beritten. Bei der Hinrichtung der Susanna M. Brandt* führten die beiden E. auf ihren Pferden den Hinrichtungszug an.

Examinator ordinarius: Untersuchungsbeamter. Er leitete zusammen mit dem Jüngeren Bürgermeister* das Peinliche Verhöramt*. Zum E. wurde stets ein rechtsgelehrter Ratsherr der zweiten Bank gewählt. Er führte die Vernehmungen durch und war zuständig für die Beweiserhebung. Außerdem oblag ihm die Führung der Akten, er nahm Protokolle, Berichte und Beschlüsse zu den Akten und leitete diese an die entsprechenden Stellen weiter. Der Rat* konnte ihn mit der Durchführung von Maßnahmen in Zusammenhang mit einer Untersuchung beauftragen. So wurde der E. im Fall der Susanna M. Brandt* angewiesen, bestimmte Zeuginnen erneut zu vernehmen, um deren Beteiligung an der Tat zu überprüfen.

Fourier: Unteroffizier der Frankfurter Garnison. Siehe unter
Militär.

Geldwesen: Ein Reichstaler (rT. oder Rtlr.) entsprach 1 ½ Gulden (fl.), 1 Gulden hatte 60 Kreuzer (kr. oder xer.) oder
15 Batzen (bz.). 1 Batzen entsprach damit 4 Kreuzern. Ein
Soldat erhielt etwa 4 fl. Sold monatlich, während z.B. 1736
ein Pfund Käse 6 kr. kostete, ein Kleid um die 5 fl. Somit
waren Soldaten auf Nebenerwerb angewiesen. Bei diesen
Preisen erscheinen jedoch auch die Gehälter der geringeren Beamten, die mit etwa 200 bis 250 fl. jährlich im
Vergleich zum Sold des einfachen Soldaten sehr hoch
waren, eher knapp bemessen. Es ist jedoch zu bedenken,
daß zu den angegebenen Gehältern meist weitere Einnahmen hinzukamen, teils aus der Tätigkeit im Amt, teils aus
Nebentätigkeiten. Außerdem erhielten die Beamten häufig
Naturalleistungen, einige auch freie Wohnung. Eine Dienstmagd, wie Susanna M. Brandt*, erhielt etwa 10 bis 12 fl. Jah-
reslohn, also nur einen Bruchteil des bereits sehr niedrigen
Soldatenlohnes. Ein seidenes Halstuch, wie es sich im Nachlaß der Brandtin fand, kostete um die 40 kr., also ein knap-
pes Zehntel ihres vermutlichen Jahresgehalts.

Gutleuthof: Der G. lag außerhalb der Stadtmauer am nördlichen Ufer des Untermains westlich von Frankfurt. Hier
wurden vom 14. bis zum 17. Jahrhundert die an Lepra
erkrankten Armen untergebracht. Im 18. Jahrhundert wurden dort Personen beerdigt, die wegen Totschlag, Kindsmord oder Blutschande hingerichtet worden waren. In allen
übrigen Fällen erhielten hingerichtete Delinquenten kein
Begräbnis.

Handwerker: Die H. bildeten neben dem Patriziat und dem
gehobenen, aus Kaufleuten und Gelehrten bestehenden
Bürgertum die drittwichtigste Gruppe im Frankfurt der
Frühen Neuzeit. Die Meister hatten durchweg Bürgerrecht
und waren durchaus wohlhabend. Obschon das Handwerk
in Frankfurt nicht in Zünften organisiert war, sondern direkt
dem Rat* unterstand, waren die H. auf ihre Privilegien
bedacht, unterschieden sich durch ihren sozialen und ökonomischen Status deutlich von nichthandwerklichen Gewer-

ben und entwickelten eigene Fest- und Rechtstraditionen.
Die H. entsandten Ratsherren in die dritte Bank des Rats*,
wobei nur wenige Handwerke ratsfähig waren. Je zwei Vertreter standen den Metzgern, Schmieden, Bäckern, Schuh-
machern, Gärtnern und Kürschnern zu, je ein Vertreter den
Löhern und Fischern. Die übrigen Handwerke besaßen
keine Vertretung im Rat*.

Hauptmann: Offizier der Stadtwache. Siehe unter Militär.

Hauptwache: Sie wurde 1671 als Wachlokal errichtet. Nach
einem Feuer wurde sie 1728 erneut aufgebaut. Hier verrichteten täglich etwa 30 Soldaten den Wachdienst (siehe
auch unter Militär). Im Gebäude befanden sich auch
Gefängniszellen. Vor der H. erstreckte sich ein großer, mit
Bäumen bestandener Paradeplatz, auf dem täglich die
Wache aufzog, die aus etwa 200 Mann bestand. Hier fand
die Hinrichtung der Susanna M. Brandt* statt.

Heiliges Abendmahl s. Konfessionen

Hl. Geist-Spital: Seit 1627 wurden im H., das sich in der Saal-
gasse unweit des Mains befand, die in der Stadt befindlichen
Fremden im Falle einer Erkrankung untergebracht. Das H.
verfügte über eine große Stube, in der Fremde und Soldaten lagen, über eine kleine Stube sowie eine Lazarett-, eine
Kinder- und eine Dragonerstube, die die Handwerksgesel-
len aufnahm. Insgesamt bot das H. wenig Platz, so daß sich
oft mehrere Patienten ein Bett teilen mußten. Es beher-
bergte auch das Krankengefängnis, weshalb Susanna M.
Brandt* nach ihrer Verhaftung in das H. eingeliefert wurde.
Sie war von der heimlichen Niederkunft und ihrer anschließenden Flucht so geschwächt, daß sie mehrere
Wochen im Krankenbett verbrachte.

Dem H. stand ein Hospitalmeister vor, der die Aufsicht über
die interne Verwaltung und die Wirtschaftsführung ausübte.
Der Hospitalmeister wurde vereidigt und mußte eine Kaution hinterlegen, die er nach einiger Zeit, wenn er sich im
Amt bewährt hatte, zurückerhielt. Der Hospitalmeister erhielt 200 fl. jährlich sowie eine zusätzliche Entlohnung für
seine Ehefrau. Bewerber um dieses Amt sollten gottesfürch-
tig, treu, mitleidig und barmherzig sein. Außerdem mußte

der Hospitalmeister verheiratet sein, da seine Ehefrau in Küche und Krankensaal helfen und die Aufsicht über die Wärterinnen und Wärter führen sollte. Diese wurden aus den untersten städtischen Schichten rekrutiert und besaßen keinerlei Ausbildung. Erst im 18. Jahrhundert wurden sie etwas sorgfältiger ausgewählt: Sie sollten zumindest Eigenschaften wie Barmherzigkeit und Mitgefühl aufweisen, da es in der Vergangenheit immer wieder zu Mißhandlungen von Insassen seitens des Personals gekommen war.

Höchst: H. gehörte im 18. Jahrhundert zu Kurmainz und lag weit außerhalb der Frankfurter Stadtmauern westlich der Stadt, etwa auf halber Strecke nach Mainz. Hier machte Susanna M. Brandt* auf ihrer Flucht nach Mainz Station.

Hospitalpflegeamt: Das dem Rat* unterstellte städtische H. bestand aus je zwei Ratsherren der ersten, zweiten und dritten Bank sowie sechs Bürgern, den sogenannten Pflegern. Sie führten die Aufsicht über die städtischen Spitäler, stellten den Hospitalpflegemeister des Hl. Geist-Spitals* ein und verwalteten die Gelder der Krankenhäuser. Das H. lieferte die Naturalien, mit denen die an der Hinrichtung der Susanna M. Brandt* beteiligten Beamten und Soldaten entlohnt wurden.

Inquisitionsprozeß: Beim I. schritt der Richter auch ohne erhobene Anklage von Amts wegen gegen einen Verdächtigen ein. Diese Form der Strafverfolgung war in der Carolina* eigentlich als Ausnahmeform des Strafverfahrens vorgesehen, entwickelte sich aber im Laufe der Frühen Neuzeit zur Regel. Der I. unterschied sich vom Anklageprozeß dadurch, daß sich nicht drei Parteien gegenüberstanden (Kläger, Angeklagter und Richter), sondern zwei, und zwar Richter und Beschuldigter. Der Richter war damit Richter und Strafverfolgungsorgan zugleich. Charakteristisch für den I. der Frühen Neuzeit war außerdem, daß er weder öffentlich noch in mündlicher Verhandlung stattfand. Das Gericht fällte sein Urteil allein auf der Grundlage der schriftlichen Inquisitionsprotokolle und der Verteidigungsschrift. Im Falle der Susanna M. Brandt* faßten die Syndiker* ihre Gutachten auf Basis der Verhöramtsakten ab, ohne je die

Beschuldigte oder eine der Zeuginnen vernommen zu haben. Das gleiche gilt für den Rat*, der das Urteil beschloß.

In der Carolina ist auch das Beweisrecht des I. entwickelt worden. Der Verdächtige sollte nur verurteilt werden, wenn er entweder geständig oder durch zwei Augenzeugen seiner Tat überführt war. Indizien reichten für eine Verurteilung nicht aus. Da es selten zwei Augenzeugen gab, war das Geständnis der wichtigste Beweis. Blieb dieses aus, durfte es durch die Folter erzwungen werden, sofern der Verdacht aufgrund von Indizien, Verdachtstatsachen und Zeugenaussagen nahezu der Gewißheit gleichkam. Die Folter durfte also nicht willkürlich angewendet werden. Auch sollte sie zunächst lediglich angedroht werden, um von dem Beschuldigten ein Geständnis zu erlangen. Maßgeblich war schließlich aber nicht das unter der Folter abgelegte Geständnis, sondern ein weiteres, „freiwilliges" Bekenntnis, das der Beschuldigte einige Tage nach der peinlichen Befragung ablegte. Auf diese Bestimmungen der Carolina beriefen sich im Prozeß gegen Susanna M. Brandt* sowohl der Verteidiger in seiner Verteidigungsschrift als auch die Syndiker* in ihrer Stellungnahme.

Juden: Juden und Jüdinnen, die sich in Frankfurt niederlassen wollten, mußten auf die „Stättigkeit" vom Rat* angenommen werden. Die Stättigkeit war die Ordnung der Frankfurter J., die bestimmte, wie sie leben, handeln und sich gegen Rat* und Bürgerschaft betragen sollten. Sie wurde einmal im Jahr durch den Ratsschreiber* in Gegenwart des Oberstrichters* vor der jüdischen Gemeinde verlesen. Die aufgenommenen J. besaßen kein Bürgerrecht, sondern waren der Stadt angehörige Hintersassen. Sie mußten den Huldigungseid leisten, wofür ihnen städtischer Schutz und die Erlaubnis zum Handel gewährt wurden. Die Frankfurter J. lebten in der 1462 errichteten sogenannten J.gasse nahe der Konstablerwache. Sie war von einer Mauer umgeben, die durch drei Tore passiert werden konnte. Nachts sowie an Sonn- und Feiertagen sollten alle J. in dieser Gasse bleiben; die Tore sollten geschlossen werden. Die jüdische Gemeinde wählte als Vertreter 12 Baumeister, welche die Aufsicht über die Gasse und die dort befindlichen Häuser und Brunnen führten. Alle jüdischen Einwohnerinnen und Einwohner unterstanden der städtischen Gerichtsbarkeit.

Jüngerer Bürgermeister s. Bürgermeister

Kandidat: Anwärter auf das Predigeramt. Die K.en wurden vom Konsistorium* dem Rat* vorgeschlagen. Sie durften bereits predigen, allerdings nur in der Kirche St. Nicolai und in der Weißfrauenkirche sowie im Armenhaus. Wurde eine Predigerstelle vakant, wurde sie stets aus dem Kreis der gewählten K.en besetzt.

Kapitänsleutnant: Vierthöchster Offiziersrang in der Frankfurter Garnison. Siehe unter Militär.

Katharinenturm: Er war das wichtigste Gefängnis der Stadt. Hier befand sich auch die Folterkammer. 1783 wurde der K. abgerissen. Susanna M. Brandt* war nach ihrer Genesung dort untergebracht und verlebte im K. die letzten Stunden bis zu ihrer Hinrichtung.

Kindsmord s. Carolina

Konfessionen: Frankfurt war seit der Reformation evangelisch-lutherisch. Die Lutherischen genossen im Unterschied zu den Angehörigen der anderen christlichen Glaubensgemeinschaften, den Katholiken und den Reformierten, alle politischen Rechte. Nur Angehörige der lutherischen Konfession konnten in den Rat* gewählt werden. Die reformierte Gemeinde Frankfurts war von englischen und niederländischen Flüchtlingen evangelischen Glaubens, zum Großteil Anhänger des niederländischen Reformators Johannes Calvinus, in den 1550er Jahren gegründet worden. Zunächst wurde ihnen erlaubt, in der Weißfrauenkirche ihren Gottesdienst abzuhalten. Bald kam es zu wirtschaftlicher Konkurrenz zwischen den alteingesessenen lutherischen Bürgern und den reformierten Neubürgern sowie zu theologischen Streitigkeiten zwischen den Predigern. Die Lutherischen erklärten die Lehren der Reformierten, vor allem in der Frage des Heiligen Abendmahls, für unvereinbar mit den eigenen Lehren. 1677 wurde ein Abkommen zwischen der lutherischen und der reformierten Gemeinde getroffen. Darin wurde unter anderem festgelegt, daß das Heilige Abendmahl nur von einem Priester der jeweils eigenen Glaubensgemeinschaft empfangen werden durfte, es sei denn, ein Prediger gab dem Gläubigen die Erlaubnis, es aus der Hand eines Predigers der anderen Gemeinschaft zu empfangen. Hieraus ergab sich im Fall der Susanna M. Brandt*, die der reformierten Gemeinde angehörte, ein Problem: Einerseits mußte sie als Gefangene innerhalb der Frankfurter Stadtmauern verbleiben, wo aber den Reformierten die Ausübung ihres Kultes verboten war. Zugleich durfte sie das Heilige Abendmahl nicht aus der Hand eines lutherischen Predigers empfangen. Das Konsistorium* entschied, daß ein reformierter Prediger aus Bockenheim* der Gefangenen das Heilige Abendmahl reichen dürfe.

Konsistorium: Das K. übte die Gerichtsbarkeit aus im Falle von „Fleischesvergehen" und Vergehen gegen die Pracht-, Kleider- und Hochzeitsordnungen. Mitglieder des K.s waren zwei Ratsherren der ersten und zwei der zweiten Bank, der Senior und die zwei ältesten Mitglieder des Predigerministeriums* sowie zwei weitere „ehrbare" und rechtsgelehrte Bürger*. Das K. war im Namen des Bürgermeisters* und des Rates* damit betraut, „alles Dasjenige, so zur Erhaltung der Lauterkeit der wahren Evangelischen Religion, guter Ordnung und Disciplin in Kirchen und in Schulen gereichet, zu besorgen". Das K. entschied in der Sache der Susanna M. Brandt* über die Frage des Heiligen Abendmahls.

Kriegszeugamt: Das K., das dem städtischen Rat* unterstand, wurde vom ältesten Schöffen und dem ältesten Ratsherrn der zweiten Bank verwaltet. Das Amt hatte in allen das Militär* betreffenden Angelegenheiten zu entscheiden und besorgte die Anwerbung und Unterhaltung des Militärs, unterstand in Finanzfragen jedoch dem Rechenei-Amt*. Es teilte den Wachdienst ein und beschloß über die etwa im Fall von Tumulten zu treffenden Maßnahmen. Es besaß Rechtsprechungskompetenz in Disziplinarsachen. Im K. waren ein Zeug- und ein Musterschreiber tätig. Der Musterschreiber führte die Zahlungslisten der Garnison sowie die

Liste der Nachtwächter und Türmer und verwaltete diverse Gelder. Er war außerdem dafür zuständig, die unter Trommelschlägen zu publizierenden Ratserlasse zu verlesen und anschlagen zu lassen.

Leutnant: Zweitniedrigster Offiziersrang in der Frankfurter Garnison. Siehe unter Militär.

Messe: Frankfurt besaß das kaiserliche Privileg zur Durchführung zweier jährlicher M.n, die Scharen von Händlern in die Stadt führten. Die Ostermesse begann seit 1726 am Osterdienstag und dauerte drei Wochen, die Herbstmesse fand Ende August oder Anfang September ebenfalls für drei Wochen statt. Während der M.n waren die Gasthäuser in Frankfurt stets überlaufen; rund um den Römerberg wurden Privatzimmer für gutes Geld vermietet. In dieser Zeit hatten die Mägde in den Gasthäusern und Schankstuben hohe Trinkgelder zu erwarten und erhielten eine Sonderzahlung von etwa 1 fl. Aus diesem Grund beschwerte sich Susanna M. Brandt* bei ihrer Wirtin, daß sie wenige Wochen vor der Herbstmesse aus dem Dienst entlassen wurde.

Militär: Frankfurt verfügte über ein eigenes stehendes Heer, die städtische Garnison, die aus drei Stabs- und sieben Kreiskompanien sowie einer Artilleriekompanie bestand. Die Stabskompanien verrichteten nur den städtischen Garnisonsdienst und zogen in Kriegszeiten nicht aus. Die drei höchsten Offiziere der Stabskompanien waren zugleich die ranghöchsten Offiziere der Garnison. Der Befehlshaber der 1. Stabskompanie, der Oberst, war zugleich Stadtkommandant. Dem Oberstleutnant, höchster Offizier der 2. Stabskompanie, unterstand das Lazarett. Der Major, der die 3. Stabskompanie befehligte, war für das Exerzieren zuständig. Die Offiziere stammten in der Regel aus den alteingesessenen Patriziergeschlechtern der Stadt. Es gab sechs Offiziersränge: Oberst, Major, Kapitän, Kapitäns-Leutnant, Leutnant und Fähnrich. Offiziere vom Kapitän aufwärts wurden vom Rat* ernannt, die übrigen wurden vom Kriegszeugamt* vorgeschlagen. Ihre Ernennung bedurfte aber der förmlichen Zustimmung des Rates. Insgesamt wurde die

Garnison von etwa 35 Offizieren befehligt. Weiterhin gab es sechs Unteroffiziersränge: Sergeant, Fourier, Capitaine d'armes, Regiments-Tambour, Korporal und Hoboist oder Pfeifer. Die Unteroffiziere konnten bis zu 10 fl. monatlich verdienen. Pro Kompanie gab es zwei Korporale, je einen Unteroffizier der übrigen Dienstgrade und mehrere Sergeanten. Weitere Dienstgrade waren der Tambour (zwei pro Kreiskompanie) und der Gefreite (sechs pro Kreiskompanie) sowie die gemeinen Soldaten (42 pro Kreiskompanie). Die Gefreiten und Tambours erhielten bis zu 4 fl. Sold im Monat. Die Gemeinen bekamen einen sehr niedrigen Sold (etwa 2 fl. monatlich), und häufig klagten Soldaten darüber, daß sie auf einen Nebenerwerb angewiesen waren, um ihren Lebensunterhalt zu bestreiten. Zogen die Soldaten ins Feld, mußten die Familien teilweise Zuwendungen aus dem Almosenkasten erhalten, da die Ernährer in dieser Zeit ihren Nebenerwerb nicht ausüben konnten.

Die Stabskompanien bestanden aus je 120 Mann, die Kreiskompanien aus je 60, die Artilleriekompanie aus knapp 80 Mann (die Anzahl schwankte von Jahr zu Jahr). Untergebracht waren die Soldaten nicht in einer Kaserne, sondern in den Quartieren der Stadt. Daher zahlten die Frankfurter Bürger* ein Quartiergeld, das den Soldaten zusätzlich zum Sold ausbezahlt wurde.

Die Frankfurter Garnison unterstand dem Kaiser, im täglichen Dienst jedoch den beiden Bürgermeistern* der Stadt. Die Soldaten sorgten für die Sicherheit der Stadt. Sie besetzten die Wälle, Türme und Stadttore* und patrouillierten durch die Straßen. Vor allem nachts war der Wachdienst wichtig: Einerseits vermittelte die Wache den Bürgern das Gefühl von Sicherheit auf den dunklen Gassen, andererseits entdeckten die Patrouillen frühzeitig etwaige Brände und schlugen Alarm. Das Netz der Wachen war sehr engmaschig, jeder Punkt der Stadt konnte in kurzer Zeit von Soldaten erreicht werden. Täglich versahen etwa 200 Soldaten den Wachdienst, wobei an der Hauptwache* 31, an der Konstablerwache 6, am Römer* 4 und an jedem der Stadttore* zwischen 7 und 18 Soldaten postiert waren.

In Kriegszeiten, wenn die Kreiskompanien ins Feld zogen, sorgten die Bürgerkompanien für die Sicherheit der Stadt. Sie bestanden aus den Bürgern* und Beisassen* der 14 Quartiere. Vom Dienst in den Bürgerkompanien befreit waren lediglich Angehörige des Adels*, Ratsmitglieder, Graduierte und städtische Beamte. Jeder Bürgerkompanie standen ein Kapitän, ein Leutnant und ein Fähnrich als Bürger-Offiziere vor.

Musterschreiber s. Kriegszeugamt

Oberstrichter: Der O. war einer der unteren städtischen Beamten. Sein Gehalt lag bei 200 fl. jährlich, also unter dem der einfachen Schreiber. Er benötigte keine juristische Ausbildung; nur zweimal wurde das Amt im Laufe des 18. Jahrhunderts von Juristen bekleidet. Der O. war für die niedere Gerichtsbarkeit zuständig: Geringfügige Injurien, Auseinandersetzungen um kleinere Schulden sowie Vergehen von Dienstboten oder Herrschaften wurden an ihn zur Entscheidung überwiesen. Er durfte allerdings ohne Wissen der Bürgermeister* kein Urteil vollstrecken. Über seine Rechtsbescheide führte er selbst Protokoll, ein Schreiber war ihm nicht beigegeben. Er hatte auch die bürgerlichen Eide in Gegenwart der beiden Bürgermeister* vorzunehmen. Außerdem war der O. Exekutivbeamter und führte die Gerichtsurteile insbesondere in Peinlichen Sachen aus. Er war daher auch für die Durchführung der Hinrichtungszeremonie im Fall der Susanna M. Brandt* zuständig. Er trug einen speziellen, feierlichen Habit, ausgestattet mit den Symbolen der städtischen Gerichtsbarkeit, und brach vor der Verurteilten den Stab. Das Brechen des Stabes war bereits in der Carolina* als Aufgabe des Richters festgelegt, der dann den Verurteilten an den Scharfrichter* übergab. Der O. ritt anschließend dem Hinrichtungszug voran und bestätigte dem Scharfrichter* nach vollzogener Enthauptung, daß dieser sein Amt wohl verrichtet habe. Auch dieser Teil der Zeremonie ist in der Carolina* beschrieben.

Ordonnanz: Jedem der beiden Bürgermeister* stand ein Sergeant der Garnison als O. für die Bürgermeister-Audienz zur Verfügung. Der Rang des Sergeanten war der höchste Unteroffiziersgrad. Im Falle der Susanna M. Brandt* besichtigte einer der O.en im Auftrag des Jüngeren Bürgermeisters* als erster den Tatort und entdeckte dort die Leiche des Neugeborenen.

Peinliches Verhöramt: Das P. wurde vom Jüngeren Bürgermeister* geleitet, dem ein rechtsgelehrter Ratsherr der zweiten Bank beigegeben war. Die Protokolle wurden vom Ratsschreiber* geführt, dem ein weiterer Schreiber zur Seite stand. Vor das Verhöramt kamen alle mit Leibes- und Lebensstrafen bedrohten Verbrechen, also schwere Gewaltverbrechen und Tötungsdelikte (Mord, Notzucht, Menschenraub), aber auch Wucher, Fälschung, Betrug und Diebstahl sowie besonders schwerwiegende Beleidigungen. Wurde dem Leiter des Verhöramtes ein Verbrechen bekannt – meist durch Anzeige, in schweren Fällen genügten jedoch Gerüchte zum Tatverdacht –, hatte er unverzüglich die Untersuchung einzuleiten, indem er den Tatort besichtigte und Zeuginnen und Zeugen vernahm. Er war auch gehalten, allen Hinweisen nachzugehen, die den Beschuldigten entlasten konnten. Schläge waren als Zwangsmittel im Verhör des Angeschuldigten in bestimmten Fällen erlaubt, die Folter dagegen nur auf Ratsschluß.

In der Verordnung zur Peinlichen Rechtspflege von 1788 wurden die Zuständigkeiten und Verfahrensweisen des P. erstmals schriftlich fixiert. An der Praxis änderte sich jedoch wenig, nach wie vor waren die Prozeßordnungen der Carolina* und der Frankfurter Reformation der Leitfaden für den Inquisitionsprozeß* in Frankfurt. Der Examinator ordinarius* hatte die Akten und Protokolle der Untersuchung zu registrieren und zu verwahren, bis die Akten geschlossen und dem Stadtarchiv übergeben wurden. Der Jüngere Bürgermeister* durfte geringere Strafen verhängen, schwerere Fälle überwies er an die Syndiker*. Diese erstellten Rechtsgutachten, worauf der Fall vor dem Schöffengericht* oder, wenn eine schwere Leibesstrafe oder die Todesstrafe drohte, vor dem Rat* verhandelt und entschieden wurde.

In der Carolina* war festgelegt, daß bei schwerwiegenden Verbrechen die Akten an eine juristische Fakultät verschickt werden sollten, damit die dortigen Rechtsgelehrten ein Urteil empfahlen. Diese Regel hing damit zusammen, daß die peinliche Rechtsprechung in der Frühen Neuzeit vorwiegend durch Laien erfolgte. Auch in Frankfurt war der Urteilsspruch durch den Rat* ein Laienspruch, da nur einige der Ratsherren ausgebildete Juristen waren. Daher bestellte die Stadt die Syndiker*, die den Urteilsspruch abfaßten, so daß der Rat* nur noch darüber abstimmen mußte. Dennoch wurden in Fällen, in denen die Todesstrafe verhängt wurde, die Akten meist an auswärtige Gutachter verschickt, etwa im Falle der 1758 als Kindsmörderin verurteilten Magd Anna Maria Fröhlich* oder der 14 Jahre zuvor wegen desselben Deliktes hingerichteten Jüdin Freydel*. Im Falle der Susanna M. Brandt* wurden allerdings keine Rechtsgutachten eingeholt.

Physikus s. Stadtphysikus

Praktischer Arzt: Die niedergelassenen Ärzte lebten allein von den Einnahmen ihrer Praxis, im Gegensatz zu den Stadtphysici*, die ein festes Gehalt bezogen. Um in Frankfurt praktizieren zu dürfen, mußte der betreffende Arzt den Stadtphysici seine Promotion vorlegen und vor dem Rat* einen Eid auf die Medicinal-Ordnung schwören. Darin wurden alle Ärzte verpflichtet, der Bürgerschaft stets zur Verfügung zu stehen und auch den Armen zu raten und zu helfen. Die beiden Ärzte, die Susanna M. Brandt* auf eine Schwangerschaft hin untersuchten, Dr. Metz* und Dr. Burggraff*, waren praktische Ärzte. Als solche waren sie durchaus ebenso angesehen wie die Stadtphysici und waren wie diese Mitglieder des Ärztekollegiums, jedoch nicht mit derselben Autorität ausgestattet. Zwischen Stadtphysici und niedergelassenen Ärzten kam es öfter zu Auseinandersetzungen, da die praktischen Ärzte darauf pochten, den Stadtphysici gleichgestellt zu sein.

Predigerministerium: Alle Frankfurter Stadtprediger (1788 waren es 14) bildeten zusammen das Evangelisch-lutherische P., das 1618 eine eigene Konventsordnung verabschiedet hatte. Damit wurde das P. als oberstes Gremium der lutherischen Kirche in Frankfurt institutionalisiert und verbesserte zugleich seine Stellung gegenüber dem Rat*. Der älteste der Prediger führte als Senior den Vorsitz über die regelmäßig mittwochs stattfindende Versammlung, den Konvent, in dem über kirchliche Fragen beraten wurde. Das P. konnte im Rat* Anträge stellen, etwa über die Höhe der Entlohnung der Prediger, die häufig Anlaß zur Auseinandersetzung war, unterstand aber der Entscheidung des Rats. Auseinandersetzungen unter Predigern konnten im Konvent geschlichtet werden, ohne daß man die weltliche Obrigkeit bemühte. Jeder Prediger, der eine Konsistorial- oder Ratsentscheidung für nötig erachtete, sollte zunächst mit seiner Frage an den Konvent herantreten, der darüber abstimmte und dem Konsistorium* oder Rat* eine Empfehlung gab. So wandte sich auch Pfarrer Willemer*, der Susanna M. Brandt* geistlichen Beistand leistete, in der Frage des Heiligen Abendmahls zunächst an den Konvent, dessen Senior die Entscheidung an das Konsistorium* überwies.

Rat: Dem R. oblagen die städtische Gesetzgebung, Rechtsprechung und Verwaltung. Er erhob Zölle und Steuern und ließ Münzen schlagen. Er entschied über die Aufnahme von Bürgern*, Beisassen*, Juden* und Dorfbewohnern und ernannte die städtischen Beamten und Offiziere. Der R. erfüllte auch außenpolitische Aufgaben, war jedoch unmittelbar dem Kaiser unterstellt. In den R. gewählt werden konnte jeder Frankfurter Bürger* lutherischer Religion, der keine näheren Verwandten im R. hatte. Hohes Ansehen, Bildung und genügendes Auskommen waren weitere Voraussetzungen für die Ratsfähigkeit. Auch sollten Ratsmitglieder keine auswärtigen Ämter innehaben. Die Auswahl oblag dem R. selbst. Faktisch waren die Sitze der ersten beiden Bänke unter einer Handvoll von Familien aufgeteilt, die zum überwiegenden Teil zum Adel* gehörten. So nahm der Adel* 1760 von den 28 Sitzen der ersten beiden Bänke 20 ein, 1770 waren es 18, 1780 waren 15 Ratsherren Adelige.

Der R. bestand aus 43 Mitgliedern: je 14 Ratsherren auf jeder der drei Bänke und dem Schultheißen*. Die erste Bank, die Schöffenbank, und die zweite Bank wurden von Adeligen, Gelehrten und wohlhabenden Handelsleuten besetzt. Die dritte Bank war die Handwerkerbank. Die Schöffen wurden aus den Ratsherren der zweiten Bank, die Ratsherren der zweiten Bank aus der Bürgerschaft auf Lebenszeit gewählt. Die Ratsmitglieder waren zur Teilnahme an den dienstags und donnerstags vormittags stattfindenden Sitzungen verpflichtet. Die Schöffen erhielten ein jährliches Gehalt von 1800 fl., die Ratsherren der zweiten Bank 1200 fl., die der dritten Bank 500 fl. jährlich. Die Mitglieder der ersten beiden Bänke gehörten zum 1. Stand, die der dritten Bank zum 2. Stand.

Je nach Position im R. standen den Ratsherren unterschiedliche Titel zu, die Ausdruck von Ehre und gesellschaftlicher Stellung waren. Der Schultheiß* und die sieben ältesten Schöffen sowie der älteste Syndikus* trugen den Titel „Wirklicher kaiserlicher Rat", die übrigen Schöffen das Prädikat „Edel". Allen Ratsherren stand die Bezeichnung „Edel und Ehrsam" zu, dem Rat gebührte die Anrede: „Wohl- und Hoch-Edelgeborene, Gestrenge, Hoch-Edle, Veste und Hochgelehrte, Wohlfürsichtige, Hoch- und Wohlweise, Großgünstige und Hochgebietende Herren".

Die Familien, die auf den ersten beiden Bänken des R.es vertreten waren, bildeten also die städtische Elite und waren eng miteinander verbunden. Sie besetzten zumeist schon seit Generationen wichtige Positionen im R. Schied ein Ratsherr aus, folgte ihm in der Regel ein Familienmitglied in den R. nach. Als etwa Goethes Großvater Johann Wolfgang Textor 1771 starb, nahm dessen Sohn Johann Justus Textor* im Alter von 31 Jahren den frei gewordenen Ratssitz ein. Für Goethe bedeutete dies, daß er wegen der Verwandtschaft zu Textor auf Jahrzehnte hinaus nicht in den Rat gewählt werden konnte, denn die Ratsherren wurden auf Lebenszeit gewählt. Auf eine Karriere in städtischen Diensten konnte Goethe also nicht hoffen.

Ratsschreiber: Das Amt des R.s zählte zu den gehobenen städtischen Diensten. Eine juristische Ausbildung und persönliche Vertrauenswürdigkeit waren unbedingte Voraussetzungen für dieses Amt. Der R. war der Stadtkanzlei* zugeordnet sowie dem Peinlichen Verhöramt*. Er wohnte außerdem

dem Strafvollzug in Peinlichen Sachen bei und erteilte dem Oberstrichter*, der die Urteile vollzog, die entsprechenden Anweisungen. Auch die Urteilsverkündung gegenüber dem Delinquenten gehörte zu seinen Aufgaben. Im Prozeß gegen Susanna M. Brandt* wurden die Vernehmungsprotokolle vom Gehilfen des R.s verfaßt, während dieser selbst bei der Sektion der Kindsleiche anwesend war und jene Verhöre durchführte, die außerhalb des Römers stattfinden mußten. Außer der Urteilsverkündung und der Übergabe der Susanna M. Brandt* an den Oberstrichter* übernahm es der R. auf Weisung des Rates*, einen ausführlichen Bericht über die Hinrichtung und die ihr vorausgehenden Maßnahmen zu verfassen.

Rechenei-Amt: Im R. waren je zwei Ratsherren jeder der drei Bänke beschäftigt. Sie erhielten wegen der in diesem Amt zu erwartenden hohen Belastung zusätzliche Bezüge. Zum Amt gehörten außerdem vier Deputierte des Bürgerkollegiums* der 51er, zwei Recheneischreiber, zwei bürgerliche Gegenschreiber sowie ein Pedell. Das R. war das wichtigste Amt der Stadt. Es führte die Oberaufsicht über alle städtischen Besitztümer sowie über die Maße und Gewichte. Alle Ämter lieferten ihre Einnahmen wöchentlich im R. ab. Hier flossen also sämtliche städtischen Einnahmen zusammen, und von hier wurden auch alle Ausgaben bestritten. Die Schreiber führten über die Einnahmen und Ausgaben Buch. Die Gegenschreiber legten entsprechende Gegenregister an, die mit den Büchern der Ratsbediensteten abgeglichen und vom Kollegium der 51er kontrolliert wurden.

Röhrbrunnen s. Brunnenmeister

Römer: Der Römer war und ist bis heute das Rathaus der Stadt Frankfurt am Main auf dem Römerberg. Im unteren Stockwerk befand sich der große Saal, in dem die Ratssitzungen stattfanden, sowie der Saal für die Bürgermeister-Audienzen. Hinzu kamen im hinteren Teil die Zimmer der Stadtämter, so auch des Peinlichen Verhöramtes*.

Schafott: Die Berührung des Scharfrichters* und seiner Geräte machte in der Vorstellung der Menschen im 18. Jahrhundert unehrlich. Auch das Errichten des S.s für eine Hinrichtung galt als schimpfliche Arbeit. Deshalb wurden am Galgen- oder S.bau alle Handwerksmeister der entsprechenden Zünfte gleichermaßen beteiligt. Für die Hinrichtung der Susanna M. Brandt* wurde das Holz für das S. von allen Zimmermeistern und deren ersten Gesellen in einem ordentlichen Zug zum Richtplatz gebracht, wo sie gemeinsam das Gerüst errichteten.

Scharfrichter: Der S. lebte in Frankfurt, wurde von der Stadt entlohnt und vereidigt, erhielt aber kein Bürgerrecht, denn er galt aufgrund seines Berufes als unehrlich. Außer den Hinrichtungen nahm er auch die Folter vor, die jedoch Ende des 18. Jahrhunderts nicht mehr angewendet wurde. Bei Hinrichtungen mit dem Schwert, wie im Fall der Susanna M. Brandt*, kam es darauf an, den Kopf mit einem Streich „sauber" vom Rumpf zu trennen. Dies war das Meisterstück des Scharfrichters. Daher bat der S. im vorliegenden Fall den Rat*, die Hinrichtung der Susanna M. Brandt* einem seiner Söhne zu übertragen. Dies sollte ihm für sein berufliches Fortkommen nützlich sein. Nach vollzogener Enthauptung fragte der S. den Oberstrichter*, ob er das ihm Befohlene verrichtet habe. Bei einer geglückten Exekution erwiderte dieser: „Du hast getan, was dir von Gott und der Obrigkeit anbefohlen gewesen." Mißlang die Enthauptung, lautete die Antwort: „Davon habe ich keine Commission." In solchen Fällen entlud sich häufig der Zorn der Zuschauenden gegen den S., weshalb dieser stets von einer Eskorte Soldaten geschützt wurde.

Meist war der S. zugleich Wasenmeister, auch Abdecker oder Schinder genannt. Als solcher hatte er herumstreunende Hunde zu erschlagen sowie Tierkadaver einzusammeln und zu entsorgen und teilweise tierärztliche Aufgaben zu erfüllen. In Frankfurt führte der S. im 18. Jahrhundert die Schinderei nicht mehr selbst durch, sondern ließ diese von einem seiner Knechte verrichten. Mitunter übten S. ärztliche Tätigkeiten aus, zumal sie oft die durch die Folter verursachten Verletzungen behandeln mußten. Einfache Leute wendeten sich trotz dessen unehrenhaften Standes durchaus an den S., um von ihm etwa heilende Kräuter zu erwerben. Aus dieser Tradition heraus studierten im 18. Jahrhundert einige Scharfrichtersöhne Medizin, wie einer der Söhne des Frankfurter Scharfrichters Hoffmann*.

Schöffen s. Rat

Schöffengericht: Das S. bestand aus den 14 Schöffen im Rat* und dem Schultheißen*. Vor ihnen wurden alle Streitigkeiten verhandelt, die ein förmliches Zivil- oder Strafverfahren erforderten, abgesehen von jenen Verbrechen, die mit der Todesstrafe bedroht waren und vom ganzen Rat* abgeurteilt wurden. Das S. verlor im 18. Jahrhundert an Bedeutung. Alle Streitigkeiten und Vergehen wurden zunächst vor dem Schöffenreferier verhandelt. Dort wurden die Prozeßschriften von den Syndikern* vor Schultheiß* und Schöffen* referiert, beraten und nach Möglichkeit von letzteren gleich entschieden. Das S. tagte im 18. Jahrhundert nur noch einmal wöchentlich mit dem Schultheißen* und zwei Schöffen* und behandelte vorwiegend Arrest- und Insatzklagen sowie schwierige Erbstreitigkeiten. Im Prozeß der Susanna M. Brandt* trat es nicht in Erscheinung.

Schöffenrat: Der S. war personell identisch mit dem Schöffengericht*, besaß aber andere Kompetenzen, und die Sitzungen beider Institutionen fanden an unterschiedlichen Tagen statt. Vor dem S. wurden alle Sachen verhandelt, die summarisch entschieden wurden, sowie Akte der freiwilligen Gerichtsbarkeit (Vormundschaftsfragen, Schenkungen, unstrittige Erbschaftssachen). Der S. wurde außerdem eingeschaltet bei Sachen, die eine schnelle Entscheidung verlangten. Daher wurde der Fall der Susanna M. Brandt* am 3. August zunächst vor den S. gebracht, der die Austrommelung* der Verdächtigen anordnete.

Schultheiß: Der S. war als Vertreter des Kaisers der höchste Beamte der Stadt. Zum S.en wurde stets ein Jurist aus dem Schöffenkolleg gewählt. Er führte den Vorsitz in Schöffenreferier und Schöffengericht* sowie im Schöffenrat*.

Stadtkanzlei: Die S. war die Schreiberei des Rats* und seiner Deputationen und stand unter der Leitung des Älteren Bürgermeisters*. Zur S. gehörten der Stadt- und der Ratsschreiber*, je ein Kanzlist, Substitut und Ingrossist sowie zwei Kanzleiboten. Hinzu kamen ein bürgerlicher Ausschußdeputierter und ein bürgerlicher Gegenschreiber. Der Stadtschreiber war ein hoher städtischer Beamter mit juristischer Ausbildung. Er erhielt 1000 fl. Gehalt und eine Wohnung im Römer* gestellt. Er führte die Gerichtsakten, mit Ausnahme der Akten des Peinlichen Verhöramtes*. Der Ratsschreiber* führte, neben seiner Tätigkeit im Peinlichen Verhöramt*, die Ratsprotokolle. Er bekam ein Gehalt von 400 fl. jährlich. Im Prozeß gegen Susanna M. Brandt* trat die S. in Erscheinung, als ein Kanzleibote vom Rat* beauftragt wurde, den Advokaten* Schaaf* von seiner Bestellung als Verteidiger zu unterrichten.

Stadtphysicus: Ein S. war ein in Diensten der Stadt stehender Arzt. Er besaß das Bürgerrecht, hatte vor dem Rat* den Eid auf die Frankfurter Medicinal-Ordnung geschworen und bezog ein festes Gehalt. Außer den drei ordentlichen Stadtphysici (Physicus ordinarius) gab es in Frankfurt einen außerordentlichen S., der in früheren Zeiten als Pestarzt eingestellt wurde. Ab 1755 war der Stadtgeburtshelfer als Physicus extraordinarius beschäftigt. Wie die praktischen Ärzte* mußten die Stadtphysici den Einwohnern und Einwohnerinnen der Stadt mit Rat und Hilfe zur Verfügung stehen, darüber hinaus aber auch als Mitglieder des Sanitätsamtes für das Gesundheitswesen der Stadt Sorge tragen. Die Stadtphysici versahen überdies, wie auch die geschworenen Chirurgen*, gerichtsmedizinische Aufgaben. Sie hatten den Sektionen in mutmaßlichen Mord- oder Totschlagsfällen vorzustehen, wobei die Sektion selbst von den geschworenen Chirurgen* durchgeführt wurde.

Stadttore: Es gab in Frankfurt insgesamt acht S. – das Gallentor und das Bockenheimer Tor im Westen, das Eschenheimer Tor im Norden, das Neue Tor im Nordosten und das Allerheiligentor im Osten, außerdem das St. Leonhardstor, das Fahrtor und das Metzgertor entlang des nördlichen Mainufers, die vor allem dem Einbringen per Schiff angelieferter Waren dienten – sowie zwei weitere in Sachsenhausen. Hinzu kamen sechs Pforten, die nur für Fußgänger passierbar waren. An den Toren waren Wachen postiert, die alle

Personen kontrollierten, die die Stadt verlassen oder betreten wollten. An einem der Tore, dem Bockenheimer Tor, wurde Susanna M. Brandt* von der Wache verhaftet, als sie nach Frankfurt zurückkehren wollte. Nachts wurden die Tore verschlossen. Die Schlüssel verwahrte der Ältere Bürgermeister*. Er entschied, wenn jemand nach Toresschluß Einlaß begehrte. Am Tag der Hinrichtung der Susanna M. Brandt* waren alle S. verschlossen; nur hochgestellte Persönlichkeiten sollten eingelassen werden. Der Rat* wollte auf diese Weise der Ansammlung einer allzu großen Zahl von Schaulustigen vorbeugen, da es bei Hinrichtungen immer wieder zu Tumulten kam.

Stände: Die Frankfurter Stadtgesellschaft war in fünf S. unterteilt, die über unterschiedliche politische Rechte, Einfluß und Ansehen sowie Einkommen verfügten und sich in ihren Lebensstilen erheblich voneinander unterschieden. Zum 1. Stand zählten der Schultheiß* und die Schöffen, die Syndiker*, die Ratsherren der zweiten Bank, die Adeligen und die Graduierten, also die Lizentiaten und Doktoren der Medizin und der Rechte, sowie die Ehefrauen und Witwen dieser Funktionsträger. Zum 2. Stand gehörten die Ratsherren der dritten Bank, vornehme Kaufleute und Rentiers und deren Familien und die Bürgerkapitäne, also die gewählten Kommandeure der Bürgerkompanien (siehe Militär) jedes Quartiers. Der 3. Stand umfaßte Gerichtsprokuratoren, Kaufleute, Künstler, vornehme Krämerinnen und Krämer sowie bürgerliche Leutnants und Fähnriche. Zum 4. Stand zählten gemeine Krämer und Krämerinnen, Handlungsdiener und Handwerker und deren Familien, zum 5. Stand Fuhrleute, Kutscher, Tagelöhner und Tagelöhnerinnen, Dienstmägde und andere.

Stöcker: Ursprünglich war er ein Gerichtsbeamter, der vor jeder Gerichtssitzung die Ratsglocke läutete. Im 14. und 15. Jahrhundert nahm er die Folter vor. Im 18. Jahrhundert war er der Gehilfe des Gefängnisaufsehers. Noch aus seiner früheren Funktion als Vollstreckungsbeamter stammt seine Aufgabe bei der Hinrichtung der Susanna M. Brandt*: Er läutete die Arme-Sünder-Glocke und legte der Verurteilten die Fesseln an.

Syndiker: Die S. waren Juristen, die meist von auswärts aus fürstlichen Diensten, höheren Verwaltungsämtern oder von Universitäten nach Frankfurt berufen wurden. Sie wurden vom Rat* gewählt und eingestellt. Sie erhielten alle bei den Gerichten eingehenden Akten zur Begutachtung und zur Abfassung des Urteils. Ihre Stellungnahmen wurden in den Ratssitzungen verlesen; sie selbst stimmten aber nicht im Rat* mit ab, sondern nahmen nur in Ausnahmefällen überhaupt an den Sitzungen teil. Normalerweise beschäftigte der Rat* vier S., bei hoher Arbeitsbelastung wurde, mit Genehmigung der Bürgerkollegien* und des Kaisers, zusätzlich ein Syndicus extraordinarius eingestellt. Dieser rückte im Falle des Ausscheidens eines ordentlichen S.s an dessen Stelle. Die S. erhielten jeder ein Gehalt von 1600 fl. jährlich und waren damit nach dem Schultheißen* die höchstbezahlten Würdenträger der Stadt.

Tambour: Dienstgrad im Frankfurter Militär*.

Verteidiger s. Defensor

Weltliche Richter: Sie waren Unterbeamte der städtischen Gerichtsbarkeit, die keineswegs ausgebildete Juristen waren und keine Rechtsprechungskompetenz besaßen. Es gab insgesamt vier W., von denen der für Steuersachen zuständige Schatzungsrichter ein Jahresgehalt von 60 fl., die drei Gemeinen W. ein Gehalt von zusammen 55 fl. erhielten. Zwei der Gemeinen W. hatten täglich bei den Bürgermeister-Audienzen aufzuwarten und die Parteien vorzuladen. Seit 1771 führten zwei W. überdies die Aufsicht über die Gefängnisse der Stadt (Haupt- und Konstablerwache, Katharinen- und Brückenturm sowie Armenhaus und Mehlwaage), die zuvor beim Kriegszeugamt* gelegen hatte. Einer der beiden Gefängnisaufseher wohnte im Katharinenturm*, und in seiner Wohnstube wurde Susanna M. Brandt* am 11. Januar 1772 das endgültige Urteil des Rats* verkündet.

Biographische Notizen

Bauer von Eiseneck, Johann Maximilian (oder: Baur von Eys(s)eneck) (1739–1794). Er war als Oberst der 1. Stabskompanie ranghöchster Offizier und Kommandant der gesamten städtischen Garnison (siehe im Glossar unter Militär). In dieser Funktion war er für die militärischen Sicherheitsmaßnahmen während der Hinrichtung der Susanna M. Brandt* verantwortlich. Die Offiziersstellen in der Frankfurter Garnison wurden meist, wie auch in diesem Fall, mit Angehörigen der alteingesessenen Adelshäuser besetzt. Die Bauer von Eisenecks gehörten zur Gesellschaft der Alten-Limburger (siehe im Glossar unter Adel). Johann Maximilian Bauer von Eiseneck wurde 1779 in den Rat* gewählt.

Bauer, Maria Margaretha (geb. um 1715). Die Witwe Maria Bauer war die Wirtin des Gasthauses „Zum Einhorn", in dem Susanna M. Brandt* als Magd in Diensten stand. Sie wurde mehrfach als wichtige Zeugin vernommen und stand zunächst unter dem Verdacht, an der Verheimlichung der Schwangerschaft oder der heimlichen Geburt beteiligt gewesen zu sein. Ihr Gasthaus zählte zu den einfachen Herbergen, die Fremde nicht speisen durften, war jedoch ein größeres Haus. Da es nahe der Judengasse gelegen war, logierten dort häufig Jüdinnen und Juden*.

Behrends, Johann Christoph. Als geschworener Chirurg* war er einer der Ärzte, die die Kindsleiche sezierten und den Sektionsbericht unterzeichneten.

Bonum, Zacharias (geb. um 1736). Er wird in der Akte als „Judenknecht" bezeichnet. Offensichtlich lebte er in Frankfurt, besaß also die „Stättigkeit", und verdingte sich bei den im Gasthaus „Zum Einhorn" logierenden Juden* als Knecht. Er war dort auch am Abend der Tat anwesend und wurde daher als Zeuge vernommen.

Brandt, Catharina (geb. um 1731). Ledige Schwester der Susanna M. Brandt*. Bei ihr übernachtete Susanna nach der Tat. Sie stand kurzzeitig unter dem Verdacht, ihrer Schwester geholfen zu haben. Da sie ledig war, untersuchte sie Susanna nicht auf die Schwangerschaft hin – ein Umstand, der sie auch von dem Verdacht befreite, von der Schwangerschaft gewußt zu haben. Anderenfalls wäre sie der Beteiligung an der Verheimlichung der Schwangerschaft schuldig gewesen. Wie ihre Schwester Susanna war B. reformierter Konfession*.

Brandt, Elias. Vetter der Susanna M. Brandt*. Als Sergeant der Garnison diente er 1771 als Ordonnanz* bei der Audienz des Jüngeren Bürgermeisters*. Nachdem die Hechtelin* und die Königin* ihm von dem Verdacht gegen ihre Schwester Susanna M. Brandt* berichtet hatten, geleitete er sie zum Jüngeren Bürgermeister*. Auf dessen Geheiß inspizierte B. anschließend den Tatort und fand die Leiche eines neugeborenen Kindes. B. firmierte 1761 im Taufbuch noch als Soldat; 1771 war er zum Sergeanten aufgestiegen, dem höchsten Unteroffiziersrang der Frankfurter Garnison (siehe im Glossar unter Militär). Er hatte Kontakt zu angesehenen und wohlhabenden Frankfurter Bürgerfamilien – als Taufpaten seiner 1761 und 1777 geborenen Söhne sind im Taufbuch der Handelsmann Johann Peter du Fay und der Sohn des Handelsmannes Benedict Rufuß eingetragen. Siehe auch unter Susanna M. Brandt.

Brandt, Susanna Margaretha (getauft 1746). Sie stammte aus einer Soldatenfamilie. Ihr Vater Johann Friedrich Brandt (1694–1761) war Gefreiter der städtischen Garnison. Bereits ihre Großväter waren nach Frankfurt zugewanderte Soldaten gewesen. Die Eltern wurden beide in Frankfurt geboren, heirateten jedoch 1727 in Mainz. Johann Friedrich Brandt war mit 21 Jahren zum Garnisonsdienst angeworben worden. Er verfügte über keine Berufausbildung, übte aber höchstwahrscheinlich einen Nebenerwerb aus. Der Sold eines einfachen Soldaten genügte nicht, um eine Familie zu ernähren. Die Familie lebte in Frankfurt, wo die Soldaten in den Quartieren zur Miete wohnten (siehe im

Glossar unter Militär). Unter den Taufpaten der Kinder waren Bierknechte und ein Metzger, die alle Bürger* oder Beisassen* waren. Die Eltern verkehrten demnach zwar hauptsächlich in den unteren Schichten der städtischen Gesellschaft, hatten aber auch Kontakte zu Handwerker*- und Bürgerkreisen.

Susanna selbst arbeitete als ledige Dienstmagd im Gasthaus „Zum Einhorn". Über ihren Status läßt sich wenig feststellen. Aufschluß gibt der Status ihrer Geschwister. Ihr Bruder Nikolaus (1727–1793) war Sergeant in der Frankfurter Garnison. Die Taufpatinnen seiner Töchter waren die Ehefrau eines Schreinermeisters und die Tochter eines Buchbindermeisters. Er hatte also Kontakt zu Handwerkerkreisen.

Ihre Schwester Maria Ursula (1740–1776) heiratete 1768 den Tambour* Johann Conrad König. Sie stand sehr wahrscheinlich bei der Witwe des angesehenen Frankfurter Kaufmannes von Stockum* in Diensten, der auch der Taufpate ihres ersten Sohnes war. Weitere Taufpaten und -patinnen ihrer Kinder waren die Tochter des Handelsmannes Johann Peter du Fay (der Taufpate des ersten Kindes von Elias Brandt*), der Strumpf-Fabrikant Johann Daniel Hupp und die Ehefrau des Handelsmannes Christian de Bary, geborene von Stockum. Möglicherweise kamen diese Verbindungen der Familie Brandt zu wohlhabenden Kaufmannsfamilien über die Zugehörigkeit zur reformierten Gemeinde zustande. Jedenfalls zählten weder die Königs noch der Vetter Elias Brandt* zur untersten Schicht der städtischen Gesellschaft, sondern verfügten über Auskommen und Ansehen.

Ähnliches gilt für die zweite verheiratete Schwester B.s, Maria Dorothea. Sie heiratete 1765 den Schreinermeister Johann Baptista Hechtel, der sich im selben Jahr in das Meisterbuch der Stadt einschreiben ließ und für sich und seine Frau das Bürgerrecht erhielt. Maria Dorothea hatte vermutlich aufgrund dieser Heirat die lutherische Konfession* angenommen – sie gehörte als einzige der im Prozeß vernommenen Schwestern nicht der reformierten Gemeinde an. Die Familie Hechtel bewegte sich in Handwerkerkreisen.

Taufpaten ihrer beiden Söhne waren Hechtels Bruder, ebenfalls Schreinermeister, und ein Diamantschleifer.

Susanna, die das jüngste der Brandtkinder war, gehörte demnach nicht zu den untersten städtischen Schichten. Auch ihr Dienst im Gasthaus „Zum Einhorn" war wahrscheinlich nicht schlecht angesehen, obwohl es sich nicht um eines der vornehmeren Häuser in Frankfurt handelte. Wenngleich ihr Vater nur einfacher Soldat gewesen war, hatten sich doch für dessen Kinder Beziehungen zu Handwerker*- und Kaufmannskreisen ergeben. Vielleicht erklärt sich gerade daraus das Verhalten der Schwestern, die ihre soziale Position nicht durch ein uneheliches Kind in der Familie gefährden wollten.

Bucher, Johann Lorenz. Als geschworener Chirurg* war er an der Sektion der Kindsleiche beteiligt.

Burggraff, Johann Philipp (oder: Burggrave) (1700–1775). Sein Vater war Kurmainzischer Landphysikus. 1706 ließ dieser sich in Frankfurt nieder und wurde Hausarzt der Familie Goethe. Der Sohn studierte zwischen 1718 und 1721 Medizin in Jena und Halle. 1724 promovierte er in Leyden und ließ sich im selben Jahr als Praktischer Arzt* in Frankfurt nieder. 1745 wurde er Kurmainzischer Leibarzt. Später wurde er wie sein Vater Hausarzt der Familie Goethe. Wenngleich er kein Stadtphysikus* war, gehörte er zu den angesehensten Ärzten Frankfurts und galt als große Kapazität. B. war der Arzt, der den Urin der Susanna M. Brandt* etwa 14 Tage vor ihrer Niederkunft untersuchte. Er war zunächst überzeugt, daß der Urin von einer Schwangeren stammte, hielt es aber für möglich, daß Susannas Beschwerden, wie diese behauptete, statt von einer Schwangerschaft vom Ausbleiben der Menstruation herrührten. Er verschrieb ihr daraufhin ein Pulver und einen Aderlaß. Susanna selbst hatte er allerdings nicht untersucht.

Caspari, Johann Burkhard. Deutsch-reformierter Kandidat*. Er suchte Susanna M. Brandt* am Tag der Hinrichtung auf und fragte, ob sie vor der Exekution das Heilige Abendmahl zu empfangen wünsche. Daraus entstand eine schwierige Situation, da ein reformierter Prediger in Frankfurt den reformierten Kult nicht ausüben, ein lutherischer Prediger aber ohne Sondergenehmigung einer Reformierten nicht das Heilige Abendmahl reichen durfte. Siehe im Glossar unter Konfessionen.

Claudi, Marcus August (oder: Claudy) (1726–1792). C. war in Frankfurt geboren und Sohn eines evangelischen Pfarrers. Er studierte die Rechte in Jena, Marburg und Göttingen, wo er 1750 promovierte. Anschließend ließ er sich als Advokat* in Frankfurt nieder. 1763 übernahm er das Amt des Ratsschreibers*. Im Prozeß gegen Susanna M. Brandt* führte C. im Auftrag des Examinator ordinarius* jene Verhöre durch, die nicht in den Räumen des Peinlichen Verhöramtes* stattfinden konnten, und wohnte der Sektion der Kindsleiche bei. Er teilte der Verurteilten am 11. Januar den Ratsschluß mit, daß sie am 14. hingerichtet werden solle, und verlas auch am Tag der Exekution das Urteil vor der Delinquentin. Schließlich verfaßte er für den Rat* einen ausführlichen Bericht über die Hinrichtung. C. wurde 1778 Mitglied des Rates und 1789 Schöffe. Das Amt des Jüngeren Bürgermeisters* hatte er 1788 inne.

Freinsheim, Georg Daniel. Er war Bender (Küfer) des Hl. Geist-Spitals*, in dem Susanna M. Brandt* nach ihrer Verhaftung untergebracht war. Am Tag der Hinrichtung servierte er das Essen im Arme-Sünder-Stübchen.

Freydel. Im März 1744 wurde die Jüdin F. unter dem Verdacht festgenommen, ihr neugeborenes Kind getötet zu haben. Unter Androhung der Folter gestand sie die Tat. Nach der Einholung von universitären Gutachten fällte der Rat* das Todesurteil, das am 20. Mai 1745 vollstreckt wurde. In den die Susanna M. Brandt* betreffenden Akten wird im Bericht des Bauamtes* erwähnt, man habe das Schafott* für die Hinrichtung nach dem Modell des 1745 verwendeten Schafotts errichtet.

Frölich, Anna Maria. Die Dienstmagd F. wurde 1757 wegen des Verdachts des Kindsmords inhaftiert und nach der Einholung von Rechtsgutachten im September 1758 in Frankfurt hingerichtet. Der Ratsschreiber Claudi* erwähnt den Fall in Zusammenhang mit dem Gewand, das Susanna M.

Brandt* am Tag ihrer Hinrichtung tragen sollte. Es wurde nach dem Vorbild der Kleidung angefertigt, die Anna Maria F. zu ihrer Exekution getragen hatte.

Fuchs, Michel. Der Scharfrichterknecht wurde nach der Hinrichtung der Susanna M. Brandt* wie die übrigen drei Knechte verdächtigt, den Sarg auf dem Weg zum Gutleuthof* geöffnet und gegen Geld den Neugierigen die Leiche vorgezeigt zu haben.

Gabler, J. R. Er war Aktuar* des Konsistoriums*. Als solcher unterzeichnete er den Auszug aus dem Konsistorialprotokoll, in dem beschlossen wurde, daß Susanna M. Brandt* das Heilige Abendmahl durch einen reformierten Prediger gereicht werden solle. Siehe im Glossar unter Konfessionen.

Gayser, Johann Michael. Als geschworener Chirurg* unterzeichnete er den Sektionsbericht.

Geiler, Johann Jacob. Er war Leutnant der Grenadierskompanie der Frankfurter Garnison. Der Leutnant war der fünfthöchste Offiziersrang. G. rückte mit 30 Grenadieren zur Hinrichtung der Susanna M. Brandt* an und bewachte den Hinrichtungszug. Die Grenadiere bildeten eine Art Eliteabteilung der Frankfurter Garnison. Siehe im Glossar unter Militär.

Gernhardt. Er war Ratsmitglied der dritten Bank und leitete 1772 gemeinsam mit einem Ratsherrn der zweiten Bank und einem Schöffen das Bauamt*.

Giese, Johann Georg. Einer der geschworenen Chirurgen*, die den Sektionsbericht unterzeichnet hatten.

Gladbach, Cornelius (1706–1781). Er promovierte 1732 in seiner Geburtsstadt Leyden und ließ sich im selben Jahr als Arzt in Frankfurt nieder. Seit 1740 war er Arzt im Waisenhaus. 1751 wurde er Stadtphysikus*, seit 1755 war er der Physicus primarius. 1771 ist er im Raths- und Stadtkalender auch als Garnisonsarzt aufgeführt. G. hatte als Stadtphysikus* und Vorsitzender des Ärztekollegiums an der Sektion der Kindsleiche teilgenommen und war für die medizinische Betreuung der Susanna M. Brandt* während ihrer Haftzeit zuständig.

Glauburg, Friedrich Adolph von (1722–1789). Die Familie von

G. gehörte zur adeligen Gesellschaft der Alten-Limburger (siehe im Glossar unter Adel). G. studierte die Rechte in Erlangen. 1758 wurde er in den Rat* gewählt, 1761 Schöffe. Zwischen 1774 und 1788 bekleidete er fünfmal das Amt des Älteren Bürgermeisters*. Er war 1771 Vizedirektor des Konsistoriums*. Unter seinem Vorsitz entschied das Konsistorium*, daß Susanna M. Brandt* das Heilige Abendmahl durch einen reformierten Prediger gereicht werden solle.

Glöckler und Göring. Sie waren die beiden Einspännigen* und ritten dem Hinrichtungszug voraus.

Grammann, Johannes (1732–1772). Er studierte Medizin in Halle und Jena, wo er 1757 promovierte. Im selben Jahr ließ er sich als Arzt in seiner Geburtsstadt Frankfurt nieder. 1760 wurde er Stadtgeburtshelfer und als Physicus extraordinarius (siehe im Glossar unter Stadtphysikus) angestellt. Als solcher unterzeichnete er auch den Sektionsbericht.

Hager. Der Kirchendiener der Katharinenkirche läutete am Hinrichtungstag um 9 Uhr die Arme-Sünder-Glocke, die den Beginn der Hinrichtungszeremonie signalisierte.

Hechtel, Maria Dorothea (getauft 1735). Eine der Schwestern der Susanna M. Brandt*. Sie war mit einem Schreinermeister verheiratet und im Unterschied zu ihren Schwestern lutherischer Konfession*. Sie untersuchte ihre Schwester Susanna, um festzustellen, ob sie schwanger sei, und brachte eine Urinprobe zur Untersuchung zu Dr. Burggraff*. Sie wurde mehrfach als Zeugin vernommen, unter anderem um zu prüfen, ob ihr eine Mitwisserschaft und Beteiligung an der Tat nachzuweisen sei. Sie betonte, daß sie erst zweimal geboren habe und daher die Zeichen für eine Schwangerschaft nicht mit Sicherheit deuten könne. Siehe auch unter Susanna M. Brandt.

Hilgenbach, Carl Balthasar (1719–1784). Deutsch-reformierter Prediger. Seit 1747 war er Pfarrer in Bockenheim*, wo die reformierte Gemeinde ihre Gottesdienste abhielt, und in Frankfurt. Er hatte Susanna M. Brandt* konfirmiert und reichte ihr während ihrer Haft das Heilige Abendmahl.

Hoffmann, Johann Anton (1719–1783). Er war seit 1761 Scharfrichter* Frankfurts. Er bat den Rat*, die Exekution seinen beiden Söhnen zu übertragen. Er argumentierte, daß dies seinem älteren Sohn für dessen berufliches Fortkommen nützlich sei und daß dieser, da jünger und kräftiger als er selbst, die Hinrichtung besser durchführen könne. H. war ein gebildeter Mann, der auch seinen Söhnen eine gehobene Schulbildung zukommen ließ. Sein ältester Sohn, Johann Michael, studierte in Marburg Medizin und wollte sich als Arzt in Frankfurt niederlassen. Die Frankfurter Ärzte verwahrten sich dagegen, einen Scharfrichtersohn aufzunehmen. Nach einem langen Streit gelang es H. jedoch 1769, das Bürgerrecht zu erhalten und als Arzt aufgenommen zu werden. Der Advokat* Hieronymus Peter Schlosser*, ein Freund Goethes, vertrat den Sohn des Scharfrichters* in dieser Sache.

Hoffmann, Johann Heinrich (1748–1786). Er war Wasenmeister (Abdecker) in Groß-Gerau und Sohn des Frankfurter Scharfrichters*. Er führte die Hinrichtung der Susanna M. Brandt* aus.

Hofmann, Friedrich Reinhard (1721–1780). Sein Vater hatte das Amt des Frankfurter Stadtschreibers (siehe im Glossar unter Stadtkanzlei) versehen. H. studierte die Rechte in Jena und Halle. 1743 ließ er sich als Advokat* in Frankfurt nieder. 1748 heiratete er die Tochter des Frankfurter Bürgers* und Handelsmanns Johann Friedrich Göring. 1763 übernahm H. das Stadtschreiberamt, 1766 wurde er zum Syndikus* der Stadt gewählt. Er empfahl, wie die übrigen Syndiker in diesem Prozeß, das Todesurteil gegen Susanna M. Brandt*.

Horn, Johann Peter (1711–1782). H. war Zeugschreiber beim Kriegszeugamt*. Sein Sohn war ein Jugendfreund Johann Wolfgang Goethes.

Hundge. Eine Jüdin, die zum Zeitpunkt der Tat im Gasthaus „Zum Einhorn" logierte und der Susanna M. Brandt* am Abend der Tat begegnete. Sie wurde nicht als Zeugin geladen, da ihr Aufenthalt zum Zeitpunkt des Prozesses nicht bekannt war.

Jan, Johann Christian Gottlieb (1711–1786). J. war gebürtiger Nürnberger und studierte die Rechte in Jena und Halle. Seit

1745 stand er in fürstlichen Diensten und bekleidete hohe Verwaltungsämter. 1772 wurde er Syndikus* in Frankfurt. Im Prozeß gegen Susanna M. Brandt* spielte er keine Rolle. Er unterzeichnete lediglich die letzte Empfehlung der Syndiker, die Rechnung an den Verteidiger zu überweisen.

Knopff. Er war einer der vier „Weltlichen Richter"*. Er unterließ es, Susanna M. Brandt* bei der Einlieferung zu durchsuchen, so daß die vermeintliche Tatwaffe vorerst unentdeckt blieb.

König, Maria Ursula (1740–1776). Schwester der Susanna M. Brandt*. Sie war mit einem Tambour* der Frankfurter Garnison verheiratet und stand wahrscheinlich in Diensten der angesehenen, Mitte des 18. Jahrhunderts geadelten Familie von Stockum*. Sie beteuerte in der Untersuchung gegen ihre Schwester, wie alle übrigen Zeuginnen, daß sie von einer Schwangerschaft nichts gewußt habe. Siehe auch unter Susanna M. Brandt.

Kolb. Einer der vier „Weltlichen Richter"*. Er war am Tag der Hinrichtung im Arme-Sünder-Stübchen anwesend, als der Oberstrichter* vor der Delinquentin den Stab brach.

Krafft, Justus Christoph (1732–1795). K. stammte aus Marburg. Er studierte in seiner Heimatstadt und war Prediger in Weimar und Kassel. 1769 kam er als deutsch-reformierter Prediger nach Frankfurt. Er wurde ursprünglich beauftragt, der Susanna M. Brandt* das Heilige Abendmahl zu reichen. Da er jedoch krank war, bat er seinen Kollegen Hilgenbach*, diese Pflicht zu übernehmen. Siehe im Glossar unter Konfessionen.

Lanz, Wilhelm Friedrich (oder: Lautz, Lauz, Lantz). L. stammte aus Worms. Er studierte die Rechte in Heidelberg und Straßburg. Nach der Promotion bekleidete er einige hohe Verwaltungsämter im Reich. Seit 1767 war er Syndikus* in Frankfurt. 1771 war er als jüngster Syndikus* der erste, der nach Einsicht der Akten sein Gutachten im Fall der Susanna M. Brandt* verfaßte. In dieser Funktion formulierte er am 8. Januar 1772 auch das Todesurteil, dem sich die übrigen Syndiker anschlossen.

Liebhardt, Johann Andreas (1714–1788). L.s Vater war ein

wohlhabender Frankfurter Zimmermeister. L. selber wurde
1759 Stadtbaumeister und hatte dieses Amt bis zu seinem
Tod inne. Er entwarf unter anderem die Pläne für den Bau
der Frankfurter Paulskirche. Von seinem Haus aus zogen am
Nachmittag vor der Hinrichtung der Susanna M. Brandt*
alle Zimmermeister mit ihren Gesellen über die Zeil zum
Hinrichtungsplatz an der Hauptwache*, um dort das Schafott* zu errichten.

Lindheimer, Georg Wilhelm (1730–1772). Er stammte aus
einer angesehenen Kaufmannsfamilie. Sein Vater Johann
Jost L. übernahm 1717 von seinem Onkel gleichen Namens
den Viehhandel. Der Onkel Johann Jost L. der Ältere hatte
durch Heereslieferungen mit diesem Viehhandel ein Vermögen erworben. Er wurde Vorsitzender des Bürgerkollegiums* der 9er und 1728 in den Adelsstand erhoben. Sein
Großneffe Georg Wilhelm L. schlug die Juristenlaufbahn
ein. Er studierte die Rechte in Göttingen und Marburg und
promovierte 1753. Anschließend ließ er sich als Advokat* in
Frankfurt nieder. 1769 wurde er Mitglied des Rates*. 1771
war er Examinator ordinarius*. Als solcher führte er zusammen mit dem Jüngeren Bürgermeister* die Untersuchung
gegen Susanna M. Brandt*. L. war mit Goethe verwandt.
Sein Vater war der Onkel von Goethes Großmutter, Anna
Margarethe Textor, geborene Lindheimer.

Metz, Johann Friedrich (1724–1782). M. stammte aus Tübingen. Er promovierte in Halle 1751 und ließ sich 1765 in
Frankfurt als Praktischer Arzt* nieder. Zeitweilig behandelte
er den jungen Goethe, der ihn in „Dichtung und Wahrheit"
erwähnt. M. untersuchte Susanna M. Brandt* Anfang Juni
1771, also etwa acht Wochen vor deren Niederkunft. Er
nahm zunächst an, sie sei schwanger. Als sie dies aber abstritt
und erklärte, sie habe „ihr Geblüt verloren", verschrieb er
ihr einen Trank, der die Monatsblutung wieder herbei-
führen sollte.

Meyer, Carlfriedrich. Er war einer der geschworenen Chirurgen*, die den Sektionsbericht unterzeichneten.

Nord, Peter und Philipp. Die beiden Scharfrichterknechte
transportierten nach der Hinrichtung den Leichnam der

Susanna M. Brandt* zum Gutleuthof*, um ihn dort zu beerdigen. Sie wurden verdächtigt, unterwegs den Sarg gegen Bezahlung geöffnet zu haben, damit Schaulustige den Leichnam betrachten oder auch berühren konnten.

Parrot, Johann Jacob (1729–1808). Er war Chirurg* am Hl. Geist-Spital* und unterzeichnete den Sektionsbericht.

Pettmann, Philipp Bernhard (1726–1790). P. studierte Medizin und promovierte 1751 in Jena. Im selben Jahr ließ er sich in Frankfurt nieder. 1755 wurde er der erste approbierte Accoucheur (Stadtgeburtshelfer) in Frankfurt und somit Physicus extraordinarius (siehe im Glossar unter Stadtphysikus). Seit 1766 praktizierte er als Landphysikus. 1771 wurde er schließlich ordentlicher Frankfurter Stadtphysikus* und unterzeichnete als solcher auch den Sektionsbericht im Fall der Susanna M. Brandt*. P. war mit Goethe verwandt. Seine Mutter war die Schwester von Goethes Großmutter Cornelia Goethe. Er war also ein Neffe Cornelia Goethes und ein Vetter von Johann Caspar Goethe, dem Vater Johann Wolfgangs.

Plitt, Johann Jacob (1727–1773). 1748 erwarb P. in Marburg den Titel eines Magisters der Theologie. Zunächst war er als Pfarrer in Kassel tätig. 1755 wurde er an einen Lehrstuhl für Theologie in Rinteln berufen. 1762 wurde er Prediger an der Barfüßerkirche und Senior im Frankfurter Evangelisch-lutherischen Predigerministerium*. In dieser Funktion leitete er die Konventssitzung, in der über die Frage beraten wurde, ob und durch wen Susanna M. Brandt* das Heilige Abendmahl gereicht werden solle. Siehe im Glossar unter Konfessionen.

Raab, Johannes. Als Oberstrichter* kam ihm die Aufgabe zu, die Hinrichtung der Susanna M. Brandt* vorzubereiten und den Scharfrichter* nach vollzogener Enthauptung zu entlasten.

Reuss, Johann Martin (1715–1778). R. stammte aus einer Frankfurter Kaufmanns- und Bankiersfamilie. 1747 heiratete er Catharina Rosina Lotichius, die ebenfalls aus einer alten und angesehen Kaufmannsfamilie stammte. R. war Mitglied des Bürgerkollegiums* der 51er und später Rats-

herr der zweiten Bank. 1772 versah er als Nachfolger Siegners* das Amt des Jüngeren Bürgermeisters* und übernahm
die Leitung der Untersuchung gegen Susanna M. Brandt*.
Freilich hatte er nur noch Aufgaben in Zusammenhang mit
der Hinrichtung zu übernehmen, die Untersuchung selbst
war zum Zeitpunkt seines Amtsantritts bereits abgeschlossen.

Rode, Jost David. R. war Bote der Stadtkanzlei* und damit einer
der unteren städtischen Beamten. Er überbrachte dem Juristen Schaaf* den Beschluß des Rates*, ihn zum Verteidiger
der Susanna M. Brandt* zu bestellen.

Rost, Johann Joachim (gestorben 1817). Er war 1771 Aktuar*
des Peinlichen Verhöramts* und damit Gehilfe des Ratsschreibers* Claudi*. Er protokollierte die Zeugenvernehmungen. Später wurde er Oberstrichter* und übte dieses
Amt lange Jahre bis zu seinem Tod aus.

Rumpel, Johann Conrad (geboren 1711). R. stammte aus einer
Frankfurter Kaufmannsfamilie. Er studierte die Rechte in
Jena und Gießen, wo er 1733 promovierte. 1734 ließ er sich
als Advokat* in Frankfurt nieder. 1755 wurde er zum Syndikus* gewählt. Er verfaßte als dritter der Syndiker sein Gutachten zum Fall der Susanna M. Brandt*.

Ruppel, Johann Martin. Wurde 1760 Ratsherr der zweiten Bank
und 1777 Schöffe. Er trug den Titel „exconsul", da er 1768
und 1770 das Amt des Jüngeren Bürgermeisters* versehen
hatte. Am 9. November 1771 vertrat er den damaligen Amts-
inhaber Siegner* bei der Vernehmung der Susanna M.
Brandt*.

Samm, Andreas (1738–1807). Er war zum Zeitpunkt der Hinrichtung der Susanna M. Brandt* ältester Kandidat* des
Evangelisch-lutherischen Predigerministeriums*. Er betete
mit ihr am Morgen der Hinrichtung, zusammen mit zwei
lutherischen Pfarrern und einem weiteren lutherischen
Kandidaten, und sprach ihr geistlichen Trost zu. 1772 erhielt er eine Pfarrstelle in Hausen, ab 1777 versah er das
Pfarramt in der Dreikönigskirche in Sachsenhausen.

Sauer, Johann Christian (1729–1790). Er war Hospitalmeister
des Hl. Geist-Spitals*. Er war dafür verantwortlich, die zum

Hinrichtungsritual gehörigen weißen Kleider der Delinquentin zu besorgen.

Schaaf, Marcus Christof (oder: Schaaff, Schaf) (1736–1775). Schaafs Vater war als Jurist Schöffe und Kaiserlicher Rat im Frankfurter Rat*. Schaafs Schwester Katharina Margaretha heiratete in die Bankiersfamilie von Bethmann ein. Sein Taufpate war der Ratsherr und Bankier Johann Bernhard Firnhaber. S. heiratete die Tochter des Bankiers Johann Friedrich Heyder. Er gehörte also in den Kreis der wohlhabendsten und angesehensten Frankfurter Bankiersfamilien. S. studierte die Rechte in Göttingen und promovierte dort 1756. Im selben Jahr ließ er sich als Advokat* in Frankfurt nieder. Im Mai 1770 wurde er in das Bürgerkollegium* der 51er gewählt, 1773 in den Rat*. Im Prozeß wurde er zum Defensor* der Susanna M. Brandt* bestellt.

Schlosser, Hieronymus Peter (1735–1797). Sein Vater war Schöffe und Kaiserlicher Rat. S. war promovierter Jurist. 1777 wurde er in den Rat* gewählt, 1786 und 1789 versah er das Amt des Jüngeren Bürgermeisters*, 1792 wurde er Schöffe. Er verfaßte als Advokat* das Bittgesuch des Frankfurter Scharfrichters* Hoffmann* an den Rat*, die Hinrichtung der Susanna M. Brandt* seinen beiden Söhnen zu übertragen. S. hatte auch Hoffmanns Sohn in der Auseinandersetzung mit den Frankfurter Ärzten vertreten, die sich weigerten, den in Medizin approbierten Scharfrichtersohn in das Ärztekollegium aufzunehmen. Sein Bruder Johann Georg S. heiratete 1773 Goethes Schwester Cornelia. S. selbst war mit Goethe befreundet. 1771 bat er den Freund, der sich gerade als Advokat* in Frankfurt niedergelassen hatte, ihm die an ihn herangetragenen Rechtsangelegenheiten zu überlassen, da Goethe den Beruf nicht ausübte.

Schmalbach, Anna Elisabetha. In der Prozeßakte ist ihr Vorname irrtümlich als Catharina angegeben. Sie war Dienstmagd des inhaftierten Ratsherrn Johann Erasmus von Senckenberg*. Im April 1771 wurde sie unter dem Verdacht, ein versiegeltes Zimmer im Haus ihres Dienstherrn geöffnet zu haben, ihrerseits festgenommen. Sie nähte im

Gefängnis die weißen Kleider, die Susanna M. Brandt* zu ihrer Hinrichtung trug.

Schmidt, Anna Sybilla. Wärterin im Hl. Geist-Spital*. Sie unterschlug die Schere, mit der Susanna M. Brandt* vermutlich auf ihr neugeborenes Kind eingestochen hatte.

Schudt, Bernhard Jacob (1710–1785). Sein Vater war Theologe und Konrektor des Frankfurter Gymnasiums. S. studierte die Rechte in Jena und Gießen und promovierte 1733. Im selben Jahr ließ er sich als Advokat* in Frankfurt nieder. 1748 wurde er Syndikus* der Stadt. In dieser Funktion verfaßte er nach Einsicht der Akten sein Gutachten zum Fall der Susanna M. Brandt* und unterzeichnete das Todesurteil.

Seldern. „Hospitalmutter" im Hl. Geist-Spital*. Sie stand den Wärterinnen vor. Im Prozeß informierte sie den Examinator ordinarius* über den Gesundheitszustand Susanna M. Brandts*.

Senckenberg, Johann Erasmus von (1717–1795). Er wurde 1746 in den Rat* gewählt. 1761 wurde er suspendiert. 1769 schließlich wurde er wegen im Amte begangener Vergehen inhaftiert. Bis zu seinem Tod wurde er in einem Zimmer der Hauptwache* ohne Prozeß festgehalten. Während der Hinrichtung der Susanna M. Brandt* wurden vor seinem Fenster eigens Wachen postiert. S. hatte immer wieder harsche Kritik am Rat* geübt, was ihn bei den Honoratioren der Stadt unbeliebt machte, ihm aber auch Sympathien einbrachte. Wahrscheinlich fürchteten die Ratsherren, die Menge der Schaulustigen könne sich des prominenten Häftlings entsinnen, so daß es vor dessen Zellenfenster zu Tumulten kommen könnte.

Seyfried, Anna Margaretha. Sie war als Dienstmagd im Gasthaus „Zum Einhorn" Nachfolgerin der Susanna M. Brandt*. Sie konfrontierte Susanna am Abend der Tat mit den Gerüchten über deren Schwangerschaft. Eine Mitwisser- oder Mittäterschaft wurde ihr nicht nachgewiesen.

Siegner, Johannes (1715–1779). Sein Vater war angesehener Bürger* und Bierbrauer in Frankfurt. S. studierte die Rechte in Jena und Gießen, wo er 1743 promovierte. Im selben Jahr ließ er sich als Advokat* in Frankfurt nieder. 1746 übernahm er das wichtige Amt des Registrators am Stadtarchiv, der sämtliche Urkunden und Beschlüsse über Rechte, Pflichten und Privilegien der Stadt und ihrer Bürger verwaltete. 1747 heiratete er die Tochter eines kaiserlichen Beamten. 1761 wählte man ihn in den Rat*, 1775 zum Schöffen. Im Prozeß gegen Susanna Brandt* leitete er als Jüngerer Bürgermeister* gemeinsam mit Dr. Lindheimer* die Untersuchung.

Stetimfeld, Joseph. Scharfrichterknecht.

Stockum, Elisabeth von (1724–1803). Witwe eines angesehenen und wohlhabenden Frankfurter Handelsmannes reformierter Konfession*. Sie war wahrscheinlich die Dienstherrin der Maria Ursula König*, einer Schwester Susanna M. Brandts*.

Taubert (oder: Daubert). Chirurg. Einer seiner Gesellen führte auf Anweisung des Dr. Burggraff* bei Susanna M. Brandt* einen Aderlaß durch.

Textor, Johann Justus (1739–1792). Sein Vater war der Jurist Johann Wolfgang Textor, der Großvater Goethes, der seit 1747 das Amt des Schultheißen* und damit die höchste Würde der Reichsstadt innehatte. T. studierte die Rechte in Altdorf und wurde 1761 Advokat* in Frankfurt. 1771 wurde er Ratsmitglied und löste im Dezember desselben Jahres Lindheimer*, der bereits seit November von seinem Vorgänger vertreten wurde, als Examinator ordinarius* ab. 1783 versah T. das Amt des Jüngeren Bürgermeisters*. 1788 wurde er Schöffe.

Thym, Johann Heinrich (1724–1789). T. war ein bekannter Hauslehrer und erteilte den Kindern angesehener Frankfurter Familien Unterricht im Schreiben und Rechnen. Zwischen 1756 und 1765 unterrichtete er Cornelia und Wolfgang Goethe. 1761 erhielt er das Bürgerrecht. 1764 wurde er Musterschreiber beim Kriegszeugamt*. In dieser Funktion vollzog er die Austrommelung* der Susanna M. Brandt* und unterzeichnete den Steckbrief. Zu jener Zeit war er außerdem als Schreiber für Goethes Vater tätig.

Walther. Ordonnanz* vermutlich des Älteren Bürgermeisters*. Er begleitete die beiden Pfarrer zur Hinrichtung anstelle der Ordonnanz* des Jüngeren Bürgermeisters*, Elias Brandt*, da dieser mit der Delinquentin verwandt war.

Weines, Johann Gerhard. Einer der vier Weltlichen Richter* und Gefängnisaufseher. In seiner Wohnstube im Katharinenturm* wurde Susanna M. Brandt* das endgültige Urteil des Rats* verkündet.

Willemer, Johann Jacob (1723–1784). W. war lutherischer Prediger in Frankfurt und Mitglied des Konsistoriums*. Er leistete Susanna M. Brandt* auf Wunsch des Rates* geistlichen Beistand sowohl während des Prozesses als auch am Tage der Hinrichtung.

Wirth, W. D. Bekleidete als Fourier den zweithöchsten Unteroffiziersrang der Frankfurter Garnison. Er verfaßte den Rapport über die Verhaftung von Susanna M. Brandt* am 3. August 1771.

Wunderer, von. Als Kapitänsleutnant der 1. Stabskompanie war er ein ranghoher Oberoffizier der Stadtgarnison. Er stammte, wie die meisten Offiziere, aus einer alten Adelsfamilie. Siehe im Glossar unter Militär.

Zeitmann, Johann Carl (1734–1811). Lutherischer Prediger. Sein Vater war ein aus Krakau stammender Jude, der 1707 in Frankfurt getauft wurde, später Theologie studierte und Pfarrer wurde. Z. wurde 1759 Prediger in dem zu Frankfurt gehörigen Dorf Bornheim. 1768 wurde er Stadtprediger in Frankfurt und Mitglied des Konsistoriums*. Er leistete Susanna M. Brandt* am Tag ihrer Hinrichtung gemeinsam mit Pfarrer Willemer* geistlichen Beistand.